黄少龙 经典藏书

象棋陷阱与实战秘诀

黄少龙

◎编著◎

经济管理出版社·棋书中心

总 序

欣悉经济管理出版社准备连续出版《黄少龙经典藏书》，这是棋界的福音，必将受到广大棋迷的欢迎，尤其在当下棋谱数量少、质量有待提高的情况下，更是难能可贵！

黄少龙是南开大学教授，我国老一辈的象棋大师，集学者、棋手、象棋教练、棋谱作家、棋艺活动家于一身，特别在象棋理论方面有重大贡献，多次获得全国象棋图书一等奖。他的著述具有如下鲜明特点：

一、内容广博。包括开局战理、中局策略、残局定式、对局评注、棋手心理、象棋对策、电脑象棋、棋史探讨、象棋教育、弈理人生等有关象棋文化的诸多方面均有涉及。

二、理论性强。不就棋论棋，而是抓住对弈胜负的关键，分析棋路变化的前因后果。特别是创造性地提出开局、中局的定义，战略原则、战术方针，以及减少布局意图信息、实行布局统计等方法。

三、独树一帜。抛开传统的棋谱模式，用现代数学"对策论"来分析象棋，使弈棋时纷乱的思维得到科学整理，把人们带到一个崭新的科学世界，为电脑象棋发展奠定理论基础。

四、深入浅出。对于纷繁多样的布局战术系列，抓住其发展要领，以典型的实战对局为线索，揭示该布局历史演变的来龙去脉，使读者一目了然，掌握布局矛盾发展的规律。

五、寓教于棋。强调象棋对人的教育作用，开发智力，提高素质。掌握棋理，有助于认识世界，反省自我，用象棋的辨证思维、创造思维、对策思维来分析处理生活中的问题。象棋是我们终生的老师。

六、揭示棋魂。指出象棋起源与易经文化有密切关系，研究棋局可以模拟世界的变化，棋道与天道是相通的。象棋的理想追求是人道、棋道、天道三者互通。以棋理感悟人生是象棋的灵魂，可以助你获得事业上、生活上的成功。

总之，黄大师的著作条理分明，通俗易懂，充分引用当代象棋大师的局例，实用性强，又体现理论性、系统性，便于广大棋迷阅读欣赏。

2013.5.26

吕钦，多次获得全国个人冠军、亚洲赛冠军、世界赛冠军。历任广东象棋队教练、广东棋牌中心主任。曾当选八届全国人大代表、中共十五大代表。

前　言

当今社会发展迅速，人们生活节奏加快，象棋爱好者都希望对弈的棋局速战速决。为此，只要掌握布局陷阱的知识，并在棋战中灵活运用，使对方措手不及而陷入被动，就能收到速胜的效果。

布局陷阱是布局偏着引起的歧路变化，是布局研究的重要组成部分，一直受到古今棋手的重视。从布局正着与偏着对比中，人们找到布局战术的客观规律。对于一般棋力的爱好者来说，阅读开局专著往往感到变例繁多难以理解消化，不如先学习布局陷阱，从中体会到一些运子要领、战术技巧，逐步加深对布局原理的认识。陷阱中通常包含一些精彩的攻杀法，给人印象深刻，容易记住，遇到棋力不高的对手时用之常可奏效，这也增添了弈棋的乐趣。

设计陷阱不限于一步棋，通常由一系列配套着法构成。它应该顺乎棋局的发展，因势利导，无论对方是否上当，自己都能掌握主动。但切忌故意造作，牵强附会，以免对方察觉徒劳无功。当然更要防止假陷阱，即自己设计错误，弄巧成拙。

另外，为使读者更深刻理解布局陷阱，本书搜集大量名手对局为素材，分门别类，选择其中精彩之局为典型，加以详细评解，指出破阵取胜秘诀。由于对局均属象棋大师精心研究的阵法，并在实践中经受考验，因而给读者以亲切感，并具有很高的实用价值。

黄少龙

2014 年 1 月

目 录

上篇 设计陷阱

第一章 埋伏奇兵 ··· 3
第一节 肋车暗伏铁门栓 ··· 3
第 1 局 中炮七路马破顺炮缓开车 ··· 3
第 2 局 中炮直车过河破顺炮横车 ··· 4
第 3 局 后手顺炮横车破五六炮 ··· 6
第 4 局 后手顺炮双横车破中炮直车 ··· 7

第二节 车马联攻炮镇中 ··· 8
第 1 局 中炮边马破大列炮巡河车 ··· 8
第 2 局 中炮横车盘头马破反宫马 ··· 9

第三节 马跳卧槽真厉害 ··· 11
第 1 局 五六炮快马破屏风马挺 3 卒 ··· 11
第 2 局 中炮高左炮破屏风马左马盘河 ··· 12
第 3 局 中炮过河车破屏风马挺 7 卒 ··· 13
第 4 局 中炮横车七路马破顺炮直车 ··· 14

第四节 伺机破象逞炮威 ··· 15
第 1 局 五七炮直横车破屏风马进 3 卒 ··· 15
第 2 局 中炮盘头马破单提马直车 ··· 17
第 3 局 中炮横车左肋破顺炮士角炮 ··· 18
第 4 局 中炮横车七路马破顺炮直车 ··· 19

第五节 炮沉底线助攻杀 ··· 20

	第1局	中炮横车七路马破顺炮直车 ………………………	20
	第2局	中炮巡河车破大列炮边马 ……………………………	21
	第3局	后手屏风马左马盘河破中炮高左炮 …………………	22
	第4局	后手屏风马进7卒破五七炮直车 ……………………	23

第六节　鸳鸯双炮攻弱马 ……………………………………… 24
　　第1局　后手鸳鸯炮破中炮七路马 …………………… 24
　　第2局　后手反宫马进7卒破五七炮直车 …………… 26
　　第3局　中炮横直车破三步虎转反宫马 ……………… 27

第七节　声东击西为谋车 ……………………………………… 28
　　第1局　后手屈头屏风马破中炮过河车 ……………… 28
　　第2局　后手屏风马右横车破中炮七路马 …………… 29
　　第3局　后手顺炮横车破五六炮直车过河 …………… 30

第八节　弃兵取势竟得子 ……………………………………… 31
　　第1局　挺兵转中炮破卒底炮 ………………………… 31
　　第2局　挺兵快马破单提马直车 ……………………… 32
　　第3局　后手屏风马平炮兑车破中炮急进中兵 ……… 34

第二章　弃子诱敌 ……………………………………… 36

第一节　主动弃车运炮杀 ……………………………………… 36
　　第1局　五七炮直车破大列炮边马 …………………… 36
　　第2局　中炮骑河车破单提马士角炮 ………………… 37
　　第3局　后手屏风马破中炮横车七路马 ……………… 38
　　第4局　后手屏风马3卒破中炮盘头马 ……………… 40

第二节　弃车跃马造杀势 ……………………………………… 41
　　第1局　中炮急进中兵破屏风马平炮兑车 …………… 41
　　第2局　五六炮过河车破反宫马7卒 ………………… 42
　　第3局　中炮横车七路马破顺炮直车过河 …………… 43

第三节　弃马取势车炮杀 ……………………………………… 44
　　第1局　中炮双横车破顺炮直车 ……………………… 44

目 录

  第2局 中炮双肋车破顺炮过河车 ………………………………… 45
  第3局 中炮横车骑河破顺炮边马 ………………………………… 47

第四节 弃马制造铁门栓 ……………………………………………… 48
  第1局 中炮七路马破大列炮过河车 ……………………………… 48
  第2局 中炮横车左肋破顺炮直车过河 …………………………… 49
  第3局 中炮直车七兵破单提马横车 ……………………………… 50

第五节 弃马陷车取攻势 ……………………………………………… 51
  第1局 后手屏风马7卒破五七炮 ………………………………… 51
  第2局 后手屏风马沉炮破中炮过河车 …………………………… 53
  第3局 后手屏风马3卒破中炮巡河车 …………………………… 54

第六节 弃子跃马成杀局 ……………………………………………… 55
  第1局 中炮横车边马破顺炮直车过河 …………………………… 55
  第2局 中炮横车盘头马破单提马士角炮 ………………………… 57
  第3局 后手屏风马3卒破中炮直车 ……………………………… 58

第三章 将计就计 …………………………………………………… 60

第一节 马跳卧槽意外攻 ……………………………………………… 60
  第1局 中炮七路马破屏风马进炮封车 …………………………… 60
  第2局 中炮巡河炮破屏风马退右炮 ……………………………… 62
  第3局 中炮横车边马破顺炮直车巡河炮 ………………………… 63
  第4局 中炮双正马破半途列炮伸炮打马 ………………………… 64

第二节 明知炮打却弃车 ……………………………………………… 66
  第1局 中炮直车七兵破单提马横车 ……………………………… 66
  第2局 中炮巡河炮破屏风马兑兵 ………………………………… 67
  第3局 后手屏风马右横车破五九炮过河车 ……………………… 68
  第4局 后手单提马横车破中炮七路马 …………………………… 70
  第5局 后手大列炮破中炮巡河车 ………………………………… 71

第三节 不怕炮打车逃脱 ……………………………………………… 73
  第1局 五七炮过河车破顺炮横车边马 …………………………… 73

第2局　五九炮双直车破大列炮边马 …………………………… 74
　　第3局　后手屏风马卒林车破五七炮盘河马 …………………… 75

第四节　故意弃马夺优势 …………………………………………… 76
　　第1局　中炮盘头马破屏风马挺3卒 …………………………… 76
　　第2局　中炮巡河炮破屏风马左炮封车 ………………………… 78
　　第3局　后手屏风马高右炮破中炮过河车 ……………………… 79
　　第4局　后手屏风马左马盘河破中炮直横车 …………………… 81

第五节　诱敌捉子设陷阱 …………………………………………… 82
　　第1局　中炮过河车正马破顺炮横车 …………………………… 82
　　第2局　五七炮双直车破屏风马右炮巡河 ……………………… 83
　　第3局　中炮七路马破右正马士角炮 …………………………… 85
　　第4局　挺兵转中炮破卒底炮飞象 ……………………………… 86
　　第5局　后手顺炮直车正马破中炮横车 ………………………… 88
　　第6局　中炮双正马三兵破屏风马左炮封车 …………………… 89

第四章　自投罗网 …………………………………………………… 91

第一节　孤军深入被围困 …………………………………………… 91
　　第1局　五七炮巡河车破屏风马右炮封车 ……………………… 91
　　第2局　五七炮挺七兵破屏风马右炮过河 ……………………… 92
　　第3局　挺兵飞相横车破屏风马跃马盘河 ……………………… 93
　　第4局　中炮直车补仕破顺炮横车右肋 ………………………… 94
　　第5局　过宫炮双正马破单提马过河车 ………………………… 96
　　第6局　后手屏风马3卒破五七炮直横车 ……………………… 97

第二节　角炮袭击冷不防 …………………………………………… 98
　　第1局　五六炮过河车破屏风马3卒 …………………………… 98
　　第2局　五六炮双直车破屏风马3卒 …………………………… 99
　　第3局　角炮转反宫马破中炮过河车 …………………………… 100
　　第4局　后手单提马破中炮直车两头蛇 ………………………… 102
　　第5局　后手反宫马横车破中炮盘河马 ………………………… 103

目 录

第三节 车贪压马入圈套 ······ 104
- 第1局 中炮横车破过宫炮巡河车 ······ 104
- 第2局 反宫马进三兵破56炮过河车 ······ 106
- 第3局 屏风马三兵破57炮过河车 ······ 107
- 第4局 后手屏风马3卒破中炮直车过河 ······ 108
- 第5局 后手屏风马左马盘河破中炮直横车 ······ 109

第四节 车立险地陷被动 ······ 110
- 第1局 中炮横车正马破顺炮巡河车 ······ 110
- 第2局 中炮直横车破单提马退底炮 ······ 112
- 第3局 后手顺炮缓开车破中炮过河车 ······ 113
- 第4局 后手顺炮横车正马破五七炮双车过河 ······ 114
- 第5局 后手屏风马平炮兑车破五九炮肋车捉炮 ······ 115

第五节 兑车取势竟得子 ······ 117
- 第1局 五七炮左车过河破屏风马巡河炮 ······ 117
- 第2局 后手屏风马左炮封车破五八炮三兵 ······ 118
- 第3局 后手屏风马巡河炮破中炮七路马 ······ 119
- 第4局 后手屏风马3卒破中炮直车过河 ······ 121

第六节 麻痹大意掉陷阱 ······ 122
- 第1局 五七炮直横车破屏风马骑河车 ······ 122
- 第2局 五七炮三兵破屏风马左炮封车 ······ 123
- 第3局 挺兵伸炮破单提马 ······ 125
- 第4局 后手屏风马3卒破中炮巡河车 ······ 126
- 第5局 后手屏风马两头蛇破中炮盘头马 ······ 127
- 第6局 后手屏风马7卒破五九炮打中卒 ······ 128

第七节 将计就计布罗网 ······ 130
- 第1局 五七炮直横车破屏风马高右炮 ······ 130
- 第2局 五七炮直横车破鸳鸯炮3卒 ······ 132
- 第3局 单提马横车破中炮盘河马 ······ 133
- 第4局 中炮边马直横车破屏风马盘河马 ······ 134

· 5 ·

第5局　后手屏风马左马盘河破中炮高左炮……………… 135

第6局　后手跳马横车破中炮七路马………………………… 137

下篇　实战秘诀

第1局　五六炮直横车破屏风马左马盘河………………… 141

第2局　五六炮过河车破屏风马平炮兑车………………… 147

第3局　五六炮过河车破屏风马两头蛇…………………… 155

第4局　五六炮双直车破屏风马进7卒……………………… 162

第5局　五七炮直横车破屏风马卒林车…………………… 169

第6局　五七炮巡河车破屏风马骑河车…………………… 176

第7局　五七炮右肋车破屏风马巡河车…………………… 183

第8局　五七炮进七兵破屏风马左炮巡河………………… 190

第9局　五七炮左车巡河破屏风马进7卒…………………… 197

第10局　五八炮跳边马破屏风马飞象……………………… 205

第11局　五八炮左正马破屏风马飞左象…………………… 213

第12局　中炮巡河炮破屏风马象位车……………………… 220

第13局　中炮七路马破屏风马双炮过河…………………… 227

第14局　中炮直横车破屏风马四兵相见…………………… 235

第15局　中炮直横车破屏风马两头蛇……………………… 244

第16局　中炮高左炮破屏风马左马盘河…………………… 253

第17局　中炮冲中兵破屏风马平炮兑车…………………… 260

第18局　五九炮过河车破屏风马平炮兑车………………… 267

第19局　五九炮双车过河破屏风马平炮兑车……………… 275

第20局　五九炮过河车破屏风马右横车…………………… 283

第21局　五九炮直横车破屏风马右横车…………………… 291

上篇　设计陷阱

　　当今社会发展迅速，生活节奏加快，所以人们都希望对弈棋局速战速决。读者如能掌握布局陷阱的知识，在实战中灵活运用，使对方措手不及而陷入被动，往往能收到速胜的效果。

　　布局陷阱是布局偏着引起的歧路变化，一直受到古今棋手的重视。人们从布局正着与偏着的对比中，找到布局战术的客观规律。而且从陷阱中体会到一些运子要领、战术技巧，精彩攻杀法，加深对布局原理的认识。遇到棋力不高的对手时用之常可奏效，这也增添了弈棋的乐趣。

　　设计陷阱应该顺乎棋局的发展，因势利导，无论对方是否上当，自己都能掌握主动。切忌故意造作，牵强附会，防止假陷阱，弄巧成拙。

第一章 埋伏奇兵

布局陷阱有多种表现形式,埋伏奇兵是其中之一。具体来说,我方在运子过程中,预先筹谋计划,做好攻击准备,但不被对方察觉。待决战条件成熟时,便发起突然袭击,一举成功。

第一节 肋车暗伏铁门栓

第1局 中炮七路马破顺炮缓开车

1. 炮二平五　炮8平5　　2. 马二进三　马8进7
3. 车一平二　马2进3

黑方顺手炮开局,此着不出横车而跳马,属于缓开车阵式,是目前流行的战术。

4. 兵七进一　卒7进1　　5. 马八进七 ……

红跳七路马攻法较稳健。另可炮八平七,象3进1,马八进九,炮2进4,黑足可抗衡。

5. ……　　炮2进4　　6. 马七进八 ……

红跳外肋马避免黑平炮压,兼有助炮封车的作用。如马七进六,炮2平7,炮八平七,车1平2,黑车先亮出,有些对攻手段。

6. ……　　车9进1

近年曾出现过炮2平7的应法,以下车九进一,车9平8,车二进九,炮7进3,仕四进五,马7退8,车九平六,黑孤炮沉底不成势,红子活跃占先手。故黑此着出横车,能及时占领右肋,是正着。

7. 车九进一　车9平4　　8. 车九平七 ……

平七路车埋下伏兵,准备车七进二捉死炮。如炮2平7,兵七进一,卒3

进1，车七进四，车4进1，车七平三，炮7平1，车三进二，炮5进4，马三进五，车4平7，马五进四，炮1平5，马四退五，红得子占优，这是陷阱。

8. ……　　　　车4进6　　　　9. 炮八平九　炮2进3

如车1平2，仕四进五，车4退1，炮九平八，红又埋下伏兵，准备兵七进一露马蹬车。如车4退2逃，车七进二捉死炮。

10. 仕四进五　车4平2　　　11. 马八退七　车2退1

按局面感觉，黑退一步车可平3牵制红车马，但从后来局势发展看，黑车以直退河界为宜。

12. 车七平六　炮2平1

红平肋车似乎想用马兑炮，其实正酝酿着一个计划。

13. 车二进六　马7进6

跃马避车压。如车2进3，马七退九，保相兼兑炮，红无危险。

14. 车二平四　马6进7

图1，马踏兵是随手败着。应车2退2保马尚可支持，红运双车占领肋线，埋伏奇兵设陷阱。至此，决战条件成熟，可以发起总攻。

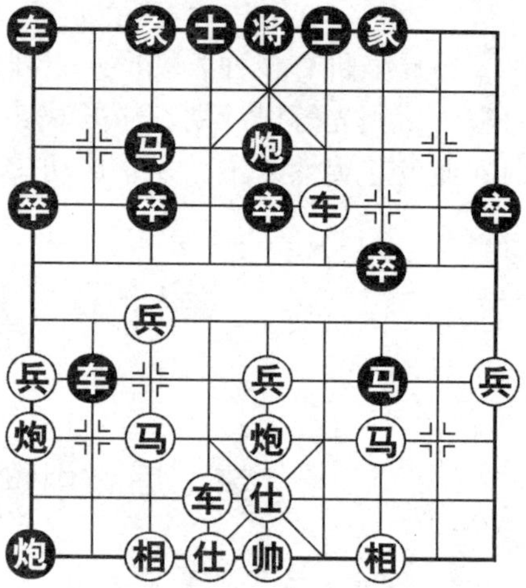

图1

15. 车六进六　车1进2

如马7进5，炮九平五，红仍保留中炮，以下攻法相同。

16. 炮五进四　士6进5

补左士或右士都是一样的。如炮5平9，车四进二，炮9退2，车六平五，士4进5，车五进一，将5平4，车五平六，将4平5，车四平五杀。

17. 帅五平四　车2退2　　　18. 车四进三

红出帅助战，造成铁门栓杀局。

第2局　中炮直车过河破顺炮横车

1. 炮二平五　炮8平5　　　2. 马二进三　马8进7
3. 车一平二　车9进1　　　4. 车二进六　车9平4
5. 车二平三　车4进6

伸车捉炮急躁，徒劳无功。应马2进3诱车三进一吃马，炮5进4，马三进五，炮2平7，马五进六，士4进5，马六进七，炮7进7，仕四进五，车4

上篇 设计陷阱

进1,黑追回一子后占优。这是黑方设计的陷阱。

6. 炮八进二　车4平2　　　7. 炮八平九　马2进1

8. 炮九平三　……

黑平车捉马炮并未能得子。红损失一步棋平边炮打车,就是希望黑按习惯性走法跳边马应着,以削弱其中防力量。其实黑应飞边象,再跳拐脚马保中卒。

8. ……　　　车2进1

不宜炮2进7吃马。因车三进一,士6进5,车三进二,士5退6,炮五进四,士4进5,车三退四,将5平4,车三平六,炮5平4,炮三平六,将4进1,车六平五,炮4平5,炮五平六杀。

9. 车九进二　车2进1

10. 仕四进五　车2平3

图2,车贪吃相,本意是想沉炮叫闷,不料掉入陷阱。红上着补仕埋伏弃车攻杀妙手。黑如能及早察觉,退车河界防守,不致速败。

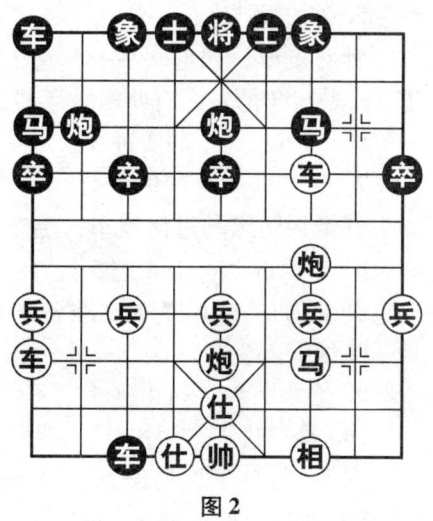

图2

11. 车三进一　炮2平7

通常认为红炮三进三吃马,不料竟弃车换马,奇兵突出令人震惊。像这样的陷阱,一般难被识破,黑吃车是自然的。如炮2进7,炮五进四,炮5进4,帅五平四,车3退3,帅四进一,炮5退1,车九平四,炮2退8,车三平五,士4进5,车四进七杀。

12. 炮五进四　士6进5

不能补右士,因红炮打底象闷杀。但如炮5进4,马三进五,将5进1,马五进四,炮7平6,马四进五,将5平6,车九平二,炮6进3,车二进六,将6进1,马五进六,士6进5,车二退一杀。

13. 车九平四　……

平车占肋,暗伏出帅绝杀,这是前面补仕、弃车的后续攻着。加上以后的杀着,构成陷阱的组合战术。

13. ……　　　炮7平8　　　14. 车四进五　车3退3

黑双车鞭长莫及,无法调至左翼防守。如马1退2,炮三平七打车叫闷,亦红胜定。

15. 帅五平四　炮8退2　　　16. 车四平三　象7进9
17. 车三平一　车3退2

如炮8平6,车一进二再吃炮杀。

18. 车一平四　车3平5　　　19. 车四进二

肋车借帅力,构成铁门栓杀势。

第3局　后手顺炮横车破五六炮

1. 炮二平五　炮8平5　　　2. 马二进三　马8进7
3. 车一平二　车9进1　　　4. 车二进六　卒3进1
5. 车二平三　……

针对挺卒,如炮八平七,马2进3,兵七进一,马3进4,兵七进一,马4进6,黑弃卒抢先,有些对攻手段。

5. ……　　马2进3　　　6. 仕六进五　马3进4
7. 兵三进一　车9平4

红挺兵防黑马过河咬车,黑车占右肋便于控制帅门,埋下伏兵。

8. 马八进九　士4进5

补士为后来出将助攻准备条件,也是一步伏着。

9. 炮八平六　马4进5
10. 马三进五　……

图3,红急于兑马误算,以为炮5进4,车三进一,车4进6,车三平八得子,但再走将5平4即成铁门栓杀势。

以后局势发展表明,红兑马容易掉入陷阱。应车九平八,车1进2,兵三进一,红仍持先手。

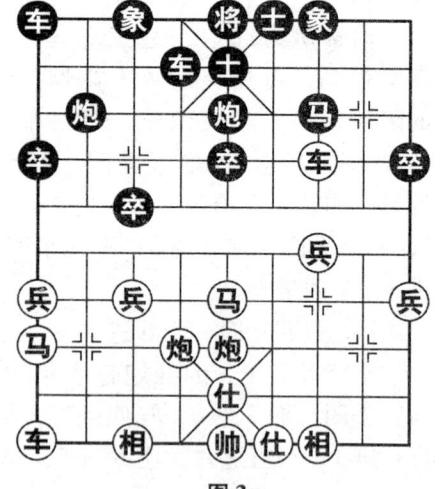

图3

10. ……　　炮5进4
11. 炮六退二　……

退贴身炮貌似稳固,实乃败着。可帅五平六,车4进4,炮六退一,红暂时守住,但已失先。

11. ……　　车4进7

黑进车逼炮,弃马抢攻,暗伏妙手。如车三进一,象3进5,车三退一,车1平4,炮六进九,将5平4,车三平五,车4进1杀。

12. 车九平八　象3进5

补象弃炮，还是要使出贴身车绝着。

13. 马九退七　炮2进6

巧伸炮塞相眼，使红不能飞边相露车保炮。

14. 车八进一　车1平4　　　**15.** 马七进六　前车退2
16. 炮六进一　前车进2　　　**17.** 车八平六　车4进8
18. 车三平四　将5平4　　　**19.** 车四退三　车4进1

黑肋车借将构成铁门栓杀。尽管红多方设法挽救，仍难逃厄运。

第4局　后手顺炮双横车破中炮直车

1. 炮二平五　炮8平5　　　**2.** 马二进三　马8进7
3. 车一平二　车9进1　　　**4.** 车二进六　卒3进1
5. 车二平三　马2进3　　　**6.** 仕四进五　马3进4
7. 兵三进一　车9平6

平左肋车封锁帅门有深远意义，以后伺机炮打中兵镇当头，便可造成有利形势。对弈中这样的棋形很多，肋车暂无明显威胁，却埋下了伏兵。

8. 马八进九　马4进6

跃马咬车邀兑马，与上着肋车呼应，为后来炮打中兵铺平道路。至此黑方筹谋的反击计划已露出苗头，红如察觉其中变化，就不宜直接兑马，可车三平二便于撤回防守。

9. 马三进四　车6进4
10. 炮八平六　……

平仕角炮准备亮左车，对潜伏的危机估计不足。应炮五平四，炮5进4，相三进五，红有担子炮支撑一阵，但也已失先。

10. ……　　炮5进4

图4，飞炮击兵镇当头，气势雄壮，准备出右横车移左肋造杀，这是一个蓄谋已久的计划。此着弃马果断。如先出横车，给红卸中炮的机会，黑攻势要费些周折。

11. 车三进一　……

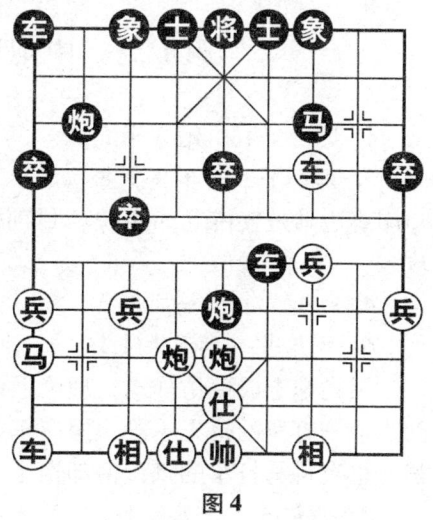

图4

贪吃马败着，掉入陷阱。应车九平八，车1进1，车八进六，象3进5，车八平五，马7进5，车三平五，炮2进4，兵七进一，车6进1，炮六进一，虽仍属黑优，但红不致速败。

11. ……　　　车1进1　　　12. 车三退一　卒5进1
13. 炮六进四　车1平6　　　14. 炮六平四　……

红无他法，只好弃炮解燃眉之急。

14. ……　　　后车进2　　　15. 车三平四　车6退2
16. 车九平八　……

出车已晚。但如马九退八，炮2进6，车九进一，士6进5，车九平八，将5平6，亦成绝杀之势。

16. ……　　　士6进5　　　17. 车八进七　将5平6
18. 车八平二　车6进6

黑胜。

以上4个局例都构成相似的杀势：先去掉对方正马对中兵（卒）的保护，实现中炮打兵（卒）镇当头，同时用肋车封锁帅（将）门，再借帅（将）力成铁门栓杀。

第二节　车马联攻炮镇中

第1局　中炮边马破大列炮巡河车

1. 炮二平五　炮2平5　　　2. 马二进三　马8进9
3. 车一平二　车9平8　　　4. 马八进九　……

跳边马是较古老的走法，目前流行马八进七较为强劲，利于中部区域的攻守。

4. ……　　　马2进3　　　5. 车九平八　车1平2
6. 兵九进一　卒9进1　　　7. 车二进四　车2进4

黑列炮走成模仿阵式，理论上认为容易吃亏。由于红已挺兵升巡河车，有跃出边马打车的抢先手段，黑应车2进6过河破坏红计划。现在黑升巡河车，虽然也有跳马打车的棋，但却慢了一步。

8. 马九进八　车2平6　　　9. 车二平六　……

平肋车准备带马过河，并贯彻左翼集中重兵的战略部署，酝酿下一步攻击计划。至此，黑必须守住河界据点。如马9进8，马八进六，卒3进1，马六进七，炮8平3，炮八进七，士6进5，炮五进四，黑难抵挡红天地炮攻势。

9. ……　　　卒3进1　　10. 马八进七　炮8平7

黑未识破红左翼伏兵，随手平炮亮车易陷被动。稳健着法可车8进1，炮八进七，车8平1，右翼空虚得到弥补，足可抗衡。

11. 炮八进七　马3退2

图5，黑马兑炮使中卒失根，败着。仍应车8进1，炮五进四，士6进5，炮五退一，车6退1，黑可抗衡。

12. 炮五进四　士6进5

13. 车六进五　……

红弃车吃士妙手，是埋伏的奇兵，黑已掉入陷阱。

13. ……　　　将5平4

14. 车八进九　炮5平3

唯一暂时解杀之着。回顾黑第10回合如炮8平6，则现在可炮6退2保象。

15. 车八平七　将4进1

16. 车七退二　象7进5

如士5进6，车七进一，将4进1，车七平六杀。

17. 车七平八　将4退1　　18. 车八进二　象5退3

19. 车八平七

红胜。借当头炮控制中线，以车马侧面虎杀。

第2局　中炮横车盘头马破反宫马

1. 炮二平五　马2进3　　2. 马二进三　炮8平6

3. 车一进一　象3进5　　4. 兵五进一　……

在黑联象的条件下，红及时挺兵从中路进攻。通常黑第3回合马8进7，保留炮6平5反击的手段，可抑制红中路攻势。

4. ……　　　士4进5　　5. 车一平六　……

开局阶段双方主力车都争夺通路，此着红车占肋是关键着法，防黑开贴身车并控制将门。

5. ……　　　马8进7
7. 马三进五　卒7进1

红连冲中兵送吃，然后跳出盘头马，体现了急攻战略。挺7卒嫌缓，不如车9平8有力，因为红续攻手段是跳相头马或炮打卒，不会走马五进四。

6. 兵五进一　卒5进1

8. 马五进七　卒3进1

图6，挺3卒虽可防马七进六再跳卧槽，但红马吃中卒攻势更凶。应象5进3，马七进五，炮6平5，反架中炮可抗衡红中路攻势。

9. 马七进五　马3退4

退马贴身形成担子炮守势，似乎很稳固，但实为一步败着。只能炮6退1，马八进七，车1平4，车九进一，卒9进1，车六进八，将5平4，车九平六，将4平5，车六进五，车9进3，兑车解危。

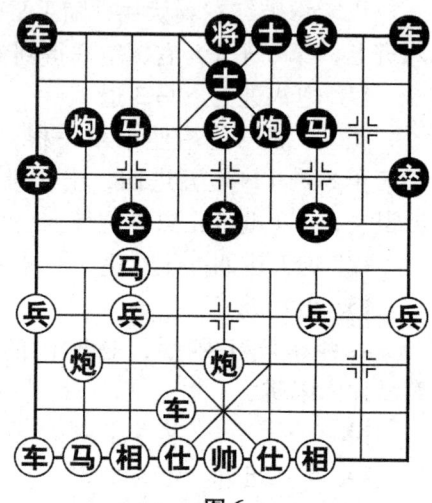

图6

10. 车六进六　　……

红弃车拦炮捉炮，出奇制胜。至此黑不能士5进4或炮6平4吃车，红伏马五进六双叫将杀。这一步妙着突破黑担子炮防线，局面顿时改观。

10. ……　　　炮6退1

如象5退3，马五进四，士5进6，车六平八，将5进1，车八进一，将5退1，炮五退一，马4进3，车八平六，车9进1，炮八平五杀。

11. 车六平五　　……

红不吃炮而弃车换象，精彩绝伦。如炮2退1，车五平三，红得子得势大优。

11. ……　　　马4进5　　12. 马五进六　将5平4
13. 炮八平六　马5进4　　14. 马六进八

红胜。这盘棋红车马的运用很精警。

第三节 马跳卧槽真厉害

第1局 五六炮快马破屏风马挺3卒

1. 炮二平五　马8进7　　2. 马二进三　马2进3
3. 车一平二　车9平8　　4. 兵三进一　卒3进1

中炮对屏风马阵式，互挺一个兵（卒）活马，符合棋理。

5. 炮八平六　马3进2　　6. 马三进四　象3进5

红跃出盘河马咬中卒，黑联象固防。如炮六进五，炮8平9，车二进九，马7退8，炮六平一，马8进9，炮五进四，士4进5，马八进九，车1平4，炮五退一，车4进5，红虽多兵，但黑先出车有反先之势。

7. 马八进九　士4进5　　8. 马四进六　……

红快马过河，助炮封车，并暗伏马六进四再入卧槽。

8. ……　　　卒1进1

黑挺边卒准备渡河兑兵通车头，但低估了红马的威力，应炮8进1防马。

9. 马六进四　……

图7，红跳马攻击，埋伏仕角炮接应，有可能构成杀势。如车8进1，车二进七，车8进1，马四进三，将5平4，炮六退一，车8进6，仕六进五，车8退1，炮五平六杀。这是红方设计的陷阱。

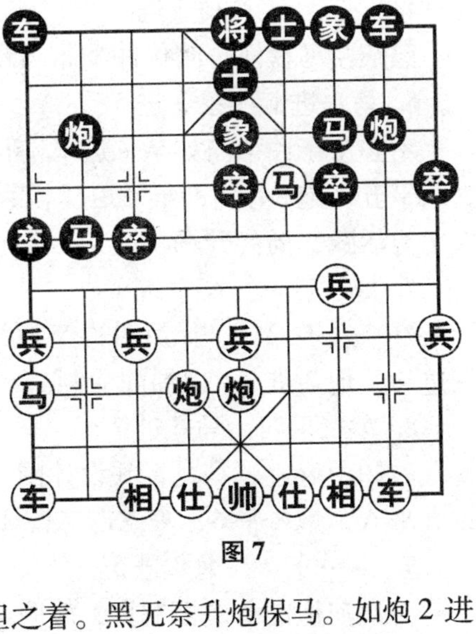

9. ……　　　炮2退1

败着。应士5进6，炮五进四，士6进5，炮五平三，红稍优，黑可周旋。

10. 车九平八　炮8进2

红车冒着炮火危险，硬开出捉马，大胆之着。黑无奈升炮保马。如炮2进8吃车，马四进三，将5平4，炮六退一，车8进1，炮五平六杀。这又是红方设计的陷阱。

11. 兵三进一　卒7进1　　12. 车八进五　车1进1
13. 车八进三　……

图7

红再次弃车，精彩。

13. ……　　车1平2　　14. 马四进三　将5平4

15. 车二进四　马7进6

无其他好着。如车8进1，车二平六，车2平4，炮六进六，马7进6，车六退三，炮8退2，炮六平八，士5进4，炮八平二得车，红胜定。

16. 炮六退一　车2进7

防炮五平六重炮杀。

17. 车二平六　士5进4　　18. 车六进三

红胜。

第2局　中炮高左炮破屏风马左马盘河

1. 炮二平五　马8进7　　2. 马二进三　卒7进1
3. 车一平二　车9平8　　4. 车二进六　……

先挺7卒，有炮8进4封车手段，所以红进过河车，兼有压制黑左翼子力的作用。

4. ……　　马2进3　　5. 兵七进一　马7进6

黑跃左马盘河，暗伏冲卒露马蹬车。

6. 马八进七　象3进5

不必急于冲卒。如卒7进1，车二平四，马6进7，车四平三，马7进5，炮八平五，炮8平6，车三退二，象3进5，车九平八，车1平2，车八进六，红子力活跃，局势开扬。

7. 炮八进一　卒7进1

红高左炮保兵，黑及时冲卒渡河。如士4进5，车二平四，炮8进2，兵三进一，炮2进2，黑局面受制。

8. 车二平四　马6进7　　9. 炮五平六　……

红卸中炮避黑马兑，并设计困马陷阱。如炮2平1，车四平三，车1平2，车九平八，炮8平6，车三退二捉死马。

9. ……　　炮8进5　　10. 相七进五　炮2进2

升巡河炮准备支援左翼，解脱7马受困，并含有一些反击手段。如车四平三，炮2平7，红无便宜。

11. 马七进六　炮2平7　　12. 车四进二　车1平2

图8，红肋车塞象眼埋下伏兵，黑未察觉，以为开车捉炮可抢一步先，实为失算。以下局势发展表明，红象眼车威胁大。追溯到黑第11回合不宜平炮，

可补士 4 进 5，以保留退炮驱逐红车的机会。此着士 4 进 5，炮八进四，象 5 退 3，黑亦被动。

13. 马六进四　士 4 进 5

红跃马过河抢先佳着，黑补士防红跳钓鱼马叫杀咬车。如车 8 进 2，马四进六，士 4 进 5，马六进七，将 5 平 4，炮八平六杀。这也是红方设计的陷阱。

14. 马四进五　车 2 进 1

只能用车守住卧槽位。如车 2 进 6，马五进七，将 5 平 4，车四退三，将 4 进 1，车四平六，士 5 进 4，车六平三，车 2 平 4，仕六进五，车 8 进 5，车三进四，士 6 进 5，车九平八，炮 8 进 1，马七退九，马 3 退 4，马九退七杀。

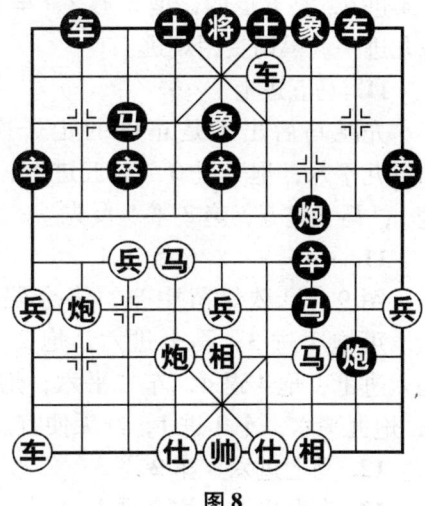

图 8

15. 车九平八　车 8 进 2　　**16. 炮八平六　车 2 平 1**
17. 马五进七　车 1 平 3　　**18. 车八进九　士 5 退 4**
19. 车八平六

红胜。入局阶段，红主要靠卧槽马威胁，配合双车双炮攻杀。

第 3 局　中炮过河车破屏风马挺 7 卒

1. 炮二平五　马 8 进 7　　**2. 马二进三　卒 7 进 1**
3. 车一平二　车 9 平 8　　**4. 车二进六　马 2 进 3**
5. 马八进七　马 7 进 6

黑跃左马盘河嫌躁，容易受到攻击。不如卒 3 进 1 为妥。以下车九进一，炮 2 进 1，车二退二，象 3 进 5，兵三进一，炮 2 进 1，黑可抗衡。

6. 兵五进一　象 3 进 5

补象软着，给红冲中兵跳盘头马兑马的机会，造成黑无根车炮被牵制局面。如卒 7 进 1，车二退一，马 6 进 4，兵三进一，马 4 进 3，车九进一，有平车捉马及冲中兵、三路兵等手段，红攻势强劲。

7. 兵五进一　卒 5 进 1　　**8. 马七进五　马 6 进 5**

被迫兑马。如卒 5 进 1，炮五进二，士 4 进 5，炮五平九打车，黑更难走。

9. 马三进五　士 4 进 5　　**10. 炮八平九　车 1 平 2**

开车准备应付红左车捉炮。如车 1 平 4，车九平八，卒 5 进 1，炮五进二，车4进6，马五退四，炮2退2，车八进七，车4退4，炮九进四，炮2平1，炮九进一，黑马受困难逃。

11. 马五进七 ……

先跳马后出车是正确的走子次序。如车九平八，炮2进3，马五进七，卒3进1，马七进五，炮2平5反先。

11. ……　　　　卒5进1

图9，黑欲保留中卒，将会陷入埋伏。可炮2进3，马七进六，炮2平4，马六进七，炮4退4，车二平六，炮8退1，炮九平六，车2进1，红无便宜。

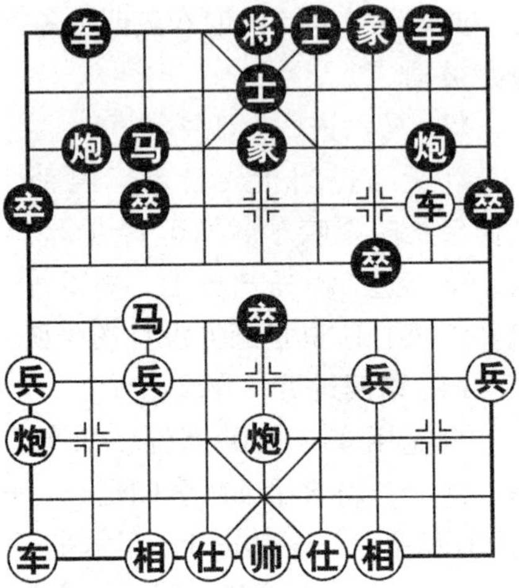

12. 马七进六　车2平3
13. 车九平八　炮2平1

如卒5进1，炮五平二，马3退4，车八进七，炮8平2，炮二进七，炮2平1，炮九进四，马4进3，炮九进三，车3平1，马六进七，将5平4，车二平七，车1平3，车七平六杀。

14. 马六退五　车8进1　　　15. 马五进六　马3退4
16. 车八进九 ……

红方一直想跳马入卧槽攻杀，现以弃车来实现这一计划，黑已掉入陷阱。如车3进2，马六进四，车8平6，车二平六，车6进1，车六进三杀。

16. ……　　　车3平2　　　17. 马六进七

红胜。

图9

第4局　中炮横车七路马破顺炮直车

1. 炮二平五　炮8平5　　　2. 马二进三　马8进7
3. 车一进一　车9平8　　　4. 车一平六　士4进5

补右士是古谱的着法。由于红车已占肋，此着留下隐患，应补左士为宜。

5. 车六进七　马2进1　　　6. 兵七进一　车8进6

过河车准备吃兵压马，不会对红造成威胁，反而容易陷入被动。不如车8进4，马八进七，卒3进1，兵七进一，车8平3，黑可抗衡。

7. 马八进七　车8平7　　　8. 马七进六　炮2平4

防马踏3卒，并有亮右车之意，但又不能避免红马过河咬车。此时黑已难走，顾此失彼。

9. 马六进四　　车7平6

10. 马四进五　　象7进5

11. 炮八进五　　……

红马兑炮及伸炮打象是连贯着法，黑已陷入被动。由此看出红象眼车埋下伏兵的重要性。

11. ……　　　　车6退4

12. 炮五进四　　车1平2

图10，黑弃炮开车，希望寻求摆脱困境的办法。如车六退一，车6进1，炮五退二，马7进5，车六退一，车2进2，黑势有所好转。

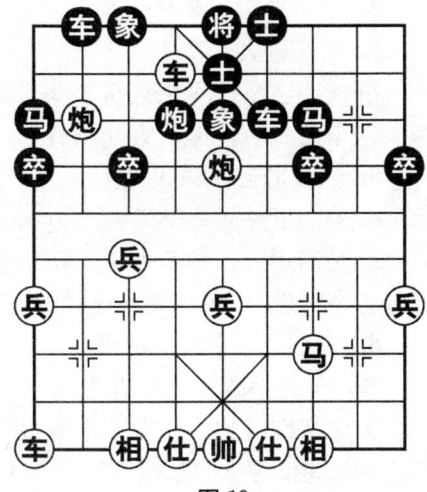

图10

13. 车九平八　　卒7进1

黑全盘子力受制，无好棋可走。如炮4平3，仕六进五，再帅五平六构成铁门栓杀势。

14. 马三进四　　……

红要保持对局面的控制，不吃炮而跃马，是取势佳着。

14. ……　　　　马7进6

如车2进2，车八进七，车6进3，车八平七，马7进5，车七进二，士5退4，车六进一，将5进1，车六平五，将5平4，车五退二，马5进4，车七退二，士6进5，车七平九，红大优。

15. 马四进六　　马6进4

防马六进七叫杀。

16. 炮八平五　　车6平5　　　　**17.** 马六进四　　马4退5

18. 马四进三

红实现卧槽马造杀的计划。

第四节　伺机破象逗炮威

第1局　五七炮直横车破屏风马进3卒

1. 炮二平五　　马8进7　　　　**2.** 马二进三　　马2进3

3. 车一平二　车9平8
5. 马八进九　卒1进1

4. 兵三进一　卒3进1

准备冲边卒过河兑兵露车头。如象3进5，车九进一，士4进5，车九平六，红车先占肋，黑不宜开贴身车。

6. 炮八平七　马3进2

7. 马三进四　象7进5

8. 车九进一　……

如马四进五，炮8平9，车二进九，马7退8，马五退七，士4进5，马七退五，卒1进1，兵九进一，车1进5，红多兵但车晚，攻势较缓。

8. ……　　　卒1进1

9. 兵九进一　车1进5

10. 车九平四　士6进5

11. 马四进六　卒5进1

挺中卒绊马腿，伏车1平4捉死马，是对攻性着法。若稳健炮2进1，马六进四，炮2平6，车四进五，车1平7，车二进六，炮8平9，车二平三，车7退2，车四平三，车8进2，仍红先。

12. 兵七进一　马2进1

红挺兵拦车挑起战火。黑车不宜吃兵，因马六退七打车。又如卒3进1，炮五进三叫杀兼打马，所以黑先跳边马咬炮逃脱。

13. 炮七进一　卒3进1

图11，红故意升炮诱卒过河，黑果然掉入陷阱。应马1退3吃兵，成互缠之势。

14. 炮七进六　象5退3

15. 炮五进三　……

红趁机弃炮破象，再炮击卒从中路进攻，气势雄壮，这是红方埋伏的奇兵。

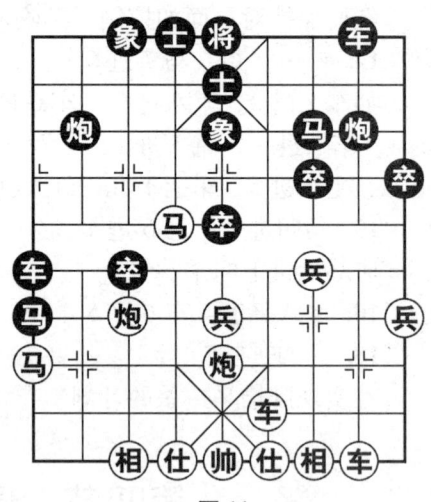

图11

15. ……　　　象3进5

除补象外，另有三种应法：①炮2平5，马六进八，车1退4，马八进九得车。②马7进5，马六进八，车1退4，车四进五，车1平2，车四平五，红大优。③士5退6，车四进五，将5进1，车二进六，炮8平9，车二平三，车8平7，车四平七，红大优。

16. 车二进七　车8进2

17. 马六进五　马7进5

18. 马五进三

红胜，本局红破象之后，势不可当。第16回合，车8平6可支撑一阵，仍红优。

第 2 局　中炮盘头马破单提马直车

1. 炮二平五　马 8 进 7　　　　**2.** 马二进三　马 2 进 1
3. 车一平二　车 9 平 8　　　　**4.** 车二进六　卒 7 进 1

挺卒虚着，因保护中卒的左马不可能跃出，反而有利于红车打通卒林线。

5. 兵五进一　象 7 进 5　　　　**6.** 马八进七　炮 8 平 9

平炮兑车是古谱的着法，属于软着。应车 1 进 1，马七进五，车 1 平 6，兵五进一，卒 5 进 1，炮五进三，士 6 进 5，黑防守力量较强。

7. 车二平三　炮 9 退 1　　　　**8.** 马七进五　炮 9 平 7
9. 车三平四　士 4 进 5

由于红车已占右肋，黑补右士以免将门被封。

10. 兵五进一　卒 5 进 1　　　**11.** 马五进六　……

跃马过河，潜伏弃马破象的攻杀计划，比用中炮打卒更加强劲。从目前局面来看，黑左炮为了驱逐红压马之车而离开原位，反而造成中象弱点，这是黑方布局应注意的问题。

11. ……　　　　车 8 进 6　　　**12.** 马六进五　象 3 进 5

马踏象有胆识。如炮 2 退 1，马五进三，炮 2 平 7，马三进五，车 8 平 7，炮五进三，象 3 进 5，马五进六，车 1 平 4，马六进五，车 7 平 5，相七进五，车 4 进 2，马五进三，将 5 平 4，仕六进五，接有炮八平六叫将，黑难应付。

13. 炮五进五　……

图 12，红估计决战条件成熟，破象以后表现中炮的威力。如将 5 平 4，车四平六，炮 2 平 4，炮八平六，炮 4 退 1，车六平二抽车。

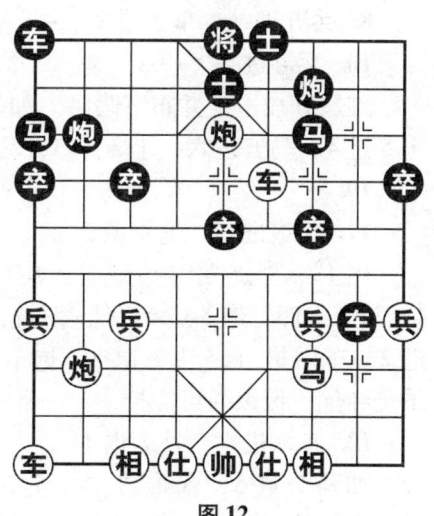

图 12

13. ……　　　　士 5 退 4
14. 炮八平五　炮 2 进 4

防前炮平九叫将再平三吃掉双马，但应炮 2 进 1，不致速败。

15. 车四平五　……

车置马口可迅速入局，这是典型的精彩着法。如马 7 进 5 则后炮进四杀。

15. ……　　　　车 8 平 7　　　**16.** 前炮退二　士 6 进 5

如炮 7 平 5，车五进二杀。

17. 车五平四　马 7 进 5　　　**18.** 后炮进四

红胜。

第 3 局　　中炮横车左肋破顺炮士角炮

1. 炮二平五　炮 8 平 5　　　**2.** 马二进三　马 8 进 7

3. 车一进一　炮 2 平 4　　　**4.** 车一平六　士 4 进 5

先平士角炮，是防止红肋车进七塞象眼，但补右士仍属不妥，潜伏隐患，应补左士为宜。

5. 炮五退一　马 2 进 3　　　**6.** 炮八平五　车 1 平 2

7. 马八进七　车 2 进 6

右车过河是一步不明显的失着。由于红可挺中兵跳盘头马连环，黑攻马计划会落空。从目前形势来说，红集结双重炮，中路攻势很猛，黑必须及时组织防御力量而不是急于反击。可车 9 平 8，兵五进一，车 8 进 4，马七进五，车 2 进 4。至此红不能再冲兵，例如兵五进一，卒 5 进 1，前炮进三，车 8 平 5，炮五进四，车 2 平 5，仕六进五，炮 5 进 4，黑得子。

8. 兵五进一　车 2 平 3　　　**9.** 马七进五　车 9 平 8

10. 兵五进一　……

红展开攻击，并布下陷阱。如炮 5 进 2，前炮进三，卒 5 进 1，车六进六，士 5 进 4，马五进六，士 4 退 5，马六退七，红得子。

10. ……　　　卒 5 进 1

11. 前炮进三　炮 4 退 2

图 13，黑退贴身炮败着。应将 5 平 4，马五进四，炮 5 进 6，仕六进五，车 8 进 2，车六进五，马 7 退 8，炮五退三，虽仍红优，但黑尚可支持。

12. 车六进六　马 3 退 1

如马 7 进 5，前炮进二，士 5 进 4，后炮进五杀。

13. 马五进四　车 8 进 2

14. 马四进五　象 3 进 5

15. 车六平五　……

弃车破象，攻杀入局。黑不敢吃车，

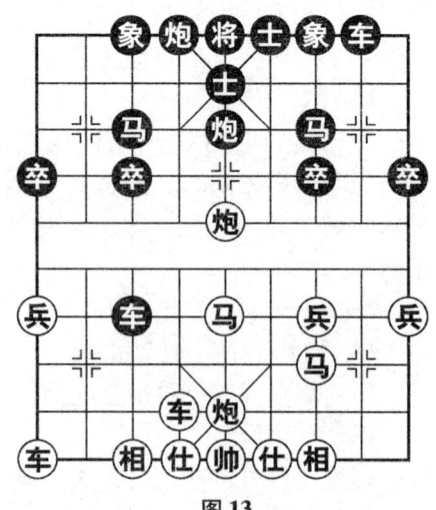

图 13

因红炮打象杀。

15. ……　　　炮 4 进 5

17. 后炮进六

红胜。

第 4 局　中炮横车七路马破顺炮直车

1. 炮二平五　炮 8 平 5
2. 马二进三　马 8 进 7
3. 车一进一　车 9 平 8
4. 车一平六　车 8 进 6
5. 兵七进一　士 4 进 5

补右士是古谱的着法，被红车封住将门留下隐患，应补左士为宜。

6. 车六进七　马 2 进 1
7. 马八进七　车 8 平 7
8. 马七进六　卒 7 进 1
9. 马六进七　炮 2 平 4

平士角炮欲兑马减轻压力，其实是一步劣着，没估计到红马兑炮以后有伸炮瞄象的伏兵。应炮 2 进 2，兵七进一，马 1 进 3，兵七进一，炮 2 平 6，争取对攻。

10. 马七进五　象 7 进 5
11. 炮八进五　马 7 进 6

如车 7 进 1，炮八平五，士 5 退 4，兵七进一，车 7 退 2，车六退一，象 3 进 5，车六平五，士 4 进 5，车五平三，亦红优。

12. 炮五进四　……

图 14，红炮打卒弃马，暗伏陷阱。黑如能识破，应车 1 平 2，车六退一，车 7 进 1，车九平八，黑虽处下风尚可支持。

16. 车五平六　象 7 进 5

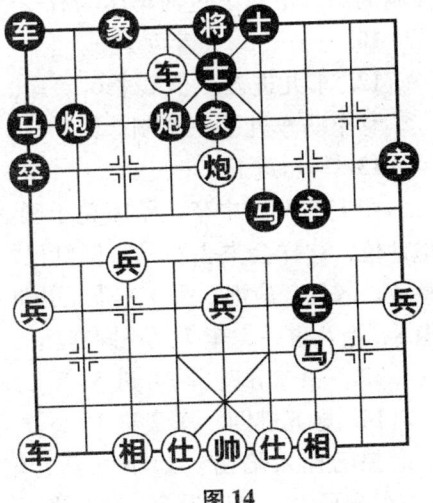

图 14

12. ……　　　车 7 进 1

吃马上当，败着。

13. 炮五平三　车 7 平 2
14. 炮八平五　马 6 退 5

不论马吃炮或落士，红都用沉炮杀。

15. 炮三进三

第五节　炮沉底线助攻杀

第1局　中炮横车七路马破顺炮直车

1. 炮二平五　炮8平5　　　2. 马二进三　马8进7
3. 车一进一　车9平8　　　4. 车一平六　车8进6
5. 兵七进一　士4进5　　　6. 车六进七　马2进1
7. 马八进七　车8平7

下着马七进六以后，有进四咬车或进七踏卒的攻击手段，故此着车吃兵过早。应炮2平3，马七进八，车8平7好些。

8. 马七进六　卒7进1　　　9. 兵九进一　炮2平3
10. 车六平八　……

红以车炮封锁黑右车马出路，准备冲边兵兑卒通车头，左翼集结优势子力控制局面。虽然黑过河车压马有一定牵制能力，但总的来说红势优越得多。

10. ……　　　卒7进1　　11. 兵九进一　卒1进1
12. 车九进五　卒7平6

移卒防车九平三牵制。

13. 马六进五　……

图15，马踏中卒，希望兑子确立当头炮地位，这样会失去右马，但红已埋伏奇兵攻杀入局。应炮3平4，马五退四，马7退8，炮八进一，车7退4固守。

13. ……　　　马7进5
14. 炮五进四　车7进1

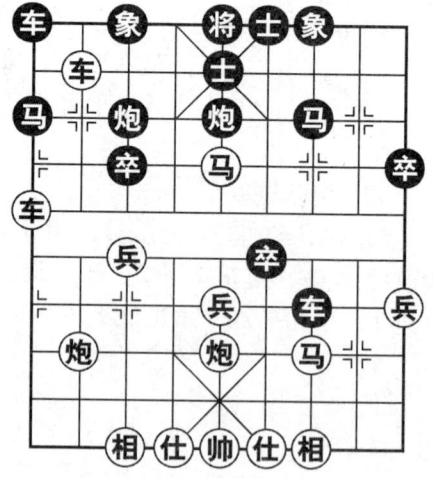

图15

黑已掉入陷阱。如不吃马，炮3平4，车八平六，车7退3，炮八平五，炮4平2，马三进四，车7进2，仕六进五，车7平6，帅五平六，炮2退2，车九平六，红三把手绝杀。

15. 车九进二　车1进2

如车7平2，车九进二，车2平4，车九平七，车4退7，车八进一，车4

平3，车八平七杀。

16. 车八平五　士6进5　　　　17. 炮八进七

红连弃双车，再沉底炮杀，十分精彩。

第2局　中炮巡河车破大列炮边马

1. 炮二平五　炮2平5　　　　2. 马二进三　马2进3
3. 车一平二　炮8平7　　　　4. 马八进九　……

如车二进八，车1进1，兑车后局势平淡。

4. ……　　　车1平2　　　　5. 车九平八　马8进9
6. 兵九进一　卒9进1　　　　7. 车二进四　车9平8
8. 车二平六　……

平肋车，仍然贯彻跳边马打车的计划。如车二进五，马9退8，炮八进四，卒3进1，炮八平三，车2进9，炮三进三，士6进5，马九退八，炮7平5，炮三退七，炮5进4，红多一相，无大便宜。

8. ……　　　车2进4

应车2进6打破红跳马打车的计划。

9. 马九进八　车2平6
10. 马八进六　车8进8

图16，伸左车塞相眼，虽有较强的反击力，但后防未固，属于轻进之着。应车8进4，马六进七，炮7平3，炮八进七，车6平4，黑能抗衡。

11. 马六进七　炮7平3
12. 炮八进七　士6进5
13. 炮五进四　将5平6
14. 仕六进五　……

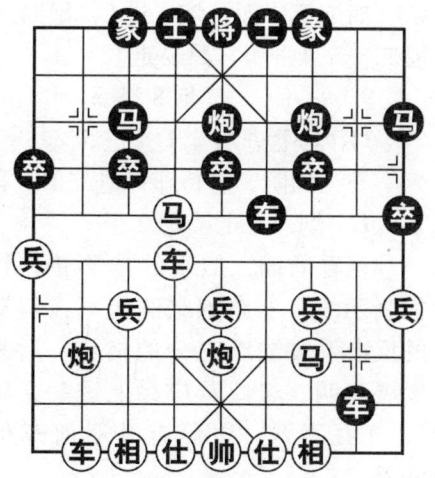

图16

红运用天地炮，在强烈攻势中补仕，攻不忘守的老练着法。如车八进八，炮5进4，车八退四，马9进8，车六平五，车8平7，马三进五，车6进5杀，反为黑胜。

14. ……　　　车8平7　　　　15. 相七进五　车7退1
16. 炮五进二　车7进2

诱相五退三吃车，车6进5杀。如将6进1，车六进五，象3进1，炮五平九，炮5平8，车八进八，将6进1，车六平四抽车，红胜定。

17. 车六进五　将6进1　　　18. 车六平四　将6平5
19. 车八进八

红胜。沉底炮发挥巨大威力，助车攻杀入局。

第3局　后手屏风马左马盘河破中炮高左炮

1. 炮二平五　马8进7　　　2. 马二进三　卒7进1
3. 车一平二　车9平8　　　4. 车二进六　马2进3
5. 兵七进一　马7进6　　　6. 马八进七　象3进5
7. 炮八进一　……

红采用高左炮攻法。也可兵五进一，卒7进1，车二退一，卒7进1，车二平四，卒7进1，车四平二，卒7平6，炮五进一，卒6进1，车九进一，卒6进1，帅五平四，车8进1，成对攻之势。

7. ……　　卒7进1　　　8. 车二平四　马6进7
9. 炮五平六　……

如炮五平四，炮8进5，炮四进七，车8进1，相七进五，车1进1，炮四退二，车1平6，黑易走。

9. ……　　炮8进5　　　10. 相七进五　炮2进2
11. 马七进六　士4进5

补士固防，等待车四进二时，随时炮2退3逐车。

12. 炮八平七　炮2平7　　　13. 车九平八　……

粗看局面，似乎红势不错，仕角炮控制肋线，七路炮暗瞄黑马，但对黑马的反击手段缺乏充分的估计。后来局势发展表明，红此着应兵七进一，象5进3，车九平八，以后有升巡河车保马的守着。

13. ……　　马7进5

图17，黑左翼集结四强子，埋伏反击兵力。马踏相凶着，是展开反击的第一步。

14. 相三进五　炮8平9
15. 仕四进五　……

先补仕避黑沉底炮叫将。如车八进七，炮9进2，相五退三，炮7进3，车

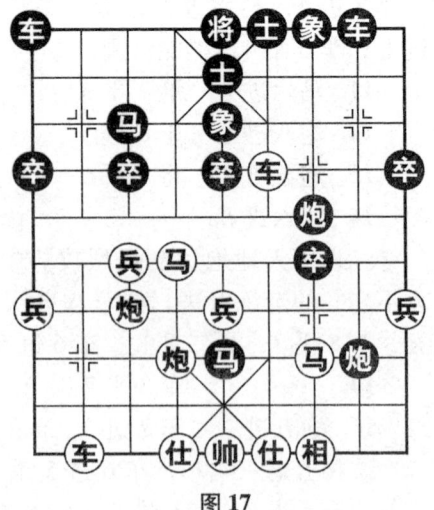

图17

八平七，车8进9，车四退四，炮7平4，车四平六，炮9平7，仕四进五，炮7平4，仕五退四，炮4平6，车六平四，车1平2，黑大优。

15. ……　　　炮9进2　　　16. 帅五平四　车8进9
17. 帅四进一　车8退1　　　18. 帅四退一　车1平4

出贴身车置于炮口，惊人之着。如马六进七，车4进7，仕五进六，炮7进3，再沉炮杀。

19. 炮六进七　炮7进3　　　20. 车四退四　炮7进2

黑发挥沉底炮威力，三子归边成杀。

第4局　后手屏风马进7卒破五七炮直车

1. 炮二平五　马8进7　　　2. 马二进三　卒7进1
3. 车一平二　车9平8　　　4. 车二进六　马2进3
5. 马八进九　马7进6

黑跳左马盘河是较好的应法。如炮8平9，车二平三，炮9退1，炮八平七，炮9平7，车三平四，士4进5，车九平八，车1平2，车八进六，红先手较大。

6. 车二退二　……

红退巡河车免受黑马威胁，并随时平肋车顶马，属稳健着法，但不如车九进一较为积极。

6. ……　　　炮2退1

缓着，应抓紧出左车。如车九进一，象3进5，车二平四，炮8进2，车九平二，马6退7，仍红先。

7. ……　　　象3进5
8. 炮八平七　……

软着。未能察觉黑退右炮埋下伏兵，致使三路马相受到攻击。仍应车九进一，尚不吃亏。

8. ……　　　卒7进1

图18，黑送卒开始反击，实施预定计划。至此，红可不吃卒而车二进一，马6进4，炮七进一，炮2进6，马三退一，炮2退1，兵三进一，炮2平5，仕

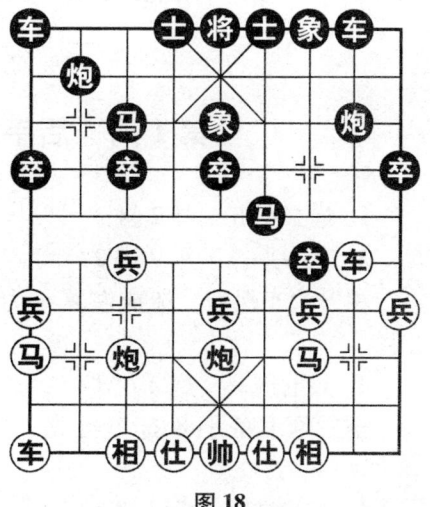

图18

六进五，红可周旋。

9. 车二平三　炮 8 平 7　　10. 车三平四　……

误以为先平车捉马可避免炮 2 平 7 打车攻马，其实是一步失着。应炮五平六，炮 2 平 7，车三平四，马 6 进 8，车四退二，不会丢子。

10. ……　　车 8 进 4　　11. 车九平八　……

如炮五平六，炮 2 平 6，车四平五，马 6 进 7，车五平六，马 7 退 6，车六平三，炮 6 平 7，车三平四，前炮进 7，黑亦获得沉底炮攻势。

11. ……　　炮 2 平 6　　12. 车四平五　炮 6 平 7
13. 马三退五　前炮进 7　　14. 马五退三　炮 7 进 8
15. 仕四进五　马 6 进 7

红掉入陷阱，黑沉底炮配合车马，三子归边成势。

16. 车五平四　炮 7 平 9　　17. 仕五进六　……

防车 8 进 5，仕五退四，车 8 退 4 抽车。

17. ……　　车 8 进 5　　18. 帅五进一　车 8 退 1
19. 帅五退一　马 7 进 6　　20. 车四退三　……

红难以抵挡马 6 进 8 攻杀，无奈以车换马。如炮五平四，马 6 退 4，帅五平四，车 8 进 1 杀。

20. ……　　车 8 平 6

黑得子胜势。

第六节　鸳鸯双炮攻弱马

第 1 局　后手鸳鸯炮破中炮七路马

1. 炮二平五　马 2 进 3　　2. 马二进三　卒 7 进 1
3. 车一平二　车 9 进 2

黑升边车保炮，造成左翼子力呆滞，将通过鸳鸯炮反击法逐步疏通左马出路。

4. 兵七进一　炮 2 退 1

退右炮准备平 8 打车抢先，这种高低炮组合形式称为鸳鸯炮，富于反弹力。

5. 车二进四　象 7 进 5　　6. 马八进七　……

升巡河车给黑以后冲 7 卒反击提供机会，可车二进六。另外跳七路马使右马失根，不如改跳边马，必要时卸炮联相保马。问题的关键是红方没有察觉黑从 7 线反击的计划，未能预防右弱马被攻。

6. ……　　车 1 进 1　　　**7.** 车九进一　卒 7 进 1

8. 车二平三　……

如兵三进一吃卒则掉入陷阱，炮 2 平 8，车二平一，卒 9 进 1 捉死车。

8. ……　　炮 2 平 7

图 19，准备炮 8 平 7 打车，目标是攻三路弱马，先前升边车、退右炮及右横车等布下了埋伏。

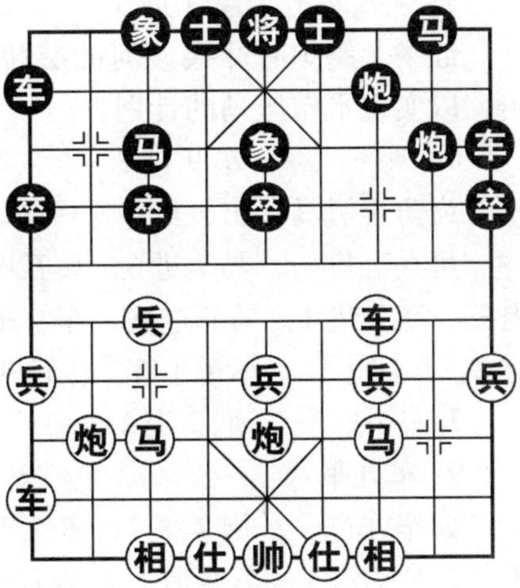

9. 马三退五　车 1 平 6

10. 车九平六　……

为弥补右翼空虚，可炮五平二，炮 8 平 7，车三平二，前炮进 7，马五退三，炮 7 进 8，仕四进五，马 8 进 7，炮二退二，可延缓黑方攻势。

10. ……　　马 8 进 7

跃马打车抢先。如车三进三，炮 8 进 7，马五进三，车 9 平 7，马三退二，车 7 平 8，马二进一，炮 7 进 8，黑大优。

11. 车三平二　车 6 进 7

黑进车相眼佳着，暗伏许多攻杀手段，红已难应付。如炮八退一，马 7 进 6，车二平三，炮 8 平 7 打死车。

12. 炮五平三　……

欲牵制黑马炮，又掩护底相免受攻击，但亦挡不住黑反击之势。应车二退四，马 7 进 8，车二平一死守。

12. ……　　炮 7 平 8　　**13.** 炮三进五　……

如车二平三，前炮进 7，马五进六，车 6 平 4 得车。

13. ……　　后炮进 4　　**14.** 炮三平一

如车六进三，前炮进 4，马五进六，车 6 进 1，帅五进一，车 9 退 1，车六平二，车 6 平 5，帅五平六，车 9 平 4，黑胜势。

14. ……　　前炮进 4　　**15.** 马五进六　车 6 平 4

黑得车胜势。这局棋红右马受攻造成窝心马弊病，是致败的根源。

图 19

第 2 局　后手反宫马进 7 卒破五七炮直车

1. 炮二平五　马 2 进 3　　　　2. 马二进三　炮 8 平 6
3. 车一平二　马 8 进 7　　　　4. 兵七进一　卒 7 进 1

挺卒符合棋理，否则红再挺三路兵成两头蛇阵式，黑双马受制。

5. 炮八平七　象 3 进 5　　　　6. 车二进六　……

红平七路炮有冲兵渡河的威胁，待黑联象后再伸车过河，使黑马不能跃出，以实现平车压马的计划。

6. ……　　　车 9 进 2　　　　7. 车二平三　……

为防止黑马跃出，红急于平车压马，但给黑下着退右炮移左打车创造条件。可兵五进一，马 7 进 6，兵五进一，卒 5 进 1，车二平四，马 6 进 7，车四退三，卒 7 进 1，马三进五，车 9 平 7，炮五进三，士 4 进 5，炮七平三，车 7 进 2，车四进二，车 7 平 6，马五进四，仍红先。

7. ……　　　炮 2 退 1　　　　8. 马八进九　车 9 平 8
9. 车九平八　……

如车九进一，炮 2 平 7，车三平四，士 4 进 5，车九平六，马 7 进 8，车六平二，卒 7 进 1，车四退一，卒 7 进 1，车二进四，车 8 进 2，车四平二，卒 7 进 1，炮七平三，炮 7 进 8，黑得相反先。

9. ……　　　炮 2 平 7
10. 车三平四　马 7 进 8

图 20，这是反宫马布局较为理想的反击棋形。左翼四强子组合埋下伏兵，准备卒 7 进 1，车四平三，炮 6 平 7，车三平一，卒 7 进 1，马三退五，前炮进 7，马五退三，炮 7 进 8，仕四进五，炮 7 平 9 打车，黑大优。

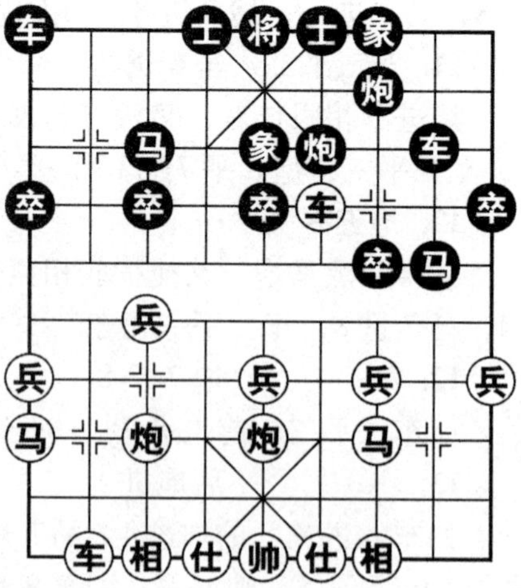

11. 车四退二　……

败着，仍然中了黑方埋伏。应车四退五，马 8 进 7，红虽失先，尚无大碍。

11. ……　　　卒 7 进 1
12. 车四进一　……

如车四平三，炮 6 平 7，车三平二，前炮进 5，炮七平三，炮 7 进 6，黑得子。

图 20

12. ……　　　　卒3进1　　13. 车四退四　……

防炮7平6打死车。

13. ……　　　　马8进6　　14. 车四平六　卒7进1
15. 马三退一　　卒3进1

黑反击计划成功，多双卒过河占优。

16. 炮七进五　　炮6平3　　17. 炮五平八　车1平2
18. 相三进一　　……

企图退相位马，摆脱边马困境。

18. ……　　　　炮3进7　　19. 车八平七　车2进7
20. 车七进四　　马6进8

黑必得子，胜势。

第3局　中炮横直车破三步虎转反宫马

1. 炮二平五　　马2进3　　2. 马二进三　　炮2平1
3. 马八进七　　车1平2

黑三步便开车，俗称三步虎，企图在右翼加快反击。红缓开右车而跳左马，加强防范。

4. 车九平八　　车2进6　　5. 炮八平九　　车2平3

车吃兵压马企图谋求对攻，但易中红方埋伏，应兑车稳健。车2进3，马七退八，马8进7，车一平二，车9平8，车二进六，红略先。

6. 车八进二　　炮8平6
7. 车一进一　　马8进7
8. 车一平四　　……

红肋车抑制黑士角炮。如炮九退一，炮6进5打马。

8. ……　　　　士6进5
9. 炮九退一　　象7进5
10. 炮九平七　　车3平4
11. 马七进八　　……

红第6回合高车保马之后，有计划地出横车平肋制炮，退边炮打车再跃马咬车，伏兵疾出，构成鸳鸯炮之势，主要打击目标是3路马与底象。图21，如车4

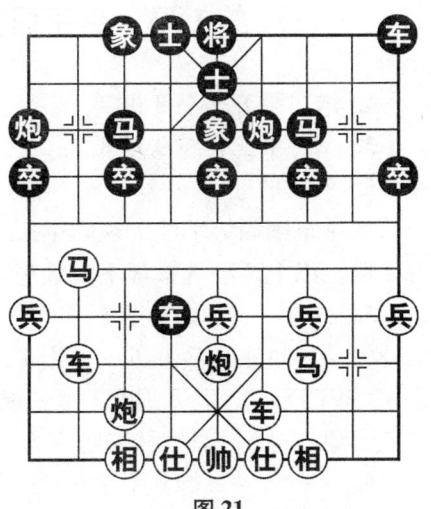

图21

平3,炮五平七,车3平1,前炮进五,得子。

  11. ……   车4退3

  如车4退1,炮五平七,马3退1,马八进七,车4退2,车八进六,炮1平3,前炮进五,车4平3,前炮平四,士5进6,车八平九,红得子。

  12. 炮五平七   马3退1   13. 马八进九   卒3进1
  14. 车八进六   士5退6

  如出将,双炮打象叫将抽车。

  15. 前炮进七   士4进5

  如象5退3,车四进六,车4平1,车八平九,车9平7,炮七进八,士4进5,车四平九,得子。

  16. 车八平九   象5退3   17. 车九进一   车4平1
  18. 车九平七   士5退4   19. 车四进六   车9平7
  20. 炮七平九

  红炮打双得子,胜势。

  以上三局都是在车马配合下,运用鸳鸯双炮攻马,并威胁底象,进而造杀或得子,类似的棋形有一定的典型性。

第七节　声东击西为谋车

第1局　后手屈头屏风马破中炮过河车

  1. 炮二平五   马8进7   2. 马二进三   马2进3
  3. 车一平二   车9平8   4. 车二进六   炮8平9
  5. 车二平三   ……

  如兑车则局势平淡,现吃卒压马有一定风险,黑有退炮平7打车等一些反击手段。以上两种选择都不大理想,故红第4回合通常先不走急进过河车。

  5. ……   炮9退1   6. 兵七进一   ……

  另一种攻法是兵五进一,士4进5,马八进七,炮9平7,车三平四,马7进8,车四平三,马8退9,车三退二,车8进3,兵五进一,卒5进1,马七进五,象3进5,黑卒林车防守力强。

  6. ……   炮9平7   7. 车三平四   士4进5
  8. 马八进七   ……

跳七路马使右马暂时失根,要提防黑炮从7线反击。可炮八平七,车8进4,马八进九,车8平2,车九进一,象3进5,车九平六,红阵式较稳固。

8. ……　　　象3进5　　　　9. 兵五进一　车8进8

黑进车塞相眼,埋下伏兵,诱红继续冲中兵,便施展反击计划。至此应炮八平九,再亮出左车成对攻之势。

10. 兵五进一　马7进8
11. 车四平三　马8进6

图22,按黑习惯性走法是马8退9,车三退二,卒5进1,黑只取守势,而且没有发挥相眼车的作用。现在跃马过河弃炮,表面看似乎要吃回红马兑子,其实另有打算。

12. 车三进二　马6进4
13. 仕四进五　……

如炮五平六,马4进6杀。

13. ……　　　马4进3
14. 帅五平四　马3进1

黑马原先要咬三路马,只是声东击西,其实要跳卧槽吃红左车。至此,黑得子大优。

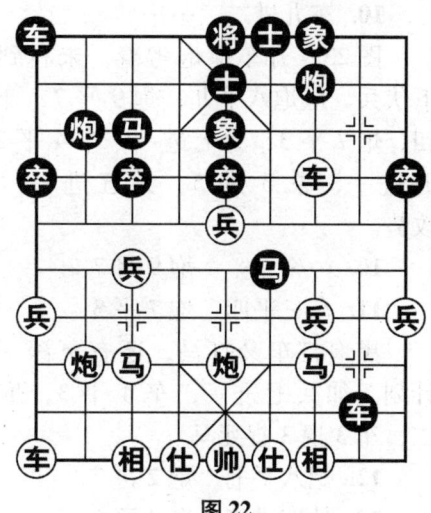

图22

第2局　后手屏风马右横车破中炮七路马

1. 炮二平五　马8进7　　　2. 马二进三　马2进3
3. 车一平二　车9平8　　　4. 兵七进一　卒7进1
5. 车二进六　……

红急进过河车避免黑伸左炮封。如马八进七,炮2进4,兵五进一,炮8进4,成对攻之势。

5. ……　　　炮8平9　　　6. 车二平三　炮9退1
7. 马八进七　……

如炮八平七瞄马,有可能演成马3退5,炮五进四,马7进5,车三平五,卒7进1,兵三进一,炮2平7,相七进五,炮9平7,马三进四,前炮进7,相五退三,炮7进8,仕四进五,炮7平9,帅五平四,车1进2,红难走。

7. ……　　　车1进1

黑起右横车是反击性较强的走法。通常炮9平7,车三平四,士4进5,

马七进六，象 3 进 5，炮五平六，仍红先。

8. 马七进六　车 1 平 4

正着。如车 1 平 6，炮八平七，炮 9 平 7，马六进五，马 7 进 5，车九平八，炮 2 平 1，兵七进一，士 6 进 5，炮五进四，马 3 进 5，车三平五，红易走。

9. 马六进七　车 4 进 6
10. 车九进二　……

图 23，升车保炮劣着，未料到黑埋下伏兵。应炮八平九，炮 9 平 7，车三平四，炮 7 平 3，兵七进一，车 4 平 2，兵五进一，象 3 进 5，兵五进一，红有攻势。

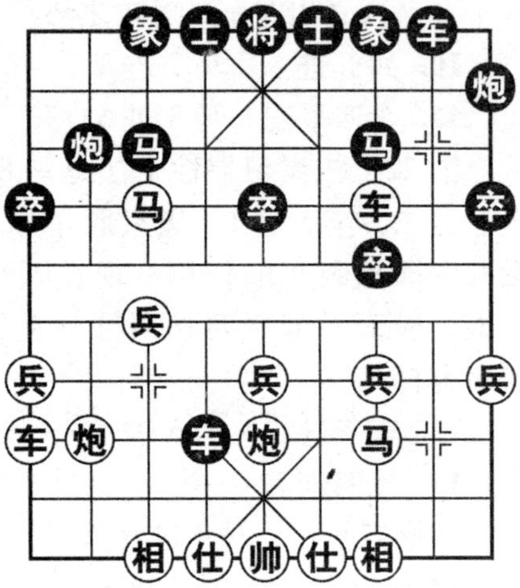

10. ……　　　　炮 9 平 7
11. 车三平四　炮 7 平 3

黑炮打车又打马，还有更深一层的计划。如兵七进一，车 4 平 3，炮八进二，车 3 退 3 捉死马。

12. 炮八平七　炮 2 进 7
13. 仕四进五　车 4 平 3

炮捉双车必得子，红掉入陷阱。

15. 车四进一　炮 3 进 4
17. 车三退二　炮 3 平 7

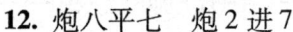

图 23

14. 车九平七　炮 3 进 2
16. 车四平三　炮 2 退 7

黑多子大优。

第 3 局　后手顺炮横车破五六炮直车过河

1. 炮二平五　炮 8 平 5　　2. 马二进三　马 8 进 7
3. 车一平二　车 9 进 1　　4. 车二进六　车 9 平 4
5. 车二平三　马 2 进 3　　6. 仕四进五　炮 5 退 1
7. 马八进九　……

红跳边马开展左翼，属稳健着法。如兵三进一，车 4 进 4，相三进一，卒 3 进 1，马八进九，车 1 进 1，炮八平七，炮 5 平 7，车三平四，象 7 进 5，车九平八，炮 2 进 2，接有炮 7 平 2 打车的手段，红无先手。

7. ……　　　　卒 3 进 1　　8. 炮八平六　……

平炮准备亮车，但以平七路炮为宜，以免后来暴露底相弱点，这是红方布局的一个漏洞。

8. …… 车4进1 9. 车九平八 ……

此时不宜兵三进一，因炮2进1，车三退一，象7进9，车三平七，炮5平3打死车，这是黑升士角车暗伏的陷阱。

9. …… 车1进2 10. 车八进四 ……

如车八进六，卒3进1，兵七进一，炮5平2，车八平七，炮2平3，车七平八，马3进4，车八平七，马4进6，车三退二，炮2平3，车七进一，车4平3，车三平四，车3平6叫闷捉车，这是黑升边车保炮设下的陷阱。

10. …… 炮5平7 11. 车三平四 卒3进1

图24，红平肋车是习惯性应着，但在目前局面则属劣着，给黑以后跳右马咬车提供机会。应车三平二为宜。

12. 车八平七 ……

车吃卒败着，也不能兵七进一吃卒，因炮7平2，车八平九，卒1进1捉死车。只能车八退四守住底相，则黑反先。

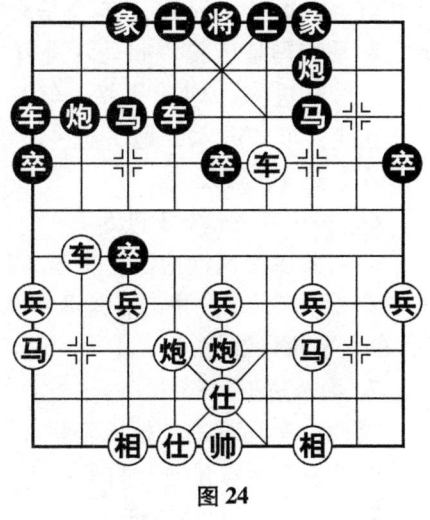

图24

12. …… 炮7平3
13. 车七平三 马3进4
14. 车三平七 马4退6
15. 车七进四 炮2平3
16. 马九退七 ……

无奈弃马。如帅五平四，炮3进7抽车。

16. …… 炮3进6

黑多子大优。

第八节　弃兵取势竟得子

第1局　挺兵转中炮破卒底炮

1. 兵七进一　炮2平3　　2. 炮二平五　……

红转成中炮局较有攻势。如相七进五，炮8平5，马八进七，马8进7，马二进一，车9平8，车一平二，马2进1，仕六进五，车1平2，车九平八，卒3进1，兵七进一，车8进4，炮二平四，车8平3，红马受攻失先。

2. ……　　　　马 8 进 7　　　　**3.** 马二进三　　车 9 平 8

如卒 3 进 1，车一平二，卒 3 进 1，马八进九，车 9 平 8，车二进四，卒 3 进 1，炮八进五，象 3 进 5，马九进七，马 2 进 4，炮八退一，红先手。

4. 马八进七　　卒 3 进 1

图 25，红故意跳七路马诱黑挺卒攻击，黑果然上当。应炮 8 平 9，马七进六，象 3 进 5，兵三进一，车 8 进 4，炮八平六，卒 3 进 1，黑可抗衡。

5. 马七进六　　卒 3 进 1

6. 马六进四　　……

红弃兵取势，跳出三步马是合算的。此着跳马咬马是正着。如马六进五，象 7 进 5，马五进三，炮 3 平 7，车一平二，车 1 进 1，车二进六，炮 7 进 4，相三进一，车 8 进 1，黑反先。

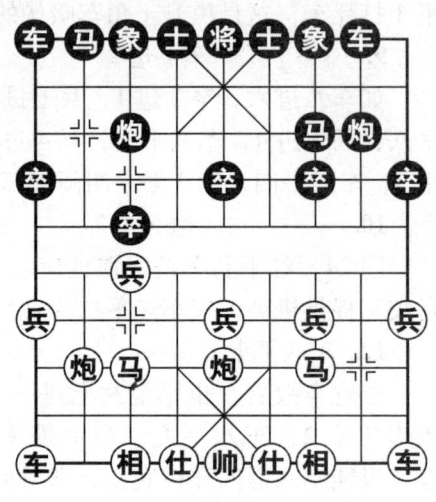

图 25

6. ……　　　　象 3 进 5

飞右象属习惯性应法，失着，但改补左象亦处下风。如象 7 进 5，炮八进五，车 8 平 7，车一平二，炮 8 平 9，车二进七，马 7 退 5，车二退三，马 5 进 7，车九平八，红优。

7. 炮八进五　　……

至此，黑马难逃，掉入陷阱。如马 7 退 5，炮八平五，象 7 进 5，马四进五，马 5 进 7，马五进七抽车。

7. ……　　　　马 2 进 4　　　　**8.** 马四进三　　车 8 进 1

9. 炮八进一　　马 4 进 2

企图捉吃炮追回一子。如马 4 进 6，炮五进四，象 5 退 3，炮八退一，马 6 进 7，兵三进一，马 7 退 5，马三退五，炮 8 平 2，马五进七，亦红多子较优。

10. 炮五进四　　象 5 退 3　　　**11.** 马三进五　　将 5 进 1

12. 炮八平二

红得车胜势。

第 2 局　　挺兵快马破单提马直车

1. 兵七进一　　炮 2 平 3　　　　**2.** 相三进五　　马 2 进 1

3. 马八进七　　车 1 平 2　　　　**4.** 马七进六　　……

红跃出快马是积极的走法。如车九平八，炮8平5，炮八进四，马8进7，马二进四，车9进1，仕四进五，车9平6，炮二平四，车6进3，车一平二，卒1进1，伏车6平2兑车困炮的手段，红须退炮失先。

4. ……　　马8进7

跳马保卒嫌软。可炮8平5，马六进五，炮5进4，仕四进五，炮3平5，马二进四，前炮退2，黑有些反击手段。

5. 车九平八　车2进4

升巡河车防红伸左炮封，并有平肋顶马的伏着。

6. 兵七进一　车2平3

图26，弃兵引黑车离开2路线，便于左炮攻击取势。黑吃兵上当。应车2进1，马六进四，象7进5，兵七平六，卒7进1，马四进三，炮3平7，黑可抗衡。

7. 炮八进五　象7进5

8. 马六进八　炮3平4

平士角炮劣着，造成以后失子的局面。应马7退5，炮八进一，炮3退1，马八进九，炮8平1，车八进七，炮1进4，炮八进一，炮3进1，车八退四，车3进2，红无计可施。

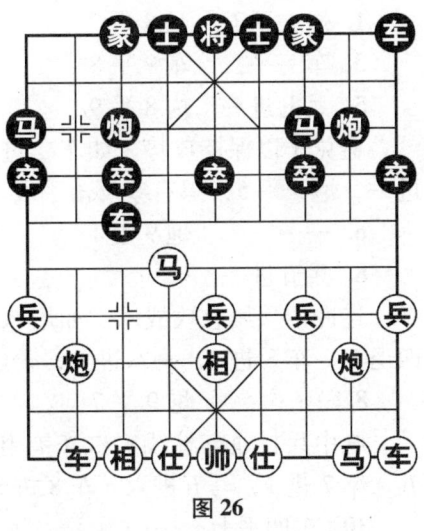

图26

9. 炮八进一　马1退3

如马1退2，马八进九，车9进1，马九进八，红亦得子。但同样是丢马，应马7退5，马八进九，炮4平2，黑还有些对攻机会。

10. 马八进九　炮4平2

如马3进4，马九进七，炮4退1，马七退六，炮4进1，马六退七，亦红多子优。

11. 车八进七　马7退8

如马7退5，车八平七，马5进3，马九进七杀。

12. 车八平七　士6进5　　　　13. 马九进七　将5平6

红车似乎被打死，其实另有妙计解脱。

14. 炮二平四　车3平2

黑平车拦炮。如炮8平3，炮八退四，车3进1，相五进七，炮3进3，马七退六，红多子大优。

15. 车七退一　车2退3　　　　16. 车七退二　车2进3

如将 6 进 1，车七平四，士 5 进 6，车四平八抽车。

17. 车七平四　马 8 进 6　　　　**18.** 炮四进六

红得子大优。

第 3 局　后手屏风马平炮兑车破中炮急进中兵

1. 炮二平五　马 8 进 7　　　　**2.** 马二进三　卒 7 进 1
3. 车一平二　车 9 平 8　　　　**4.** 车二进六　马 2 进 3
5. 兵七进一　炮 8 平 9　　　　**6.** 车二平三　……

避兑车以保持攻势。如车二进三，马 7 退 8，马八进七，炮 2 进 4，兵五进一，炮 9 平 5，黑有些反击手段。

6. ……　　　炮 9 退 1　　　　**7.** 兵五进一　士 4 进 5
8. 兵五进一　……

连冲中兵属急攻战术。如炮八平七，炮 9 平 7，车三平四，马 7 进 8，车四退三，车 8 进 2，马八进九，仍红略先。

8. ……　　　炮 9 平 7　　　　**9.** 车三平四　卒 5 进 1

吃中兵打通卒林线对红车有利。通常多走对攻激烈的卒 7 进 1，马三进五，卒 7 进 1，马五进六，车 8 进 8，马八进七，象 3 进 5，黑弃马抢攻。

10. 车四平七　……

平车吃卒虽可击退黑马，但黑退马后又有反架中炮的机会。故稳健的攻法应马三进五，象 3 进 5，炮五进三，车 1 平 4，炮八平四，车 4 进 6，马八进七，红有亮左车及炮砸士的续着，攻势强劲。

10. ……　　　马 3 退 4　　　　**11.** 马三进五　炮 2 平 5
12. 马八进七　……

红车吃卒后已感被动。可马五进六，炮 5 进 5，，相七进五，马 4 进 5，马六进五，象 7 进 5，马八进七，车 1 平 2，车九平八，车 2 进 6，炮八平九，车 2 进 3，马七退八，车 8 进 6，炮九进四，车 8 平 7，兵九进一，尚可周旋，现跳正马吃亏。

12. ……　　　卒 5 进 1

图 27，黑主动弃卒取势，为以下反击计划铺路。如车 1 平 2，马五进六，车 2 进 6，车九平八，黑无便宜。

13. 炮五进二　车 1 平 2　　　　**14.** 车九平八

红随手出车保炮，劣着，由此掉入陷阱。只能炮八进二，车 2 进 5，马七进八，车 8 进 5，炮五进一，车 8 平 5，车七退一，马 7 进 5，炮五进二，象 3

进 5，车七平六，车 5 进 1，相七进五，马 5 进 6，黑反先。

14. ……　　车 8 进 5

15. 炮八进二　　……

如炮五进一，车 8 平 5，车七退一，车 2 进 6，相七进五，象 3 进 1，车七平六，马 4 进 3，车六进二，车 5 退 1，车六平七，马 7 进 8，仕六进五，炮 5 进 4 得子。

15. ……　　车 2 进 5
16. 车八进四　　车 8 平 5
17. 相七进五　　炮 5 进 4
18. 马七进五　　车 5 进 1

黑精彩弃车换双炮，进而得子大优。

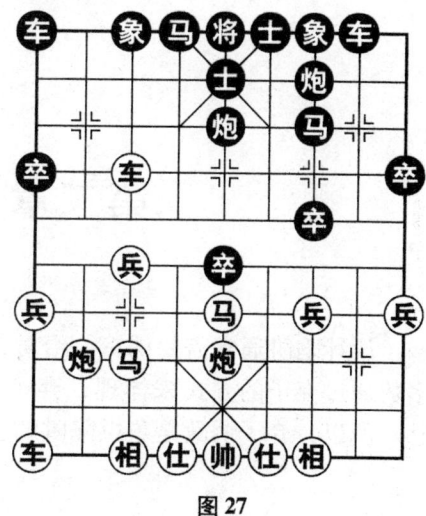

图 27

第二章 弃子诱敌

设计陷阱通常需要诱饵，给对方以能占便宜的错觉，引其入套。此种诱饵多数通过弃子的方式来体现，弃子之后取得有利形势，反过来得子或攻杀取胜。所以，弃子诱敌是象棋陷阱的主要表现形式。

第一节 主动弃车运炮杀

第1局 五七炮直车破大列炮边马

1. 炮二平五　炮2平5　　2. 马二进三　马8进9
3. 车一平二　车9平8　　4. 马八进九　……

红跳边马属老式攻法。目前多马八进七，马2进3，车九平八，车1平2，炮八进四，卒3进1，车二进五，红控制局面较优。

4. ……　　马2进3　　5. 车九平八　车1平2
6. 兵九进一　车2进4

如欲防止红方升巡河车，黑可考虑伸左炮封车，即炮8进4，兵三进一，车2进4，炮八平七，车2进5，马九退八，炮8平3，车二进九，炮3进3，仕六进五，马9退8，仍属红先。

7. 炮八平七　车2平6　　8. 车八进八　卒9进1

红伸车象眼，伏七炮击卒瞄象。如卒3进1，兵七进一，卒3进1，车二进四，炮5平7，炮五进四，马3进5，炮七进七，士4进5，炮七平九，将5平4，车二平七，红攻势强烈，黑难应付。

9. 炮七进四　……

明知黑准备跃出边马打车而不顾，仍坚持飞炮击卒攻象的计划，有胆略。

9. ……　　马9进8　　10. 炮七进三　士4进5

11. 炮七平九　将5平4

防车八进一，士5退4，车八退四抽车，但应士5进6，尚有复杂变化。

12. 炮五平六　……

图28，红弃车运炮攻杀，已呈胜势。黑一直以为跃马打车能反先，其实这是红方的诱饵。因此追溯到第8回合应炮5平6，以便随时联象巩固后防。

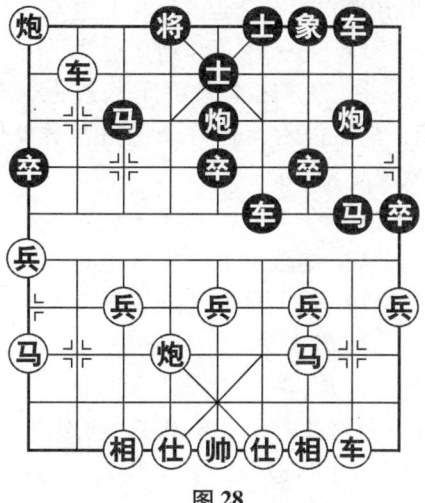

图 28

12. ……　　　　炮8进7

13. 马九进八　车6进3

如车6平2，马八进六，将4平5，车八进一，士5退4，车八平六，将5进1，车六退一，将5退1，马六进七，车2退2，车六进一杀。

14. 马八进六　车6平4

如士5进4，马六进七，将4平5，马七进八杀。

15. 马六进七　将4平5　　**16.** 车八进一　士5退4

17. 车八平六

红胜。依靠沉底炮威力，车马配合入局。

第2局　中炮骑河车破单提马士角炮

1. 炮二平五　马2进3　　**2.** 马二进三　马8进9

3. 车一平二　炮8平6　　**4.** 兵五进一　象3进5

软着。可车9进1对攻。如兵五进一，炮6平5，兵五平六，车9平4，车二进五，卒9进1，车二平一，炮2进2，炮八平六，炮2平9，炮六进六，车1进1，炮六退二，马9进8，黑反先。

5. 兵五进一　卒5进1　　**6.** 车二进五　士4进5

补士巩固中防嫌软。可炮2退1，车二平五，炮2平5，车五平四，炮5进6，相七进五，士4进5，兑掉中炮削弱红攻势。

7. 车二平五　车1平4　　**8.** 马八进七　炮6进5

黑伸角炮打串，贪吃马而失势。应车9平8加强防御。

9. 炮八平九　炮6平3　　**10.** 马三进五　炮3进1

11. 车九平八　……

红第 8 回合跳七路马时，已估计到黑可能伸士角炮，以此为诱饵，弃马抢先。至此黑难应付。如车 4 平 2，马五进六，炮 2 平 1，马六进七，车 2 进 9，车五平六，车 2 退 9，马七进八，炮 1 退 1，马八退九再跳卧槽杀。

11. ……　　　炮 2 退 2　　　12. 车五进二　……

图 29，红本来可车八进七，车 4 进 2，马五进六，必得子稳操胜券。但弃车砍象更精彩。

12. ……　　　象 7 进 5
13. 炮五进五　士 5 进 6
14. 炮九平五　炮 2 平 3

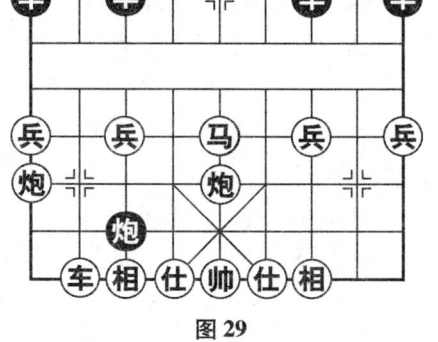

图 29

如车 4 进 6，马五进六，马 3 进 5，车八进九，将 5 进 1，车八退一，将 5 退 1，马六进七，车 4 退 4，前炮进一，士 6 进 5，车八进一，车 4 退 2，车八平六杀。

15. 前炮退二　车 4 进 6
16. 马五进六　将 5 平 4
17. 马六进七　将 4 进 1

如后炮进 1，车八进九，将 4 进 1，马七退五，将 4 进 1，车八平六杀。

18. 车八进八　将 4 进 1　　19. 前炮平八　车 9 进 1
20. 炮八进二

红胜。

第 3 局　后手屏风马破中炮横车七路马

1. 炮二平五　马 8 进 7　　2. 马二进三　车 9 平 8
3. 兵七进一　卒 7 进 1

也可炮 8 平 9，马八进七，象 3 进 5，炮八平九，卒 3 进 1，兵七进一，车 8 进 4，车九平八，马 2 进 4，马七进六，车 8 平 3，炮五平六，车 3 进 1，兑子后局面平稳。

4. 马八进七　马 2 进 3　　5. 车一进一　……

采用中炮横车七路马攻法。另外也可炮八进二，车 1 进 1，车一平二，象 7 进 5，车九进一，车 1 平 4，马七进六，炮 8 进 4 对攻。

5. ……　　　象 3 进 5　　　6. 车一平四　士 4 进 5
7. 炮八平九　炮 2 进 4

红车占右肋制马，黑炮过河射兵，各有攻防计划。

8. 车九平八　炮2平7

如车1平2，马七进六，炮2平7，车八进九，马3退2，相三进一，马2进3，车四进二，卒7进1，相一进三，炮8进7，仕四进五，炮8平9，车四平三，车8进9，马三退四，黑丢子却不存在抽车手段。

9. 相三进一　卒7进1　　10. 相一进三　炮8进7

弃卒进炮展开反击，可获得沉底炮攻势。如马三退二，炮7进3，帅五进一，车8进9，车八进七，炮7退2，马七进六，炮7平1，相七进九，车1平4，红帅升起冒风险。

11. 仕四进五　车1平4

积蓄力量伺机总反攻。如炮8平9，车四平一，车8进9，仕五退四，车8平7，马七退五，车7退2，车一退一，车7进1，炮九退一打死车。

12. 车八进七　炮8平9　　13. 车四平一　……

可车八平七，车8进9，车四退一，车8平7，马三退一，车7平8，马一进三，如双方不变作和。

13. ……　　车8进9　　14. 仕五退四　车4进8

图30，黑不顾车马被捉，却又伸肋车送吃，精妙绝伦。

如仕六进五，车4平3，马七进八，马7进6，车八平七，马6进5，炮五进四，车3进1，仕五退六，车3平4，帅五进一，马5进7，帅五进一，马7进9，黑得子胜势。

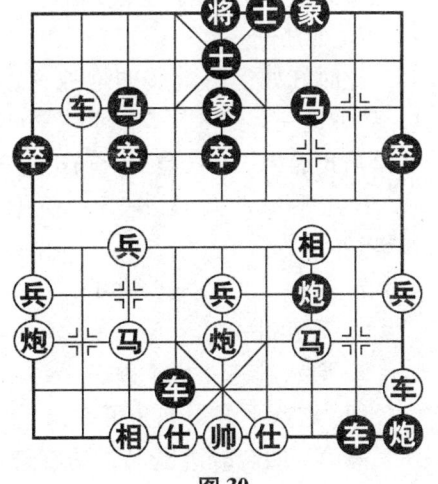

图30

15. 车一平六　车8退2

如车8退1，仕四进五，车8平6，仕五进六，车6平4，仕六进五，红送回一车暂解危局。

16. 仕四进五　车8平7

17. 帅五平四　……

黑弃车之后运炮攻杀，红出帅避一手。如炮九进四，车7平5，帅五平四，炮7进3，帅四进一，马7进6，相三退五，马6进7，帅四进一，马7进8，帅四退一，炮9退1杀。

17. ……　　炮7平8　　18. 炮九进四　……

如车八平七，车7进2，帅四进一，马7进6，车六进七，马6进7，炮五平三，车7退1，帅四进一，炮8进1杀。

18. ……　　　炮8进2　　19. 车六进七　车7进1
20. 炮九进三　炮8进1

黑双炮归边入局。

第4局　后手屏风马3卒破中炮盘头马

1. 炮二平五　马8进7　　2. 马二进三　马2进3
3. 车一平二　车9平8　　4. 马八进七　卒3进1
5. 车二进六　……

红车过河属急攻战术。如稳健可兵三进一，象7进5，炮八进四，马3进4，炮八平三，仍红先。

5. ……　　　象3进5　　6. 兵五进一　炮8退1

黑退炮埋伏奇兵，为以后布置陷阱准备条件。如士4进5，车二平三，马3进4，兵五进一，卒5进1，炮八进三，车1平4，炮八平六，车4进4，车九平八，炮2平4，马七进五，卒5进1，马五进三，红有攻势。其中红运用了送中兵伸炮打串的抢先技巧。

7. 车九进一　……

此时红如运用送兵伸炮战术，情况与上述不同。例如车二平三，马3进4，兵五进一，炮8平7，车三平四，卒5进1，炮八进三，马7进8，车四平三，马8退9，车三退二，马4进3，炮八平五，炮7平5，前炮进三，士4进5，车九平八，马3进5，相七进五，和势。

7. ……　　　马3进4
8. 兵五进一　卒5进1
9. 炮八进三　马4进3
10. 炮八平五　炮8平5

黑第7回合故意跃马，诱红送中兵伸炮打串，在黑已退左炮的条件下，突然摆窝心炮兑车反先，这是黑方设下的陷阱。

11. 车二进三　炮5进3
12. 马七进五　马3进5

图31，黑不吃车而马踏炮，是对攻的正着，决心拼杀。如马7退8，炮五进

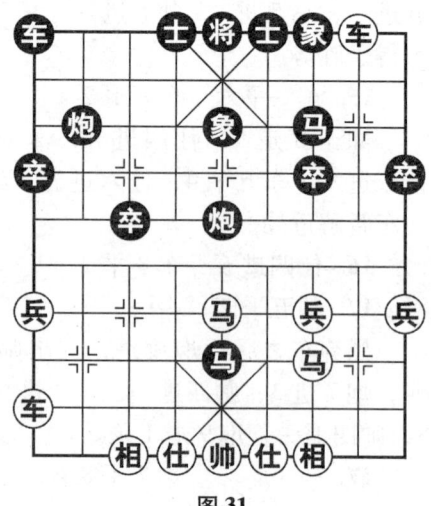

图31

三，士4进5，车九平四，车1平4，车四进五，红略先。

  13. 车二退八 马5进3   14. 马五退六 象5进7

  黑弃车之后运炮攻杀。此着妙手飞象，伏重炮杀势，逼红升帅，帅处于危险境地。

  15. 帅五进一 马3退4   16. 帅五进一 ……

  如帅五平四，炮2平6，马三进五，炮5平6杀。

  16. ……   炮2平5   17. 帅五平六 前炮平4

  18. 帅六平五 马7进5   19. 马六进五 马5进6

  20. 帅五平四 炮4平6

  黑运用双马双炮构成杀局。

第二节 弃车跃马造杀势

第1局 中炮急进中兵破屏风马平炮兑车

  1. 炮二平五 马8进7   2. 马二进三 卒7进1

  3. 车一平二 车9平8   4. 车二进六 ……

  红急进过河车压制黑左翼，同时避免黑伸左炮封车。如兵七进一，炮8进4，马八进七，象3进5，炮八进七，车1平2，车九平八，炮2进4，通常认为黑易走。

  4. ……   马2进3   5. 兵七进一

  挺七兵制马是流行着法。也可马八进七，卒3进1，车九进一，炮2进1，车二退二，象3进5，兵三进一，卒7进1，车二平三，仍红先。

  5. ……   炮8平9   6. 车二平三 炮9退1

  7. 兵五进一 士4进5   8. 兵五进一 ……

  连冲中兵，属于急攻战术，企图弃兵打通卒林线，发挥过河车的威力，并为盘头马开拓出路。

  8. ……   炮9平7   9. 车三平四 卒7进1

  10. 马三进五 ……

  红不顾卒渡河而跳出盘头马，继续贯彻急攻战略。

  10. ……   卒7进1   11. 马五进六 马3退4

  红连跳快马猛攻，黑退贴身马是致命的软手，会丢掉中卒造成中防薄弱。

应车8进8，马八进七，象3进5，马六进七，车1平3，弃马有反击机会。

12. 兵五进一　马7进8
13. 兵五平六　……

平兵叫将，希望黑补中象之后再平车拦炮。如车四平三，炮2平7，黑易走。

13. ……　　　炮2平5
14. 仕四进五　……

图32，红主动弃车任吃。如马8退6，马六进四，马4进3，马四进三，将5平4，炮八平六杀。

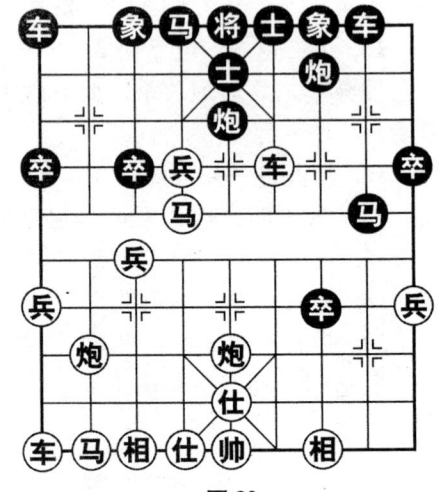

图32

14. ……　　　车1平2
15. 兵六进一　马8退6

红再次弃车，冲兵凶悍。如不吃车而车2进7吃炮，车四进二，车2退3，兵六平五，象3进5，车四退三，车2进4，车四平三，炮7平6，马六进四，炮6进1，马四退二，红得子较优。

16. 马六进四　炮7进8

败着。应炮7平6，兵六平五，炮6进1，兵五平四，士5进6，马四进六，将5进1，马八进七，但亦红优。

17. 兵六平五　马4进5

如马4进3，马四进六，将5平4，炮八平六杀。

18. 马四进六　将5平4　　19. 炮八平六　马5进4
20. 马六进八

红胜。

第2局　五六炮过河车破反宫马7卒

1. 炮二平五　马2进3　　2. 马二进三　炮8平6
3. 车一平二　马8进7　　4. 炮八平六　车1平2
5. 马八进七　炮2平1

红演成五六炮阵式，攻守兼顾，但左车晚出。黑三步虎亮出右车弥补左翼不足。

6. 兵七进一　卒7进1

挺卒活跃左马，但还是红先跃马盘河控制要点。可车2进6，兵三进一，车2平3对攻。

7. 马七进六　　象7进5

补象不如补士灵活。可士6进5，车二进六，车9平8，车二平三，炮6退1，马六进七，车2进3，兵七进一，炮6平7，车三平四，炮1退1，黑可抗衡。

8. 车二进六　　士6进5

可车2进6，仕四进五，车2平4，马六进五，马3进5，炮五进四，士6进5，车二平三，炮6退1，车九平八，车9平6，黑有些抗衡手段。

9. 车二平三　　车9平7　　　　10. 马六进四　……

如车九进二，马7退6，车三进三，象5退7，车九平七，象7进5，车七进一，马6进7，兵五进一，红稳健持先。

10. ……　　　马7退9
11. 车三平一　马9进7
12. 马四进六　……

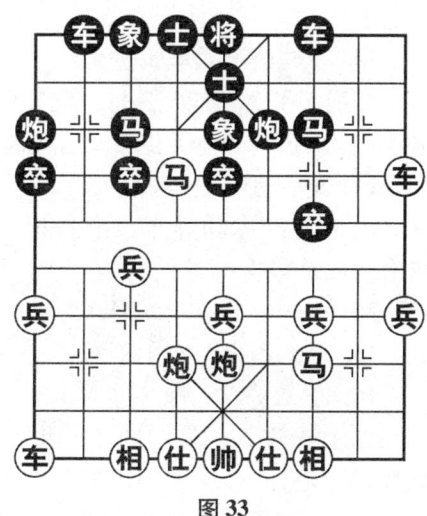

图33

图33，红主动弃车，跳马准备入卧槽攻杀。应炮6退1，车一平四，炮1退1，炮五平四，炮6平7，黑足可抗衡。

12. ……　　　马7进9

贪吃车败着，掉进陷阱。

13. 马六进七　将5平6
14. 炮五平四　炮6平8
15. 炮四退一　车2进8
16. 仕六进五　车2退7
17. 炮六平四

红胜。

第3局　中炮横车七路马破顺炮直车过河

1. 炮二平五　炮8平5　　　2. 马二进三　马8进7
3. 车一进一　车9平8　　　4. 车一平六　车8进6
5. 兵七进一　车8平7　　　6. 马八进七　士4进5

如车7进1，炮五进四，马7进5，炮八平三，马5进4，仕六进五，马4进3，车六进一，马3退2，炮三进二，红优。但黑补右士不妥，应补左士。

7. 马七进六　卒7进1　　　8. 马六进七　马2进1

如马2进3，炮八平七，炮5平6，车九平八，车1平2，兵七进一，象3进5，兵七平六，仍红先。

9. 车六进七　卒7进1

红车塞象眼，黑驱卒过河，各攻一翼。

10. 马七进八　车7平6

如车7平8，车九进一，卒7进1，车九平四，车8退5，车四进五，卒7进1，炮八平三，炮5进4，仕六进五，象7进5，车四平三，车8进1，帅五平六，车1进1，炮三进五，车8平7，炮五进四，车1平2，车六进一杀。

11. 车九进一　卒7进1　　　**12.** 车九平二　卒7进1

如车6退5，仕六进五，卒7进1，炮八平三，象7进9，车二进七，车6平8，炮五进四，炮2进7，相七进九，马1退3，帅五平六，马7进5，炮三进七杀。

13. 车二进七　车1进1

如炮5平3，炮八平七，卒7平6，炮七进五，卒6平5，炮七平五，象7进5，车六进一，士5退4，马八退六杀。

14. 车六进一　……

图34，红主动弃车，准备退马士角叫将造成杀势。

14. ……　　　　士5退4

15. 马八退六　车1平4

16. 车二平六　炮5进4

如士6进5，车六进一，将5平4，炮八平六杀。

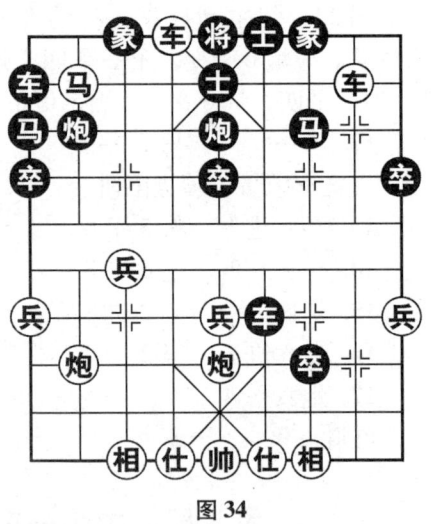

图34

17. 炮五平六　车6退4

如士6进5，车六进一杀。

18. 车六进一　将5进1

19. 车六平五

红胜。

第三节　弃马取势车炮杀

第1局　中炮双横车破顺炮直车

1. 炮二平五　炮8平5　　　**2.** 马二进三　马8进7

3. 车一进一　车 9 平 8　　　　4. 车一平六　车 8 进 6

5. 车六进七　……

进车象眼属于急攻，兵七进一或马八进七较为稳健。

5. ……　　马 2 进 1

黑跳边马嫌软。应马 2 进 3，车六平七，炮 2 进 2，马八进九，马 7 退 5，兵三进一，车 8 平 7，相三进一，炮 2 平 8，车七平八，卒 3 进 1，车九平八，马 3 进 4，黑子活跃稍优。

6. 车九进一　……

图 35，红起横车弃马诱敌，暗伏强大攻势。

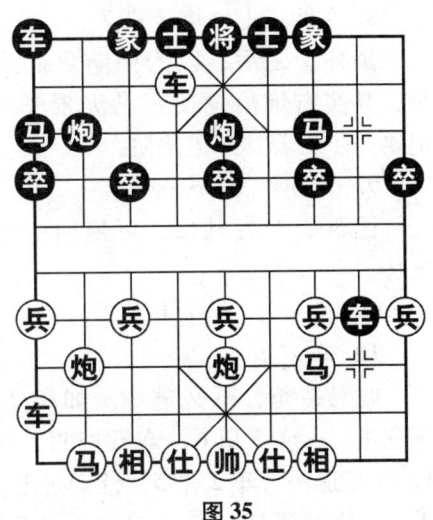

图 35

6. ……　　炮 2 进 7

7. 炮八进五　马 7 退 8

黑炮吃马离开原位，掉进陷阱。红趁机伸炮击退黑马，便于炮打卒发动攻势。

退马败着。应车 8 退 4，车六平三，车 1 平 2，炮八平三，象 7 进 9，炮五进四，士 4 进 5，车九平六，车 9 平 4，车六进七，车 2 平 5，炮三平一，车 8 退 2，车三退一，车 5 退 1，炮一平五，士 5 退 4，虽仍红优，但黑不致速败。

8. 车九平六　士 6 进 5　　　　9. 炮五进四　将 5 平 6

防前车进一杀。

10. 前车进一　士 5 退 4

如将 6 进 1，前车退一，炮 5 平 3，车六平四，炮 3 平 6，炮八平五，炮 2 退 7，车六平五，将 6 退 1，后炮平四，炮 6 进 6，炮五平四杀。

11. 车六平四　炮 5 平 6　　　　12. 车四进六　将 6 平 5

13. 炮八平五

红胜。

第 2 局　中炮双肋车破顺炮过河车

1. 炮二平五　炮 8 平 5　　　　2. 马二进三　马 8 进 7
3. 车一进一　车 9 平 8　　　　4. 车一平六　车 8 进 6
5. 车六进七　马 2 进 1　　　　6. 车九进一　车 8 平 7

黑不贪吃红马，暂无危险。

7. 车九平四　士6进5

如炮2进7，车四进六，车1平2，炮八平六，炮2退7，炮六进五，车7进1，炮五进四，士4进5，车四平三，车7平6，车三进二，车6退6，仕四进五，炮2平3，车六平五，车6平5，帅五平四，将5平4，炮五平六，将4平5，车三平四杀。

8. 车四进七　炮2进7

黑补士之后，以为中防巩固可以吃马，其实右炮离位使左马失根受攻，这仍属一步劣着，掉进陷阱。

9. 车四平三　……

图36，车捉马象，可追回一子并有攻势。

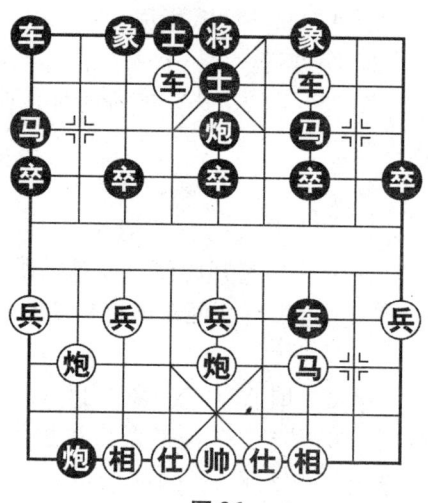

图36

9. ……　　　车1平2

10. 车三退一　……

吃马造杀，不必逃炮。如车2进7，车三进二，士5退6，炮五进四，炮5进4，车三退一，车2平5，仕四进五，车5平7，仕五进四，前车进2，帅五进一，后车进2，帅五进一，前车平5，仕六进五，炮2退6，车三平五杀。

10. ……　　　车7平6

退炮保中卒。如卒3进1，炮八平五，士4进5，车三进二，车6退6，车三退一，士5退4，炮五进四，炮5平6，车三平五杀。

11. 炮八进六　炮2退6

12. 炮八平五　士4进5

黑只能吃炮，否则红前炮退二打卒叫将有杀势。

13. 炮五平八　车2平1　　14. 车三进二　车6退6

如士5退6，车三退二，炮5平6，炮八进二，卒5进1，炮八平四，士6进5，车三进一，士5退6，炮四进五，炮6平5，车三平五，将5平6，车六进一杀。

15. 车三退一　士5退4

如士5进6，炮八平四，车6平8，马三进四，车1平2，炮四进五，炮5进4，马四进六，炮5退2，炮四平五，炮5退2，马六进五，炮2退2，车六进一杀。

16. 炮八平六　炮2退3　　17. 炮六进七　炮2平4

18. 车三平五

红胜。

第3局　中炮横车骑河破顺炮边马

1. 炮二平五　炮8平5　　　2. 马二进三　马8进7
3. 车一进一　车9平8　　　4. 车一平六　马2进1
5. 车六进六　……

红车通过捉炮希望占据好位。如车六进七，炮2平3，车六平八，卒1进1，兵九进一，车8进4，兵九进一，马1进2，黑马跃出抢先。

5. ……　　　炮2进2　　　6. 车六退二　卒1进1
7. 马八进七　……

红跳正马诱黑平炮打，以实现进攻计划。

7. ……　　　炮2平3

黑贪捉马劣着。应士6进5，兵九进一，卒1进1，车九进四，亦红先。

8. 炮八进五　炮3进3　　　9. 炮八平三　炮3平7

如车8进2，炮三平九，车1进2，炮五进四，士6进5，车九进二，炮3进1，车九平四，象7进9，仕四进五，卒3进1，帅五平四，车8退2，车六平四，再沉车三把至绝杀。

10. 炮五进四　士6进5　　11. 车九进二　炮7平8

黑为了保持多子优势而逃炮，败着。应卒7进1，炮三退一，将5平6，车六平四，炮5平6，车九平三，车1平2，黑尚可支撑一阵。

12. 车九平六　将5平6
13. 前车进四　……

图37，弃车破士精彩。黑如不吃车，将6进1，前车退一，炮8退6，后车进五，炮5进4，炮五平四，炮8进2，后车平五，炮8平6，车五进一，将6进1，车六退二，红胜定。

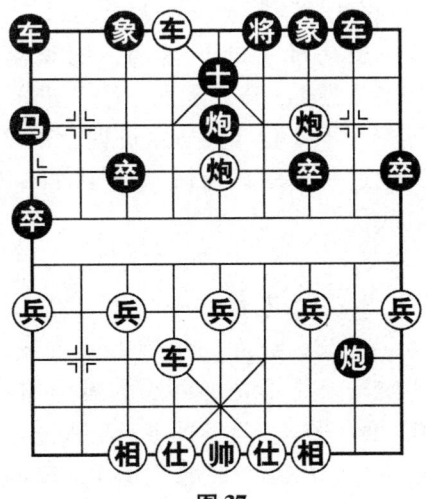

图37

13. ……　　　士5退4
14. 车六平四　炮5平6
15. 车四进五　将6平5　　16. 车四进一　炮8退4

17. 炮五退一　卒7进1　　　18. 炮五进一　马1进2
19. 炮三平五
红胜。

第四节　弃马制造铁门栓

第1局　中炮七路马破大列炮过河车

1. 炮二平五　炮2平5　　　2. 马二进三　马8进9
3. 马八进七　马2进3　　　4. 车一平二　炮8平7
5. 车二进八　……

也可车九平八，车1平2，炮八进四，卒3进1，车二进五，车9平8，车二平七，车8进8，炮五平六，车8平3，车八进二，红控制局面稍好。

5. ……　　　士6进5　　　6. 车二平四　……

平肋车封住将门，为后来攻杀埋下伏兵，对左马无根的弱点置之不理。如卒7进1，相三进一，卒7进1，相一进三，马9进7，车四退二，马7进8，马三退一，车9平8，车九平八，车1平2，炮八进四，仍红先。

6. ……　　　车1平2　　　7. 车九平八　车2进6
8. 兵七进一　……

挺兵准备跃马盘河，诱黑车压马。如卒7进1，马七进六，卒7进1，兵七进一，车2退1，马六进四，炮7进4，兵七进一，马3退1，炮五进四，对攻中红较优。

8. ……　　　车2平3
9. 炮八进七　……

图38，红弃马沉炮展开攻势，黑吃不吃马、兑不兑炮都感为难。如车3进1，炮八平九，车3平4，车八进九，马3退1，车八退一，炮7退1，车四平五，将5平6，车五平四，将6平5，炮五进四，炮5进4，车八平五杀。

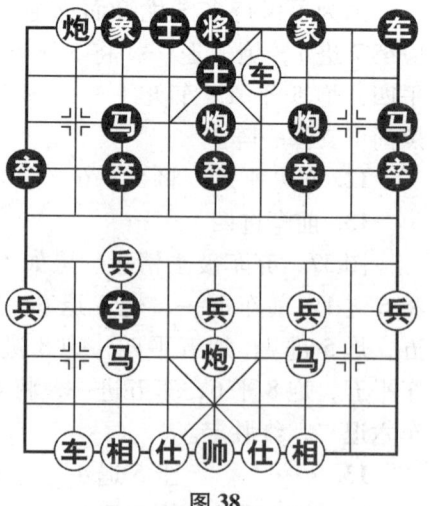

图38

9. ……　　　马3退2　　　10. 车八进九　车3进1

如车3平4，车八平七，车4退3，马七进六，车4进2，炮五进四，车4退4，以下着法同。

11. 炮五进四　车3平4

如车3平7，车四平五，将5平6，车八平七，车7平4，车五进一，将6进1，车五退二，炮7退1，车七退三，车9平8，仕六进五，车4退3，炮五退一，将6退1，车七平四，炮7平6，炮五平四，车8进1，车四平六，炮6平5，车五平四，将6平5，车六退一，红胜势。

12. 车八平七　车4退6　　　13. 仕四进五　炮7平6

如炮7平8，帅五平四，炮8退2，车七退二，车4进2，车七平五再吃中士杀。

14. 车七退二　炮6平3　　　15. 帅五平四　马9退7

16. 车四进一

铁门栓杀，红胜。

第2局　中炮横车左肋破顺炮直车过河

1. 炮二平五　炮8平5　　　2. 马二进三　马8进7
3. 车一进一　车9平8　　　4. 车一平六　车8进6
5. 兵七进一　车8平7　　　6. 马八进七　马2进1
7. 马七进六　卒7进1

防马六进四咬车抢先。

8. 马六进五　马7进5

如士6进5，马五退四，车7平6，炮八进一，车6进1，车六平二，卒7进1，仕六进五，车6退2，马三进四，卒7平6，车二进五，红略先。

9. 炮五进四　士4进5

补右士败着。应士6进5，相三进五，车7平6，车九进一，卒1进1，车六平四，车6退4，马三进二，但也属红优。

10. 仕六进五　……

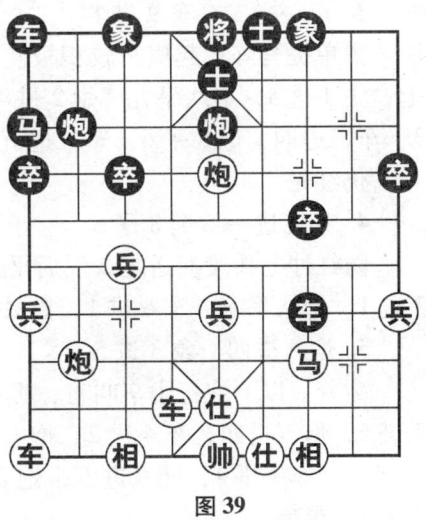

图39

图39，红肋车封锁将门，已有造成铁门栓杀势的机会，决定补仕弃马。

黑如不吃马，炮2进1，炮八平五，炮2平5，炮五进四，马1退2，帅五平六，马2进3，车六进六，象3进1，车九进二，车1平4，车六进二，马3退4，车九平六，马4进3，车六进五，车7进1，车六平七，车7平2，车七平九，车2退7，车九平六，卒7进1，兵五进一，红胜势。

10. ……　　　　车7进1　　　　11. 帅五平六　炮2退2

12. 车九平八　……

妙手弃车。黑不敢炮2进9吃车，因相七进九之后有车六进八杀着，黑无法挽救。

12. ……　　　　车7退1　　　　13. 炮八平三　……

巧着送炮，牵制黑车不能吃中兵，因有炮轰象闷杀。

13. ……　　　　车7进1　　　　14. 车八进九　车1平2

15. 车六进八

铁门栓杀，红胜。

第3局　中炮直车七兵破单提马横车

1. 炮二平五　马2进3　　　　2. 马二进三　马8进9

黑形成单提马阵式。按照现代战术，此着可抢出横车以加快反击速度，即车9进1，车一平二，车9平4，兵七进一，士4进5，炮八平七，象3进1，马八进九，车4进6，炮七退一，车4平2，仕四进五，车1平4对攻。

3. 车一平二　车9进1

黑单提马阵式起横车较积极。如车9平8，兵七进一，象3进5，马八进七，士4进5，炮八平九，炮2进4，兵三进一，车1平4，车九平八，炮2平3，车二进四，炮8平6，车二进五，马9退8，仕六进五，车4进5，兵五进一，仍红先。

4. 兵七进一　炮8平6

防红冲七兵渡河送吃，然后平七路炮打马。但可车9平6，兵七进一，卒3进1，炮八平七，车6进1，黑易走。

5. 炮八进四　象3进5

劣着。以下炮打中卒叫将，黑被迫支士阻车。应车9平4，炮八平五，马3进5，炮五进四，车4进2，炮五退二，马9退7，炮五平三，车1进1，车二进八，车1平4，仕六进五，炮2退1，马八进七，卒7进1，炮三进四，炮2平7，黑反先。

6. 炮八平五　马3进5　　　　7. 炮五进四　士4进5

8. 马八进七　车1平4　　　　9. 车九平八　……

红不补仕相，故意诱黑车进仕角捉双马，暗设陷阱。如车4进3，炮五平一打双车。

9. ……　　　车4进7　　　　10. 仕六进五　……

图40，红支仕弃马妙手。黑不能吃马，应车4退3，车八进六，卒9进1，车二进四，亦红优。

10. ……　　　车4平3

11. 车二进四　卒3进1

12. 相七进五　……

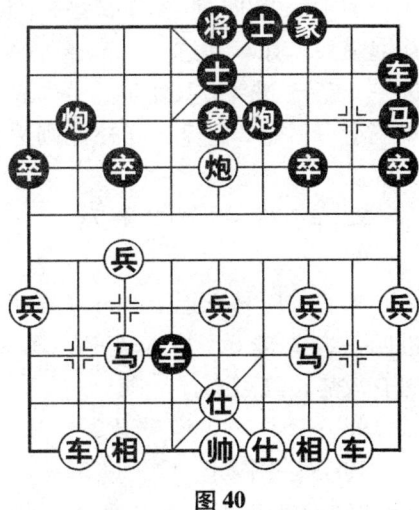

图40

巧着。如兵七进一，车3退3，车二平六，车3退4，黑车守住底线可抗衡。

12. ……　　　卒3进1

13. 相五进七　车3退1

速败之着，但亦无其他办法解救危局。如将5平4，车二平六，炮2平4，车八进九，将4进1，相三进五，车9平8，车六进一，车3退1，炮五退二，卒9进1，炮五平六，车3平4，车八退一，将4退1，车六进二，将4平5，车八进一，亦红胜。

14. 车二平六　车9平8　　　15. 帅五平六　炮2平4

16. 车六进三　炮6平4　　　17. 车八进九　炮4退2

18. 车八平六

红胜。

第五节　弃马陷车取攻势

第1局　后手屏风马7卒破五七炮

1. 炮二平五　马8进7　　　2. 马二进三　卒7进1
3. 车一平二　车9平8　　　4. 车二进六　马2进3
5. 兵七进一　士4进5

补士为以下飞象弃马做准备。

6. 炮八平七　　象3进5　　　　　**7.** 车二平三　……

可兵七进一，象5进3，车二平三，炮8退1，马八进九，炮8平7，车三平四，马7进8，车九平八，车1平2，车四退二，炮2进4，双方均势。

7. ……　　　　炮8进6

图41，黑伸炮弃马取势，准备平7路炮瞄兵。如车九进一，车1平4，车三进一，卒3进1，兵七进一，马3进2，车三退一，炮2进7，红补仕则丢车，黑大优。

8. 车三进一　　炮8平7

9. 车三退一　　……

劣着。应马三退五，车1平4，炮七进四，炮2进6，马五进七，车8进9，黑有攻势，红可支撑一阵。

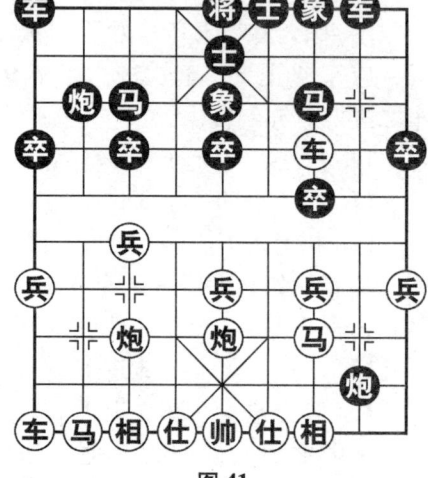

图41

9. ……　　　　炮7退2

10. 车三平四　　炮7进3

11. 仕四进五　　炮7平9　　　　**12.** 帅五平四　　……

败着。应马八进九。黑不宜车8进9，车四退六，车8平7，马三退一，车7平8，马一进三，如双方不变作和。

12. ……　　　　炮2进6　　　　**13.** 炮七退一　　……

防黑沉底车杀。如仕五进六，车8进9，帅四进一，车8退1，帅四退一，炮2平7，帅四进一，炮7进1，帅四进一，卒7进1，红难应付。

13. ……　　　　车1平4　　　　**14.** 车九进一　　……

如帅四平五，卒7进1，车九进一，卒7进1，车九平八，卒7进1，帅五平四，车4进8，车四平三，卒7平6，帅四平五，卒6进1，再沉底车杀。

14. ……　　　　车4进9　　　　**15.** 帅四进一　　……

如仕五退六，车8进9杀。

15. ……　　　　车8进8　　　　**16.** 帅四进一　　炮9退2

17. 马三进二　　车4平6

黑连连弃车攻杀，着法十分精彩。

18. 仕五退四　　车8平6

黑胜。

第2局　后手屏风马沉炮破中炮过河车

1. 炮二平五　马8进7　　　　**2.** 马二进三　马2进3
3. 车一平二　车9平8　　　　**4.** 兵七进一　卒7进1
5. 车二进六　士4进5　　　　**6.** 炮八平七　象3进5
7. 车二平三　炮2进4　　　　**8.** 兵五进一　……

暂不能车三进一吃马,炮2平7打死车。如兵三进一,卒7进1,车三进一,卒7进1,马三退五,炮8进7,黑弃子得势,红亦有顾忌。

8. ……　　　车1平4

图42,黑主动弃马,诱红车吃后落到不利位置,同时伸炮过河配合肋车反击。至此,红如不吃马,车九进一,车4进6,兵三进一,将5平4,仕六进五,炮8进6,炮五平六,将4平5,车九退一,炮2退1,相七进五,炮2平5,炮六退二,炮8平7,亦黑反先。

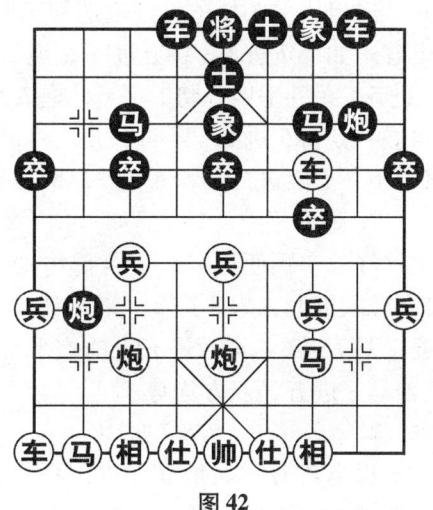

图42

9. 车三进一　车4进8
10. 马八进九　炮8进7

黑沉炮佳着,由此取势入局。如车九平八,将5平4,仕六进五,炮8平9,车八进三,车8进9,马三退一,车8退1,炮七退一,车4平5杀。

11. 马三退二　炮2平5　　　**12.** 仕四进五　……

如仕六进五,将5平4,马二进三,车4进1杀。

12. ……　　　车8进9

弃炮破仕有胆识,可迅速入局。

13. 帅五平四　炮5进2
14. 帅四进一　车8退1　　　**15.** 帅四进一　车4进1
16. 炮五进一　炮5退3　　　**17.** 炮五平四　车4退3
18. 炮四进五　车8平5　　　**19.** 车三退一　车4平6

黑胜。

第3局　后手屏风马3卒破中炮巡河车

1. 炮二平五　马8进7　　　　2. 马二进三　卒3进1
3. 车一平二　车9平8　　　　4. 车二进四……

挺3卒以便活跃右马，伺机从右翼反击。红升巡河车准备挺七兵兑卒，把右车调到左翼，双方针锋相对。

4. ……　　　马2进3　　　　5. 兵七进一　卒3进1
6. 车二平七　炮2退1

退炮伏平3打车，红逃巡河车则黑炮轰相抽车，这是屏风马方最强有力的应着。如卒7进1，兵五进一，炮2退1，兵五进一，炮2平3，兵五进一，士6进5，兵五平四，将5平6，炮五平四，将6平5，炮八平五，士5退6，炮四退一，将5进1，兵四平五，将5平6，车七平四，马7进6，车四进一，炮8平6，车四进二，将6进1，炮五平四杀。

7. 炮八平七　炮2平3　　　　8. 车七平三……

红逃车顺便捉卒，正合黑方心意，容易掉入陷阱。应车七平二，马3进2，马八进九，炮8进2，车九平八，卒7进1，炮七进三，炮8平3，车二进五，马7退8，车八进五，前炮平5，兵五进一，炮5进3，相三进五，象3进5，马三进五，双方均势。

8. ……　　　卒7进1

送卒巧着。如炮3平7，马八进九，卒7进1，车三平四，象7进5，车四平七，马3进4，车九进一，仍红先。

9. 车三进一　象3进5

图43，飞象捉车弃马，设下圈套。红不可吃马而应车三进一，马3进4，马八进九，炮3进1，车九平八，炮8进4，仕六进五，红尚可周旋，但已无先手。

10. 车三进二　马3退5

红车吃马劣着。黑马退窝心，必得一车。

11. 炮五进四　炮3进8
12. 帅五进一……

避免黑连续叫将抢先。如仕六进五，炮3平1，马八进六，车1平3，炮

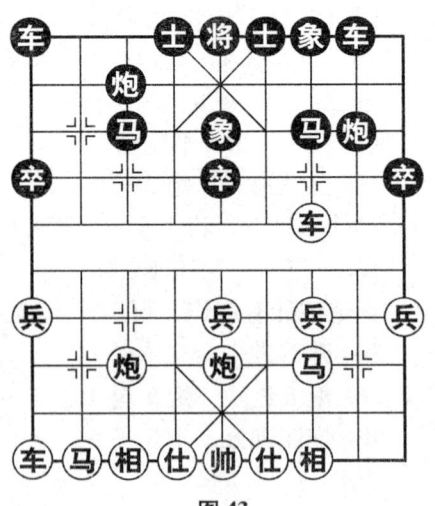

图43

七进一，车3进3，炮五退二，车3平5，车三退一，马5进3，车三平二，士6进5，黑多子优。

12. ……　　　炮3平1

至此，演成古谱著名的屏风马弃马陷车局，变化十分复杂、激烈。经过现代棋手的深入研究，认为黑优胜。下面介绍其中一路变化。

13. 炮七进二　车1平3　　14. 炮七平五　……

伏车三平五砍象的凶着。

14. ……　　　车3进8　　15. 帅五退一　……

如帅五进一，炮8进5，马三退五，炮1退2，帅五平六，炮8进1，马五进四，车8进7，相三进五，车3退2，帅六退一，炮8平9，帅六平五，车3进2，帅五退一，车3平6，后炮平一，车8进2，仕六进五，炮9平5，帅五平六，车6进1，帅六进一，车6平4，帅六平五，车8退1杀。

15. ……　　　车3退3　　16. 相三进五　……

如车三平五，车3平5，车五平二，车5退2，车二进二，车5平2捉死马。

16. ……　　　车3平2　　17. 后炮平七　车2退5
18. 兵三进一　炮8进7　　19. 马三退二　车8进3
20. 炮五退二　车8平5

至此，红逃车则黑车吃马多子得势，黑胜定。

第六节　　弃子跃马成杀局

第1局　　中炮横车边马破顺炮直车过河

1. 炮二平五　炮8平5　　2. 马二进三　马8进7
3. 车一进一　车9平8　　4. 车一平六　士6进5

补士稳健，但缺乏反击力。可车8进4，车六进七，马2进3，车六平七，炮2进2，兵七进一，马7退5，马八进七，炮2平6，车七平八，炮6进3，马七进六，炮6平2，车八退六，车8平4，马六退七，卒3进1，车八进二，卒7进1，黑足可抗衡。

5. 车六进七　马2进1

只能跳边马。如马2进3，车六平七，炮2进2，兵七进一，车1进2，兵七进一，卒3进1，炮八平七，士5进4，车七平三，红易走。

6. 兵九进一　　车8进6　　7. 马八进九　……

如车六平八，车1平2，车八进一，马1退2，炮八进七，车8平7，马三退二，车7进3，马二进一，炮5进4，仕六进五，将5平6，帅五平六，炮5进2，马八进七，车7平6，帅六进一，炮5平9，车九平八，炮2平6，黑弃子得势。

7. ……　　　　车8平7　　8. 车九进一　卒7进1

红起横车准备平右肋封锁将门，故应车7平6守肋便无危险，现在挺卒是劣着。

9. 车九平四　卒7进1

冲卒给红进车塞象眼造成攻势。但炮5平6，车四进五，象7进5，兵五进一，马7退6，亦红优。

10. 车四进七　车7平8　　11. 仕六进五　……

补仕停着，伺机出师助攻，为整个进攻计划埋下伏兵。

11. ……　　　　卒7进1　　12. 马九进八　……

图44，红双车成两鬼拍门之势，决定跃马弃炮攻杀。至此，黑只能吃炮，如炮2平4，马八进六，卒3进1，马六进五，马1进3，马五进三，车8退5，车四平五，将5平6，车五进一杀。

12. ……　　　　炮2进5

13. 马八进六　炮2平7

如炮5平4，车四平三，炮2平7，车三进一，马7退6，炮五进四，士5进6，车三平一，车8退3，车六平四，车8平5，车一平四杀。

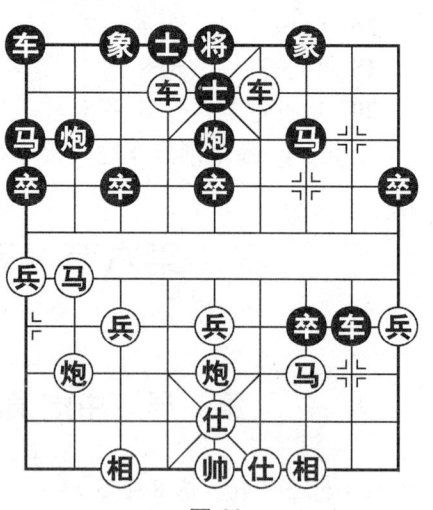

图44

14. 马六进五　卒7平6

如马7进6，炮五进四，马6退5，帅五平六，车8退3，车六进一杀。

15. 炮五平八　卒5进1

挺中卒准备跳盘头马，此外别无其他解危之法。如车1平2，炮八进五，车2平2，马五进七，车2退1，车六平五杀。

16. 炮八进五　马7进5　　17. 炮八平六　车1平2

黑出车速败。只能车1进1，车六平九，象3进5，车九退一，士5进4，车九平六，亦属红胜势。

18. 炮六进二　车2进2

如士5退4，车六进一杀。

19. 车六平五　将5平4　　　　**20.** 车四进一

红胜。

第2局　中炮横车盘头马破单提马士角炮

1. 炮二平五　马2进3　　　　**2.** 马二进三　马8进9

3. 车一进一　象3进5

也可车9进1，车一平六，车1进1，马八进七，象3进5，兵五进一，车9平4，车九进一，卒9进1，马七进五，士4进5，兵五进一，卒5进1，马五进七，卒3进1，马七进五，马3进2，黑可抗衡。

4. 兵五进一　炮8平6

虚着。应卒9进1，争取跃出边马较积极。

5. 兵五进一　卒5进1　　　　**6.** 马三进五　士4进5

7. 车一平六　……

急冲中兵跳盘头马，又及时平肋车封锁将门，展开了攻势。

7. ……　　　　车1平4

8. 车九进一　……

图45，红主动弃马，希望兑车后保持对肋线的控制。黑吃马则受攻。可卒3进1，马八进七，车9平8，兵七进一，车8进4，兵七进一，卒5进1，炮五进二，车8平3，黑阵式巩固。

8. ……　　　　炮2进7

9. 马五进七　……

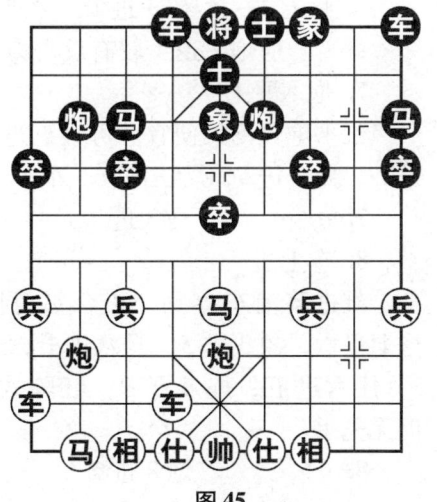

图45

黑贪吃马陷入被动，红跳河头马准备吃中卒叫杀，兼进肋入卧槽，来势甚凶。如象5进3，马七进五，炮6平5，炮五进五，象3退5，炮八平五，车9进1，车六进八，将5平4，车九平六，将4平5，马五进六，将5平4，炮五平六杀。

9. ……　　　　卒5进1　　　　**10.** 马七进六　车4平3

如炮6退1，炮五进五，士5进6，马六进七，炮6平4，炮五退二，车9

平8，车六进六，马3退1，车九平六，红大优。

11. 马六退五　车9平8　　　**12.** 马五进六　炮6退1

败着。可马3进5，车六进四，炮6进1，炮八进七，车3进2，马六进七，车3退1，车九平六，士5进4，前车进二，黑多子红得势，总的来看红易走。

13. 炮八进六　车8进1　　　**14.** 炮八平四　车8平6
15. 车九平八　炮2平1

如马3进5，车八进八，士5进4，车八平七，将5进1，车七退一抽车。

16. 马六进七　车3进1　　　**17.** 车八进八　车3退1
18. 车八平七　马3退4　　　**19.** 车七平六

红胜。

第3局　后手屏风马3卒破中炮直车

1. 炮二平五　马8进7　　　**2.** 马二进三　卒3进1
3. 车一平二　车9平8　　　**4.** 车二进四　马2进3
5. 兵七进一　卒3进1　　　**6.** 车二平七　卒7进1

缓着。应炮2退1较有反击力。

7. 炮八平七　……

红平炮攻马无便宜。可兵五进一，士4进5，炮八平七，马3进2，兵五进一，象3进5，马三进五，车1平4，兵五平六，各有顾忌。

7. ……　　　马3进2
8. 车七进一　……

红进骑河车捉马，正合黑意图。可炮七平六，象3进5，马八进七，士4进5，仕六进五，炮8平9，红阵式巩固，但无先手。

8. ……　　　炮8进2
9. 车七平三　马2进4

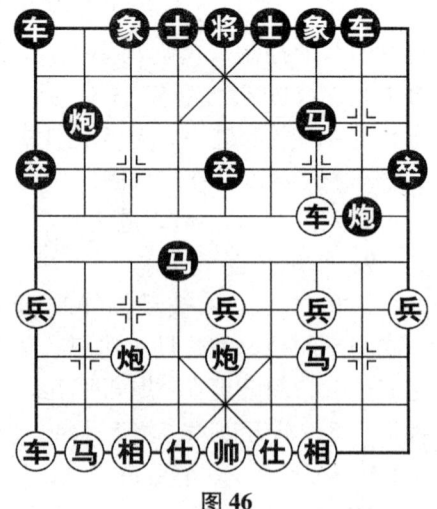

图46

图46，黑升巡河炮打车时，就决定弃马抢攻。至此暗伏马4进6，车三进二，马6进7，帅五进一，炮8进4的杀着。

10. 车三进二　……

上篇 设计陷阱

如车三平六，马7进6，车六进二，炮2进6，车九进一，车1平2，炮七平六，士6进5，车六进一，炮8进4，车九进一，炮2平4，马八进七，马4进5叫杀得车。

10. ……　　　　象3进5　　　11. 车三退三　马4进2
12. 马八进九　……

防黑卧槽马叫将再进炮杀，但不能避免黑挂角马。

12. ……　　　　马2进4　　　13. 帅五进一　炮8平4
14. 帅五平四　……

防车8进8杀。如炮五进四，士4进5，车三平六，车8进8，帅五进一，车1平4，炮五退一，炮2进2，炮七进三，炮2进3，炮七退三，马4进5，炮七进一，炮4进5，车六进五，将5平4，马九退八，马5退4，炮七退一，车8平6，车九进二，马4退5，车九平八，马5进7杀。

14. ……　　　　炮2进6　　　15. 车九平八　车1进1

黑各子配合已成临杀之势。现起横车伏车8进8，帅四进一，车1平6杀。

16. 车三平四　车8进8　　　17. 帅四进一　马4进5
18. 炮五退一　车8平6　　　19. 帅四平五　车6退3

黑大优，胜定。

第三章　将计就计

作战计划的确定，应遵循棋局变化规律。如果局中人的主观认识符合棋局的客观情况，则制订的作战计划就是正确的，反之就不正确。对弈时，如果发现对方的计划有错误，应将计就计，顺其变化而行，使对方落于劣势地位，这也属于陷阱的一种。

第一节　马跳卧槽意外攻

第1局　中炮七路马破屏风马进炮封车

1. 炮二平五　马8进7　　　　2. 马二进三　马2进3
3. 车一平二　车9平8　　　　4. 兵七进一　卒7进1
5. 马八进七　象3进5

双方演成中炮七路马对屏风马阵式。补象稳健。如炮8进4，炮八进二，象3进5，兵三进一，炮8平7，兵三进一，车8进9，马三退二，象5进7，车九进一，仍红先。

6. 马七进六　士4进5　　　　7. 炮八平六　……

红平仕角炮控制肋线，又可亮左车捉炮争先，一着两用。如车二进六，车1平4，炮八进二，卒3进1，炮五平六，马3进4，兵七进一，车4平3，相七进五，车3进4，炮八平七，炮2平4，红失先。

7. ……　　　　　　　　　　炮8进4

当红马跃出盘河之后，不会形成巡河炮阵式，黑伸炮封车是正着。如炮2进3，马六进七，车1平4，仕四进五，炮2平1，车九平八，炮2平7，相三进一，炮8进4，车八进七，车4平3，兵五进一，红先手。

8. 车九平八　车1平2　　　　9. 马六进七　……

有意让黑炮打中兵，准备弃车攻杀。如稳健可仕四进五，炮2进6，马六进七，车2进3，炮六平七，马7进6，双方相持。

9. ……　　　炮8平5

图47，红将计就计，弃车吃炮跃出右马，展开攻势。如补仕，则兑车后红失先。

10. ……　　　车8进9

11. 马五进六　炮2进4

如马3退4，车八进六，车2平3，炮六进七，士5退4，马七进五，象7进5，马六进五，士6进5，马五进三，将5平6，车八进一，车8退7，炮五平四，将6进1，相七进五，红少子得势。

因此黑伸炮弃马，伏中炮叫将抽车。但伸过河炮是败着，应炮2进2，炮五进五，士5退4，马六进七，车2平3，炮六进五，象7进5，炮六平三，象5退7，后马进五，象7进5，车八进五，双方大体均势。

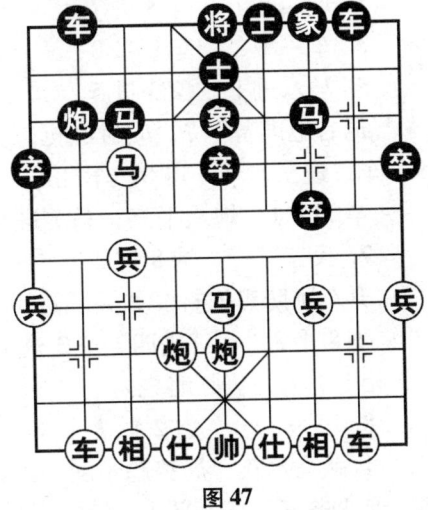

图47

12. 马七进九　……

冷不防红马从边线切入，准备跳卧槽杀，黑摆炮抽将计划落空。

12. ……　　　车2进2　　13. 车八进三　车2平1

14. 炮五进五　……

车砍炮精彩。黑只能吃掉边马，眼看局势似乎缓和，不料红炮轰象竟能入局。

14. ……　　象7进5　　15. 马六进五　士5进6

如士5进4，马五进三，将5进1，车八进五杀。

16. 马五进七　将5进1　　17. 马七退九　将5平6

18. 炮六平四　马7进6

如将6平5，车八进四，马3进4，车八平四，马7进8，炮四平五，将5平4，马九进八，将4退1，车四进二杀。

19. 车八进四　马3进4　　20. 车八平四

叫将抽马，红胜定。

第2局　中炮巡河炮破屏风马退右炮

1. 炮二平五　马8进7　　　2. 马二进三　马2进3
3. 车一平二　车9平8　　　4. 兵七进一　卒7进1
5. 马八进七　象3进5　　　6. 炮八进二　炮2退1

退右炮准备平7，应付红挺三兵兑卒。也可炮2进2，车二进六，炮8平9，车二进三，马7退8，车九进一，士4进5，车九平二，马8进7，兵三进一，卒7进1，炮八平三，马7进6，车二进六，黑左翼受攻。

7. 兵三进一　炮8进2　　　8. 车二进一　……

升车预防黑炮打。如兵三进一，炮2平8，车二进五，马7进8，兵三平二，炮8平3，马三进四，卒3进1，兵七进一，炮3进3，炮五平二，车8平9，相七进五，仍红略先。

8. ……　　炮2平7　　　9. 马三进四　……

红跃马抢攻，局势趋于激烈。如兵三进一，炮7进3，马三进四，士4进5，炮八进三，车1平4，车九平八，炮8进3，马七进八，炮7平2，马八退九，炮2进3，马四进三，车4进6，车二平三，红稳健持先。

9. ……　　士4进5

黑补士稍软。可卒7进1，马四进六，卒7平8，车二进三，炮7进8，仕四进五，车1平3对攻。

10. 马四进六　……

红跃马过河咬马，是盘河马急攻战术的续着，机会不可错过。如兵三进一兑卒就平稳了。

10. ……　　炮7平8

黑已陷入被动。如车1平3，马六进四，士5进6，炮五平三，车8进3，兵三进一，车8平6，炮三进五，炮8退1，炮三退一，黑亦难走。

11. 马六进四　……

图48，冷不防红跃马直奔卧槽攻杀。至此，黑如不吃车，士5进6，车二平三，后炮平6，兵三进一，炮6进2，兵三进一，炮6进4，兵三进一，炮6平3，兵三平四，红弃子破士有强烈攻势。

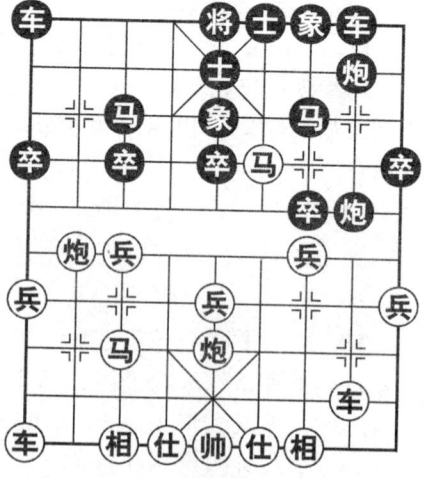

图48

11. ……　　　　后炮进7　　　　12. 马四进三　……

红将计就计弃车，黑贪吃车必败。

12. ……　　　　将5平4　　　　13. 炮五平六　将4进1

如车8进1，马七进六，士5进4，马六进五，士4退5，马五进七，将4进1，兵七进一，士5进6，炮八平六杀。

14. 马七进六　士5进4　　　　15. 马六进五　将4平5

如士4退5，兵七进一，士5进6，马五进七，车1平3，炮八平六杀。

16. 马五进三　将5平6　　　　17. 车九进一　士4退5

如士6进5，车九平四，士5进6，车四进六，将6进1，炮六平四，后炮退1，后马退四，后炮平6，马三退四，象5退3，前马退六，亦红胜。

18. 炮六进六　士5进6　　　　19. 炮八进四

红胜。

第3局　中炮横车边马破顺炮直车巡河炮

1. 炮二平五　炮8平5　　　　2. 马二进三　马8进7
3. 车一进一　车9平8　　　　4. 车一平六　士6进5
5. 车六进七　马2进1　　　　6. 兵九进一　车8进6

如炮2平4，车六平八，卒3进1，兵九进一，卒1进1，车九进五，马1进3，车八平五，士4进5，车九进四，红优。

7. 马八进九　车8平7　　　　8. 车九进一　炮2进2

黑升巡河炮积极对攻，可平7捉马或平3瞄相。

9. 车九平四　……

红贯彻原计划平肋车，准备弃马抢攻。如车六退三，炮2平3，马九进八，炮3进5，仕六进五，车7退1，马八进九，车1平2，红失先。

9. ……　　　　炮2平7　　　　10. 马九进八　……

红将计就计，弃子跃边马取势。如车四进一，车1平2，炮八平六，炮5进4，仕六进五，车2进4，帅五平六，炮7平4，帅六平五，象7进5，红无先手。

10. ……　　　　炮7进3　　　　11. 炮八平三　炮5进4

如先吃炮就没有打中兵的机会。车7进1，马八进六，炮5平6，炮五进四，将5平6，车六进一，士5退4，车四进六，将6平5，车四平三，车7平6，马六进五，士4进5，车三进二，车6退7，马五进七，将5平4，车三平四，士5退6，马七进九，红得子大优。

12. 仕六进五　车7进1

如车1平2，马八进六，炮5退2，马六进七，车2进9，帅五平六，车7平3，车四进六，车3进2，炮五进四，士5进4，车四平五，将5平6，车六平四，将6进1，马七进六，将6退1，车五平四，将6平5，马六退五，士4退5，马五进七杀。

13. 车四进七　车1平2

如炮5平7，仕五进四，炮7进3，仕四进五，车7退2，炮五进六，士4进5，帅五平六，车7平2，车四平五，马7退5，车六进一杀。

14. 马八进六　炮5退2
15. 马六进五　……

图49，红马突然进入象位，准备再跳卧槽造杀，黑已难挽救危局。如车7平5，马五进三，车5平3，仕五退六，车3平5，仕四进五，车5平7，帅五平四，再沉车绝杀。

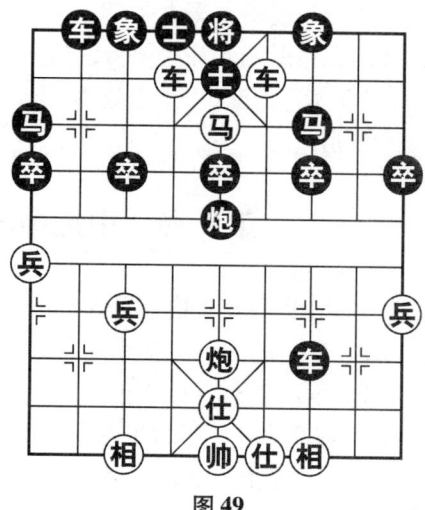

图 49

15. ……　　车2进9

如炮5退2，炮五进五，士5进6，车六平五杀。

16. 帅五平六　车2平3
17. 帅六进一　车3退1
18. 帅六退一　炮5平7
19. 车六进一　士5退4
20. 马五进七

红弃车破士妙手，再跳卧槽马双叫将，立成杀局，精彩绝伦。

第4局　中炮双正马破半途列炮伸炮打马

1. 炮二平五　马8进7
2. 马二进三　车9平8
3. 车一平二　炮8进4

伸炮封车，谋求反击。如炮2平5，车二进六，炮8平9，车二平三，车8进2，车九进一，炮9退1，车九平四，炮9平7，车三平四，士4进5，演成小列炮局，红略先。

4. 兵三进一　炮2平5

黑在布阵过程中走出列炮，称为半途列炮。

5. 马八进七　……

上篇　设计陷阱

红如急于跃出右马，可炮八进五，马2进3，炮八平五，象7进5，马三进四，车1平2，马八进七，车2进4，炮五平四，炮8平3，兑车后红无先手。

5. ……　　马2进3

黑跳马稳健。如卒3进1，炮八进六，车1进1，车九平八，车8进1，炮八退二，马2进3，炮八平七，象3进1，炮七平三，红先手扩大。

6. 马三进四　炮8进1

不必动炮。可卒3进1，兵三进一，炮8进1，马四退三，炮8平5，车二进九，马7退8，炮八平五，卒7进1，黑多卒。

7. 马四进六　炮8平3

劣着，掉入陷阱。应车1平2，马六进七，车2进2，马七退五，炮8平3，车二进九，马7退8，黑可抗衡。

8. 车二进九　马7退8

9. 马六进八　……

图50，红不吃马兑子而跳马八路直奔卧槽造杀，这是红方设置的陷阱。至此，黑已难应付。

9. ……　　将5进1

无奈升将。如补士解杀则红马跳卧槽抽车。

10. 车九进一　炮5进4

11. 炮五平六　……

平炮佳着，不能支仕自塞车路。

11. ……　　马3退1

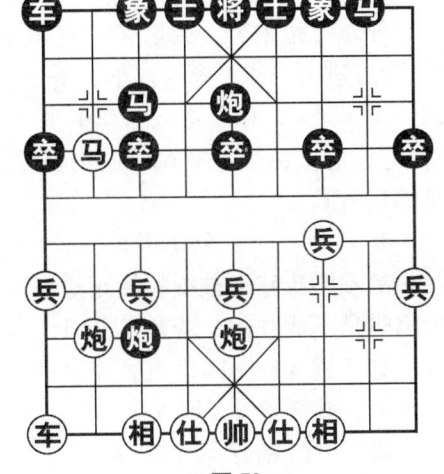

图50

如象7进5，车九平四，马8进6，车四进二，炮5退2，帅五进一，马3退1，马八进七，车1平2，马七退六，将5退1，车四进五，士4进5，马六进七，将5平4，车四退四，将4进1，车四平六，士5进4，车六平八抽车，红胜定。

12. 马八进七　车1平2　　**13. 车九平二　将5平4**

如将5平6，车二进七，将6进1，车二退五，将6退1，车二平五，士6进5，车五进三，车2进2，车五平四，士5进6，马七退六，士4进5，炮六平四，将6退1，车四平三，将6平5，车三进三杀。

14. 车二进七　士4进5　　**15. 马七退六　炮5平4**

16. 马六进五　炮4平5　　**17. 马五退六**

红双叫将杀。

65

第二节　明知炮打却弃车

第1局　中炮直车七兵破单提马横车

1. 炮二平五　　马2进3　　　　**2.** 马二进三　　马8进9
3. 车一平二　　车9进1　　　　**4.** 兵七进一　　炮8平7

炮平7而不平6，是要让出左肋通道。例如红接走炮八进四，象3进5，炮八平五，马3进5，炮五进四，士4进5，马八进七，车9平6，左车仍能亮出。

5. 炮八进四　　……

伸左炮抢中卒，为后来攻破黑弃炮陷车局奠定基础。如炮八平七，象3进5，车二进七，车9平4，车二平三，马3退5，车三平一，炮2平9，炮五进四，车4进6，相三进五，车1平2，兵三进一，车4退4，马三进四，车2平4，炮五退二，车2平6，马四退三，车4平5，马八进九，马5进3，黑窝心马弊病解除。

5. ……　　　象3进5　　　　**6.** 车二进七　　车9平4

黑不顾7路炮被捉，横车过宫暗伏弃炮陷车。其实从后来局势演变看，这个陷阱是不成立的。应炮7进4，车二退四，炮7进3，仕四进五，车9平4，炮八平五，马3进5，炮五进四，士4进5，兵五进一，红稍好。

7. 车二平三　　马3退5

图51，红将计就计，用车吃炮，估计舍车换马炮能取得优势。黑退窝心马更亏，可马3退2，炮五进四，士4进5，车三进二，卒3进1，车三平一，车4进2，炮五进二，车4平2，炮五平二，红车位欠佳，黑士象残缺，各有顾忌。

8. 车三平一　　炮2平9
9. 炮八平五　　车1平2
10. 马八进七　　……

双方子力均衡，红有当头炮镇住窝心马，明显占优。

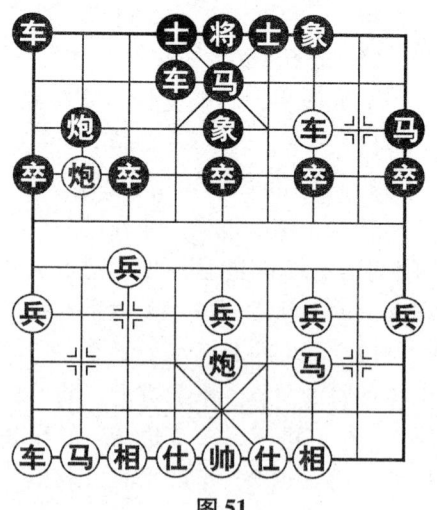

图51

上篇 设计陷阱

10. ……　　车4进6

如车2进8，车九进一，车2平1，马七退九，卒7进1，马九进八，车4进5，马八进六，炮9平7，马六进四，炮7退1，兵三进一，卒7进1，马四进二，炮7平6，马二退三，车4退2，后马进四，车4平6，后炮平八，车6平2，马四进六，炮6进3，马三进二，炮6退3，马六进五，车2进3，马五进七杀。

11. 车九平八　　车2进9　　**12. 马七退八　　车4平2**

13. 马八进九　　卒7进1　　**14. 兵五进一　　炮9平7**

15. 马三进五　　炮7进4　　**16. 兵五进一　　炮7平1**

17. 马五进六　　炮1退2　　**18. 兵五平四　　车2退5**

如炮1平6，后炮进五，象7进5，马六进五，车2平5，相三进五，炮6平5，仕四进五，炮5退2，马九进八，卒1进1，马八进七，卒1进1，马七进五，卒1平2，马五进三杀。

19. 马六进四　　卒3进1　　**20. 马四进三**

红胜。

第2局　中炮巡河炮破屏风马兑兵

1. 炮二平五　　马8进7　　**2. 马二进三　　马2进3**

3. 车一平二　　车9平8　　**4. 兵七进一　　卒7进1**

5. 马八进七　　……

也可马八进九，炮2进4，炮八平七，炮2平7，相三进一，车1平2，车九进一，车2进4，车九平四，卒7进1，车二进六，炮8平9，车二进三，马7退8，相一进三，马8进7，兵五进一，仍红先。

5. ……　　象3进5

补象稳健。如炮2进2，车二进六，马7进6，炮八进二，卒7进1，车二平四，马6进7，炮八平三，马7进5，相七进五，红子力活跃较优。

6. 炮八进二　　卒3进1

挺卒兑兵，欲破坏红挺三兵兑卒的计划。如士4进5，兵三进一，车1平4，兵三进一，象5进7，马七进六，卒3进1，炮五平六，马3进4，兵七进一，车4平3，兵七平六，车3进5，车二进四，车3平2，马三退五，炮2平4，马五进七，车2平3，相七进五，车3进1，车九进二，炮8平9，车二平三，红兵过河较优。

7. 兵七进一　　象5进3　　**8. 兵五进一　　象3退5**

9. 兵三进一　　卒7进1　　**10. 炮八平三　　……**

红通过挺中兵做炮架，仍然实现预定兑三兵计划，马活跃炮位好。

10. ……　　　炮8进2　　　11. 兵五进一　卒5进1
12. 车九平八　……

黑升巡河炮是为了遏制红左车亮出。红明知黑有跳马打车的手段，将计就计，仍然开车，其中暗伏弃车攻杀计划。

12. ……　　　马3进2
13. 车二进五　……

图52，红置左车不顾，又弃右车。如车8进4，车八进五，炮2平4，炮三进五，士6进5，炮五进五，将5平6，车八进一，车8平6，车八平三，红较优。

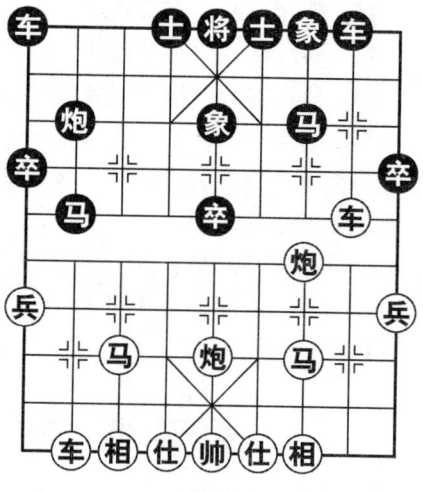

图52

13. ……　　　炮2进7

败着。应马7进8，车八进五，炮2平4，车八平五，士6进5，马七进五，车1平3，马五进四，红攻势强劲，控制局面占优，但黑尚不致速败。

14. 车二平五　士6进5

如马2进3，车五进二，马7退5，车五退四，马3进5，炮三平五，后马进7，炮五退二，士4进5，马七退八，红优。

15. 车五平八　炮2平1　　　16. 车八退五　车1平3
17. 马三进五　车8进6　　　18. 车八平九

红多子胜势。

第3局　后手屏风马右横车破五九炮过河车

1. 炮二平五　马8进7　　　2. 马二进三　卒7进1
3. 车一平二　车9平8

也可炮8进2，车二进四，马2进3，兵三进一，卒7进1，车二平三，炮8退3，马八进九，炮8平7，车三平二，象7进5，炮八平七，车1平2，车九平八，炮2进4，黑可抗衡。

4. 车二进六　马2进3　　　5. 兵七进一　……

也可马八进七，卒3进1，炮八平九，炮2进1，车二退二，炮8平9，车二进五，马7退8，车九平八，车1平2，车八进四，象3进5，兵七进一，卒

3进1，车八平七，仍红先。

5. ……　　　炮8平9　　　6. 车二平三　炮9退1

7. 马八进七　……

红除了跳七路马外，还有五六炮等攻法。如炮八平六，车1平2，马八进七，炮2平1，车九进二，炮9平7，车三平四，象7进5，马七进六，士6进5，黑可抗衡。

7. ……　　　车1进1

黑起右横车是反击力较强的着法，但也会造成右翼薄弱。通常炮9平7，车三平四，士4进5，炮八平九，车1平2，车九平八，马7进8，车四进二，炮7进5，相三进一，炮2进4，兵五进一，炮7平3对攻。

8. 炮八平九　车1平6

黑平车左肋，伏炮9平7打死车，由此展开反击。可车三退一，炮9平7，车三平八，炮2平1，车九进一，马7进6，车九平四，炮7进6，马七进六，炮7平1，相七进九，车8进4，车八平四，车8平6，车四进四，车6进3，马六进四，红稍优。

9. 车九平八　炮9平7　　　10. 车八进七　炮7进2

11. 车八平七　……

红决定舍车换马炮，以争夺先手。至此有车吃底象及炮击边卒等手段，进攻黑空虚的右翼。

11. ……　　　车8进8

黑伸车相眼，待车七平三吃马时，即炮7进3打车攻相，攻势强烈。

12. 炮五平六　炮7进3

13. 相三进五　……

如相七进五，车8平3，马七进六，车6进4，车七平六，士6进5，车六退一，车3退2，黑易走。

13. ……　　　车8平7

14. 仕四进五　车6进7

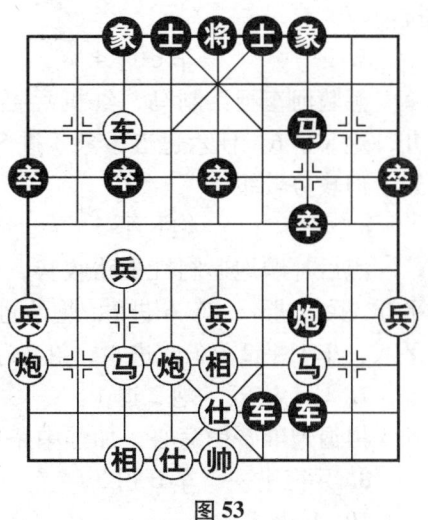

图53

图53，红补右仕造成空虚，应补左仕为宜。黑明知红退边炮打死车，仍然进肋车，其中暗藏了一个攻杀计划。至此，如仕五退四，炮7平8，车七平三，炮8进3，仕四进五，车7进1，仕五退四，车7平6杀。

15. 炮九退一　……

无奈按原计划退炮打车。如车七平三，车 7 进 1，马三退四，炮 7 退 4，炮九退一，车 7 平 6，仕五退四，车 6 平 3，马七进六，车 3 平 1，黑得子亦胜定。

15. ……　　　车 7 进 1　　　16. 仕五退四　　……

如马三退四，车 7 平 8，炮九平四，炮 7 进 3 杀。

16. ……　　　车 7 平 6　　　17. 马三退四　炮 7 进 3

黑胜。

第 4 局　后手单提马横车破中炮七路马

1. 炮二平五　马 2 进 3　　　2. 马二进三　马 8 进 9
3. 车一平二　车 9 进 1　　　4. 兵七进一　车 9 平 6

车占左肋，可防红冲七兵渡河送吃再平七炮打马，同时也开拓了车的通路。

5. 马八进七　……

如炮八平七，车 6 进 3，马八进九，卒 9 进 1，兵五进一，士 4 进 5，黑可抗衡。

5. ……　　　车 6 进 4　　　6. 兵五进一　……

黑骑河车捉兵制马，红挺兵拦车兼从中路发动攻势。如稳健也可相七进九，炮 8 平 6，仕六进五，象 3 进 5，炮八进二，车 6 进 3，兵三进一，仍属红先，但攻势较缓。

6. ……　　　炮 8 平 5

黑后补顺炮遏制红中路攻势，较有反击力。如士 4 进 5，马七进五，炮 8 平 6，兵三进一，车 6 进 1，炮八进一，车 6 退 3，炮八平七，象 3 进 5，车九平八，车 1 平 2，车八进六，红先手。

7. 马七进五　炮 2 退 1

黑退炮准备摆窝心，加强中路反击力。

8. 兵三进一　车 6 退 3　　　9. 炮八平七　炮 2 平 5
10. 兵七进一　……

挺兵攻马，似佳实劣，应先升兵林车守卫盘头马为稳 。车二进三，前炮进 3，炮五进二，炮 5 进 4，相七进五，车 1 平 2，炮七进四，象 3 进 5，车九平七，车 2 进 4，双方大体均势。

10. ……　　　卒 5 进 1　　　11. 兵七进一　卒 5 进 1
12. 炮七进五　……

如兵七进一，卒5进1，炮五进五，车6平5，仕六进五，车5平3，炮七平六，车1平2，车二进三，车3进5，黑优。

12. ……　　　卒5进1

图54，明知红炮捉车，黑将计就计，中卒直冲吃马逼炮，准备弃车攻杀。

至此，红如不吃车，炮五进五，车6平5，仕六进五，卒5平6，相七进五，卒6进1，炮七平一，象7进9，马三进四，车5进3，马四进三，卒6平5，黑大优。

13. 炮七平四　　卒5进1
14. 仕六进五　　……

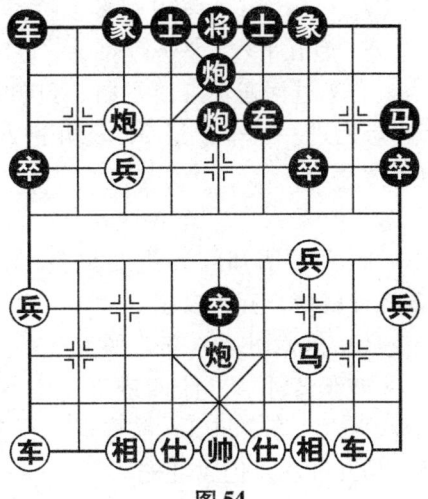

图54

败着。只能马三进五，后炮进5，仕四进五，卒5进1，帅五平四，卒5进1，帅四进一，车1平2，车九进一，车2进5，车二进二，士6进5，黑优，但红可支撑一阵。

14. ……　　　卒5进1　　15. 帅五平六　　车1进1
16. 兵七进一　　……

如仕四进五，车1平4，仕五进六，车4进6杀。

16. ……　　　车1平4　　17. 兵七平六　　车4进1
18. 炮四平六　　后炮平4　　19. 炮六平一　　炮5平4

黑弃车入局很精彩。

第5局　后手大列炮破中炮巡河车

1. 炮二平五　　炮2平5　　2. 马二进三　　马2进3
3. 车一平二　　炮8平7　　4. 马八进九　　……

如车二进八，车1进1，炮八进六，炮5退1，炮八退四，炮5进5，马三进五，车1平8，马五进四，象7进5，马四进三，车8进4，炮八平七，马8进7，炮七进三，马7退5，炮七进一，车8平2，炮七平六，车2进3，黑优。红此着马八进七较强劲。

4. ……　　　马8进9　　5. 车九平八　　车1平2
6. 兵九进一　　卒9进1　　7. 车二进四　　……

红升巡河车准备带出边马打车。如炮八进四，卒3进1，炮八平七，车2

进9，炮七进三，士4进5，马九退八，车9平8，车二进九，马9退8，马八进九，炮7进4，相三进一，马8进9，黑子力较活跃。

7. ……　　车9平8　　　　8. 车二平六　车2进6

9. 炮五平六　……

右车过河避免红跳马打，红卸中炮仍企图贯彻左翼攻击计划。如士4进5，炮六进一，车2退2，马九进八，车2平6，马八进六，接有兑马沉炮等攻势。

9. ……　　车8进8

图55，明知红要进肋炮打车，黑准备将计就计，弃子攻杀。

10. 炮六进一　车2平3

如车8平4，仕四进五，士6进5，炮八平六，车2进3，前炮退二，车2退5，马九进八，仍属红先。

11. 炮八进七　车3平4

黑弃车换炮，是预定计划。如车3退2，炮六进六，士6进5，炮六平三，马3退2，车八进九，黑难应付。

12. 车六退一　炮7进4

13. 车六进四　……

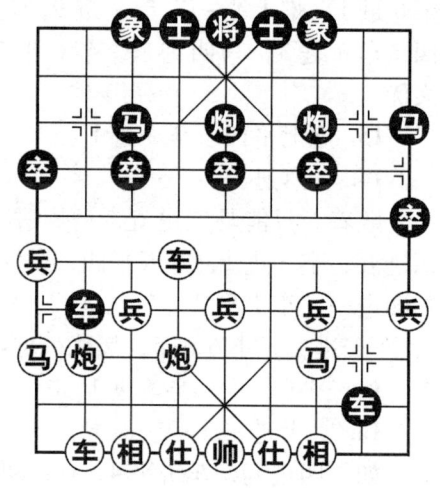

图55

败着。车位闭塞不利防守。应车六进一，炮7进3，仕四进五，马3退2，车八进九，车8平7，马三进四，炮5平8，马四退二，车7退2，车八退五，炮7平9，帅五平四，红马难逃，仍属黑优，但红不致速败。

13. ……　　炮7进3　　　　14. 仕四进五　马3退2

15. 车八进九　炮7平9　　　16. 帅五平四　……

避免黑抽将。如车八退五，车8进1，仕五退四，车8退2抽吃马，子力扳平之后黑优。

16. ……　　马9进8　　　　17. 车八退五　马8进7

黑马及时进击，防止车八平二兑车顶马。

18. 车八平三　马7进9　　　19. 车三平二　……

企图兑车解危。如相七进五，车8平7，帅四平五，马9进8，仕五退四，马8退7，相五退三，炮5进4，车六退五，车7平5杀。

19. ……　　马9进8

黑胜。

上篇　设计陷阱

第三节　不怕炮打车逃脱

第1局　五七炮过河车破顺炮横车边马

1. 炮二平五　炮8平5　　**2.** 马二进三　马8进7
3. 车一平二　车9进1　　**4.** 马八进九　……

红跳边马争取尽快出动左翼子力，属稳攻战术。目前较流行马八进七，车9平4，兵三进一，车4进5，马三进四，车4平3，马七退五，炮5进4，马四进六，车3平4，马六退五，车4平5，马五进三，车5退2，炮八平七，马2进1，车九平八，红较优。

4. ……　　　　卒1进1

挺边卒制马并为边马开路。如车9平4，炮八平七，马2进1，车九平八，车1平2，兵九进一，车4进6，车八进二，炮2平4，车八进七，马1退2，马九进八，红略先。

5. 炮八平七　马2进1　　**6.** 车九平八　车1平2

出车保炮稳健。如炮2进2，车八进四，车9平4，兵九进一，卒1进1，车八平九，车4进3，车二进六，炮5平4，车二平三，象7进5，兵三进一，红先手扩大。

7. 车二进六　车9平4
8. 车二平三　车4进3
9. 兵三进一　……

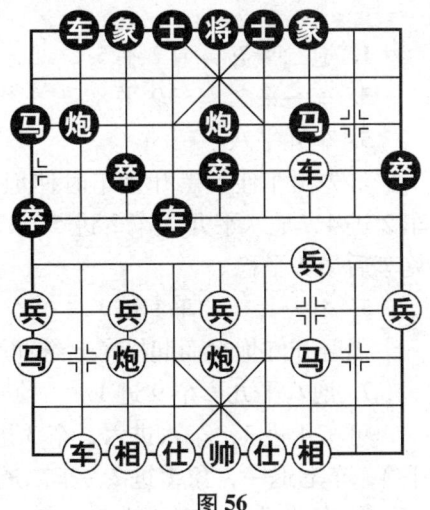

图56

图56，明知黑准备跳出边马打车，却置之不理，泰然挺兵，实际上是将计就计，埋伏奇兵。

如车八进六，炮5平4，车三退二，炮4进1，车八退二，马1进2，黑反先。

9. ……　　　　马1进2

跳马误入陷阱，败着。应象7进9，仕四进五，士4进5，马三进四，车4平6，车八进四，炮2平3，车八平六，马1进2，车六平八，马2退1，车八平六，马1进2，双方不变作和。

10. 炮七平八　炮2进5　　　11. 车八进二　炮5平2
12. 马三进四　车4平6

如炮2进5，马四进六，车2进2，马六进四，士4进5，炮五平三，车2平6，车三进一，车6进1，车三平八，象7进5，车八退二，红得子大优。

13. 兵三进一　车6进1

如炮2进5，兵三平四，车2进2，马四进二，马7退9，炮五进四，马2进4，炮五退二，炮2退2，兵七进一，马4进3，炮五进一，红有空头炮占优。

14. 车八进三　车6退3　　　15. 炮五进四　车2进1
16. 炮五退二　车2平6　　　17. 兵三平四　炮2平1

如后车平9，兵四进一，车6平3，兵四平五，士4进5，前兵进一，车9进1，前兵平六，士5进4，炮五平七打死车，红大优。

18. 炮五平四　前车进2　　　19. 炮四进四　车6平2
20. 车三进一

红得子大优。

第2局　五九炮双直车破大列炮边马

1. 炮二平五　炮2平5　　　2. 马二进三　马8进9
3. 车一平二　车9平8　　　4. 马八进七　马2进3
5. 车九平八　……

红先出车便于黑开直车时伸炮封。也可兵七进一，车1平2，车九平八，车2进4，炮八平九，车2进5，马七退八，卒7进1，车二进四，炮8平7，兑车后局势平稳。

5. ……　　　　车1进1　　　6. 兵七进一　车1平4

黑避开红炮封而起横车，继而平肋控制红马出路，皆属正常应法。

7. 炮八平九　卒9进1

可车4进3，车八进六，卒3进1，车八平七，象3进1，兵七进一，车4平3，车七退一，象1进3，车二进五，象3退1，马七进六，仍红先。

8. 车八进六　车4进3　　　9. 车八平七　马9进8

败着。应象3进1守住河界要点，防止红兵强渡，然后再跳边马打车才能成立。

10. 兵七进一　车4平6

如车 4 平 7，兵三进一，车 7 平 6，红多走一步兵。

11. 马七进六　车 6 进 1

如炮 8 进 7，马六进四，马 8 进 6，车七进一得子。

12. 车二进五　……

图 57，黑打车计划破产，红车逃脱。

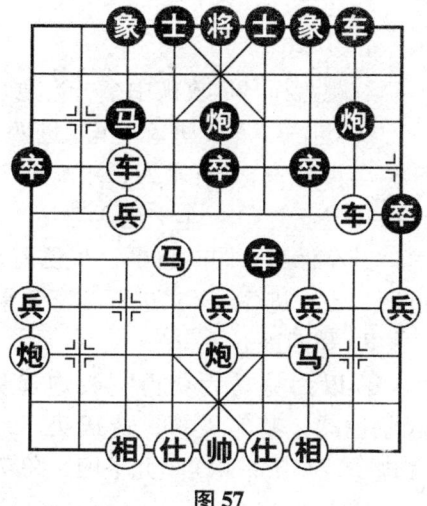

图 57

12. ……　　　车 6 平 4
13. 车七进一　炮 8 平 3
14. 车二进四　炮 3 进 7
15. 仕六进五　炮 3 平 1

如车 4 平 3，炮五进四，士 4 进 5，相三进五，车 3 进 2，相五退七，车 3 进 2，仕五退六，车 3 退 2，炮九进四，红多子大优。

16. 炮五进四　士 4 进 5　　**17.** 车二退四　将 5 平 4
18. 车二平六　车 4 退 1　　**19.** 兵七平六

红多子大优。

第 3 局　后手屏风马卒林车破五七炮盘河马

1. 炮二平五　马 8 进 7　　**2.** 马二进三　马 2 进 3
3. 车一平二　车 9 平 8　　**4.** 兵三进一　卒 3 进 1

挺卒活马是必走之着。如炮 8 进 2，兵七进一，象 3 进 5，马八进七，士 4 进 5，炮八平九，卒 3 进 1，兵七进一，象 5 进 3，马七进六，车 1 平 4，马六进四，车 4 进 4，车九平八，炮 2 平 1，车八进七，车 4 平 6，车八平七，象 7 进 5，炮五平八，车 6 进 4，仕六进五，红有沉底炮攻势。

5. 马八进九　卒 1 进 1

也可车 1 进 1，炮八平七，马 3 进 2，马三进四，车 1 平 6，马四进五，马 7 进 5，炮五进四，炮 8 进 4，车九进一，车 6 进 5，车二进一，车 8 进 4，车九平四，车 8 平 6，车四进二，车 6 进 2，黑有些反击手段。

6. 炮八平七　……

除五七炮攻法外，还流行五八炮阵式，即炮八进四，象 7 进 5，炮八平七，车 1 进 3，车九平八，车 1 平 3，车八进七，炮 8 平 9，车二进九，马 7 退 8，车八退六，车 3 平 4，车八平二，马 8 进 6，车二进七，马 6 进 4，马三进四，亦红先。

6. ……　　　马3进2　　　7. 马三进四　……

红跳盘河马欲攻破中卒，有急攻之意。另外稳健攻法是车九进一，卒1进1，兵九进一，车1进5，车二进四，车1平4，车九平四，象7进5，车四进三，车4进2，炮五平四，士6进5，相三进五，仍红先。

7. ……　　　车1进3

升车保卒，同时也是一步诱着。如象7进5，马四进五，马7进5，炮五进四，士6进5，车二进五，车8平6，炮七平一，红略先。

8. 马四进五　……

误以为兑马后获得空头炮优势，被假象诱惑，其实失算，造成丢子。应车九进一，车1平4，车九平四，象7进5，车二进六，仍红先。

8. ……　　　马7进5
9. 炮五进四　车1平5

图58，黑车吃掉空头炮，明知红会摆中炮似乎打死车，但却有妙计逃脱，起死回生。

10. 炮七平五　车5退2
11. 车二进五　……

如炮五进六，炮8平5，相三进五，车8进9，炮五平八，马2进1，黑多子优。

11. ……　　　象7进5　　　12. 兵七进一　车5平8
13. 兵七进一　马2进1　　　14. 车九平八　炮8平9
15. 车二进三　车8进1　　　16. 车八进三　卒1进1

黑多子大优。

第四节　故意弃马夺优势

第1局　中炮盘头马破屏风马挺3卒

1. 炮二平五　马8进7　　　2. 马二进三　卒3进1

3. 车一平二　车9平8　　　4. 车二进六　……

红伸车过河是急攻着法。也可马八进九，马2进3，车九进一，象3进5，兵三进一，士4进5，车九平六，炮8进1，炮八进四，红先。

4. ……　　马2进3　　　5. 兵五进一　象3进5

补象随手，由此陷入被动。可士4进5，马八进七，炮8平9，车二平三，炮9退1，兵五进一，炮9平7，车三平四，马7进8，车四平三，马8退9，车三退二，卒5进1，炮八平九，车8进3，车九平八，双方均势。

6. 车二平三　马3进4　　　7. 兵五进一　卒5进1

8. 炮八进三　……

红先弃兵送吃，然后伸炮打串，必可吃回中卒并取得先手攻势。如卒3进1，炮八平五，士4进5，兵七进一，车1平3，马八进七，车3进5，马七进五，马4进5，马三进五，车3平2，车九进一，炮8进4，马五进三，车8进4，车三平六，炮2平1，马三进四，车8平6，马四进六，将5平4，马六进八，将4平5，车六进三杀。

8. ……　　马4进3　　　9. 炮八平五　士4进5

10. 马八进七　炮2平3　　　11. 车九平八　……

图59，黑伏马踏中炮后得子，红出车故意弃马取势，以后能追回一子。至此应炮8进4，车三平七，马3退4，兵三进一，车8进4，马三进五，马4进5，马七进五，炮3平4，虽属红优，黑尚可周旋。

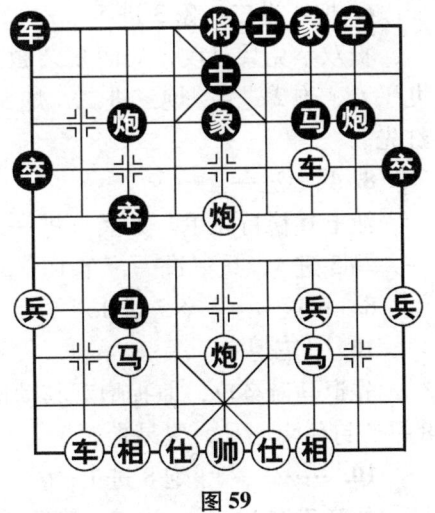

图59

11. ……　　马3进5

12. 相七进五　炮3进5

13. 马三进五　……

黑贪吃子劣着。红捉双必追回一子，更重要的是红子力优越有势。

13. ……　　炮3退1

14. 马五进三　炮8进7

15. 马三进四　……

不急于吃子，跳马过河有挂角卧槽双叫杀。

15. ……　　马7进5　　　16. 马四进三　将5平4

17. 仕六进五　……

补仕伏平肋车杀，并避免黑炮摆中叫将，从而能吃黑中马。

17. ……　　车1进1　　　　18. 车三平五　车8进1

如炮8退7,炮五平六,将4进1,车五平六,士5进4,车六平九,士4退5,车九进二,将4退1,车八进八,车8进1,车八平六杀。

19. 车五平六　车1平4　　　20. 车八进九

红胜。

第2局　中炮巡河炮破屏风马左炮封车

1. 炮二平五　马8进7　　　2. 马二进三　马2进3
3. 车一平二　车9平8　　　4. 兵七进一　卒7进1

如炮2平1,马八进七,车1平2,车九平八,车2进4,炮八平九,车2进5,马七退八,卒7进1,车二进六,炮8平9,车二平三,炮9退1,兵五进一,士6进5,炮九平七,仍红先。

5. 马八进七　炮8进4

因红以下有巡河炮挺三兵的手段,黑左炮封车收效甚微。可炮2进4,兵五进一,炮8进4,压制八路炮,黑双炮过河有反击力。

6. 炮八进二　象3进5　　　7. 兵三进一　卒3进1

挺双卒兑兵对攻,局面复杂激烈。如卒7进1,炮八平三,车1平2,车九平八,炮2进4,炮三进二,炮8平7,车二进九,马7退8,马七进六,仍红先。

8. 兵七进一　……

渡七兵稳持先手。如兵三进一,卒3进1,兵三进一,卒3平2,兵三进一,马3进4,兵三进一,车1平3,黑有反先之势。

8. ……　　卒7进1　　　　9. 兵七进一　马3退5

10. 马三退一　……

先退马避卒攻,兼捉炮观其动向。如马七进六,卒7进1,马三退五,炮8平5钉住窝心马,黑易走。

10. ……　　炮8进1

如卒7进1,马一进二,卒7平8,马七进六,卒8进1,车九进一,仍属红易走。

11. 马七进六　炮8退2

黑退炮打串,企图通过兑子削弱红攻势。如马六退七,车1平3,炮八平二,车3进3,马七进八,车3平2,马八进六,车2进1,马六进四,车2平6,马四进三,车6退3,炮二进三,马5退3,黑优。

12. 炮八平三 ……

图60，炮击卒取势，故意弃马，将计就计。

12. …… 炮8平4

13. 车二进九 马7退8

14. 车九平八 炮2平1

可车1平3，兵七平六，炮2平1，黑车亮出稍好些。

15. 车八进四 炮4退1

16. 炮五进四 ……

红出车连续捉炮，取得好车位，然后炮打中卒，走子次序正确。至此，牵制黑左马不能跳到7路，因红炮轰象闷杀。另外黑车如平3捉兵，红平七路车保，由此控制了局面。

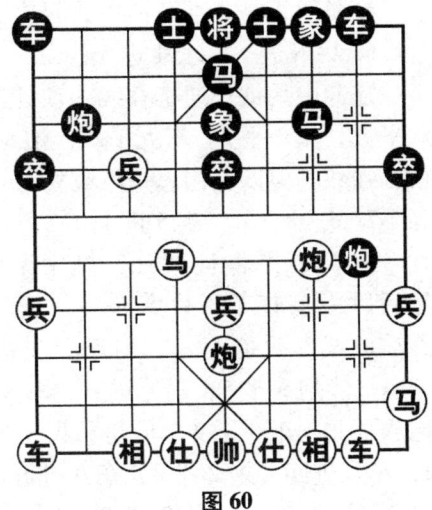

图60

16. …… 马8进9

如象7进9，炮三平五，象9退7，车八进三，马8进7，前炮退一，马7进6，马一进二，马6进7，后炮平三，车1平3，马二进三，象7进9，马三进四杀。

17. 马一进二 炮4退3

如车1平3，马二进三，马9进7，炮三进二，炮4平6，车八平四，炮6退2，车四进三，炮1平6，炮三进一，炮6退1，马三进四，车3进3，炮三平五杀。

18. 马二进三 马9退7　　19. 马三进四 炮1平6

20. 炮三进五

红胜。

第3局　后手屏风马高右炮破中炮过河车

1. 炮二平五　马8进7　　2. 马二进三　卒3进1

3. 车一平二　车9平8　　4. 车二进六　马2进3

先跳出右马，视红动向再决定是否高右炮，战术灵活。如炮2进1，马八进九，马2进3，炮八平七，马3进2，车九进一，卒7进1，车二退二，象3进5，兵三进一，红先手扩大。

5. 马八进七　炮2进1

红跳双正马，准备冲中兵起攻，此时黑用高右炮手段较有反击力。

6. 兵五进一　士 4 进 5　　　7. 兵五进一　……

连冲中兵欲打通卒林线，预计黑接走卒 5 进 1，车二平三，炮 2 退 1，炮八平九，车 1 平 2，车九平八，炮 8 平 9，马七进五，卒 5 进 1，马五进三，红攻势强烈。但以上构思是不成立的。

7. ……　　　卒 5 进 1　　　8. 车二平三　马 7 进 5

图 61，黑将计就计，挺中卒吃兵，然后跳中马打车，故意弃马。至此，红不应吃马，只能退车，但已无先手。车三退二，炮 8 平 5，马七进五，车 8 进 3，炮八平七，车 8 平 7，车九平八，车 1 平 2，车八进四，炮 2 平 3，车八进五，马 3 退 2，马五进六，马 2 进 3，马六进七，车 7 进 2，兵三进一，马 5 退 3，双方平稳。

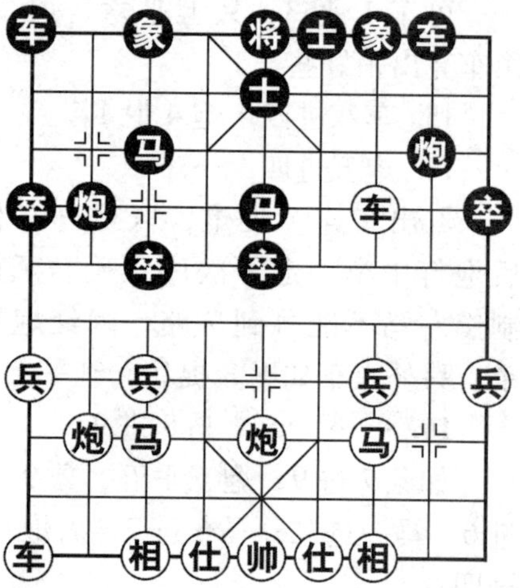

9. 炮五进四　　炮 8 平 5

红贪吃马失势，黑后补中炮还击。红必须逃车，黑吃回中炮反先。

10. 车三退二　卒 5 进 1

不急于吃炮而冲卒，伏卒 5 平 6 叫将抽车，是争先佳着，为后来围困红车埋下伏兵。如马 3 进 5，车三平六，卒 5 进 1，车六进二，马 5 进 4，相七进五，炮 2 进 3，车九平七，仍属黑优，但红车逃脱。

11. 仕六进五　马 3 进 5　　12. 相七进五　卒 5 平 6

13. 车三进四　……

红车唯一进位。如车三平一，炮 5 平 9 打死车。

13. ……　　　炮 5 平 7　　　14. 车三平一　……

如马三进五，炮 2 退 2 打死车。

14. ……　　　炮 7 进 5　　　15. 车九平七　马 5 进 4

16. 仕五进四　炮 2 平 5　　17. 仕四进五　……

如马七进五，卒 6 进 1 捉死马。

17. ……　　　车 1 平 5　　　18. 炮八平九　马 4 进 3

19. 车七进二　车 2 进 9

黑胜。

图 61

第4局　后手屏风马左马盘河破中炮直横车

1. 炮二平五　马8进7　　　**2.** 马二进三　马2进3
3. 车一平二　车9平8　　　**4.** 马八进九　卒7进1

挺7卒比挺3卒强劲。

5. 车二进六　马7进6

黑跳左马盘河积极反击，伏冲卒咬车。如炮8平9，车二平三，炮9退1，炮八平七，炮9平7，车三平四，士4进5，车九平八，车1平2，车八进六，炮2平1，车八平七，车2进2，兵五进一，红先手较大。

6. 车九进一　象3进5

补象稳健。如卒7进1，车二平四，卒7进1，车四退一，卒7进1，炮八平三，炮8平5，车九平八，车1平2，车八进五，仍红先。

7. 炮八平六　……

如车九平四，炮8平6，车二平四，士4进5，前车进一，士5进6，车四进四，士6退5，车四退一，车1平4，黑易走。

7. ……　　　卒7进1

及时冲卒对攻。如士4进5，车九平四，炮8平6，车二进三，炮6进6，车二退八，炮6退2，车二平八，车1平2，车八进三，卒7进1，兵三进一，红稍优。

8. 车二平四　马6进7

卸炮瞄士，避免黑马兑炮，埋伏困马计划。如车四平三，马7进5，相三进五，炮8平6，车三退二，局势平稳简化。

9. ……　　　士4进5
10. 车九平八　车1平2
11. 车八进三　……

如车四平三，炮2进2，相三进五，炮2平7，车八进八，马3退2，相五进三，炮8进4，黑易走。

11. ……　　　炮8进6
12. 车八平三　炮8平1

图62，黑弃马移炮右翼，暗伏攻杀计划，红如贪吃马则亏。可见上着红平

9. 炮五平四　……

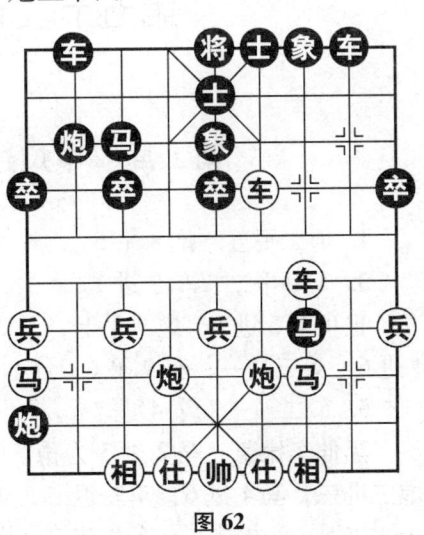

图62

车吃卒嫌急，可仕四进五拦炮为稳。

13. 车三退一 ……

败着。双车皆处闭塞位置，黑可发挥双车双炮力量反击。应车三平八，并无危险。

13. ……　　　炮2进7

红一直想法困捉黑过河马，黑将计就计弃马攻杀。如马九退七，车2进8，炮六退一，车2平3，炮六平九，车3进1，炮九平四，炮2平4，帅五进一，炮4平7，马三退一，车3平5，帅五平六，车8进8，前炮平六，卒3进1，车三退三，马3进4，车四退四，马4进5，炮六平五，马5进3，炮五进五，象7进5，车四平七，车8平6，帅六进一，车6退1抽车，黑胜定。

14. 相三进五　车2进8　　15. 仕四进五　车2平4

16. 炮四进二　……

如炮四退一，炮1进1，炮四平六，炮1平3杀。

16. ……　　　车8进8

先伸车胁士，以下再沉炮造杀，走子次序正确。如卒3进1，马九退七，车4平3，炮四退三，车3退2，炮四平九，红多子优。

17. 炮四平六　炮1进1　　18. 前炮平七　车8平5

19. 马三退五　车4进1

黑胜。

第五节　诱敌捉子设陷阱

第1局　中炮过河车正马破顺炮横车

1. 炮二平五　炮8平5　　2. 马二进三　马8进7

3. 车一平二　车9进1　　4. 车二进六　车9平4

也可卒3进1，炮八平七，马2进3，兵七进一，马3进4，兵七进一，马4进6，兵三进一，车9平6，仕六进五，车1平2，马八进九，仍红先。

5. 车二平三　车4进7

黑伸车嫌急，马2进3为稳。炮八进二，卒3进1，炮八平三，马3进4，炮三进三，马4进6，车三退二，炮2平7，车三平四，炮7进5，炮五进四，士4进5，车九进二，车4进2，炮五退二，车1平2，车九平三，车2进9，黑可抗衡。

6. 马八进七　车4平3
7. 炮八进二　……

图63，红故意跳左正马，诱黑平车捉马，然后升巡河炮设下陷阱。如车3退1，炮八平七，车3平2，炮七进五叫将抽车。

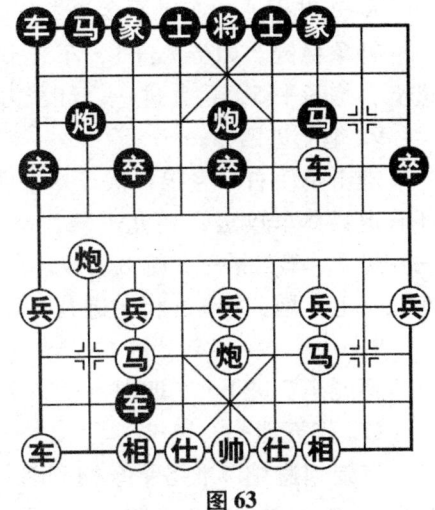

图63

7. ……　　　马2进1
8. 马三退五　炮2平3

劣着，未能保护左马免受攻击。只能炮5平4，炮五进四，马7进5，车三平五，士4进5，炮八平五，车3平2，车五平六，炮4平5，马五进四，亦红优。

9. 炮八平三　马7退9
10. 炮五平二　车3平2

防炮二退一打死车，但未顾及红伸炮塞象眼的杀势。如卸炮，即炮5平4，车三平五，士4进5，炮三平五，车3平2，车五平七抽炮，黑也要丢子。

11. 炮二进六　士6进5

败着。只能炮5平7，车三进一，象3进5，炮三进五，象5退7，车三平七，亦红多子优。

12. 炮三进五　将5平6

如士5进4，炮二进一，将5进1，车三进二杀。

13. 车三进二　车2退4　　　　14. 炮二进一

红胜。

第2局　五七炮双直车破屏风马右炮巡河

1. 炮二平五　马8进7　　　2. 马二进三　马2进3
3. 车一平二　车9平8　　　4. 马八进九　卒7进1
5. 炮八平七　炮2进2

黑另有过河炮应法，即车1平2，车九平八，炮2进4，车二进四，炮8平9，车二平四，车8进6，兵九进一，炮2退2，兵七进一，炮2进2，炮五平六，炮2平7，相七进五，车2进9，马九退八，双方大体均势。

6. 车二进六　马7进6

红车过河避免马7进8打车，黑马盘河伏冲7卒反击。

7. 车九平八　车1平2

补象稳健。如卒7进1，车二平四，马6进7，车八平三，马7进5，相三进五，炮8平5，兵九进一，红子力较活跃。

8. 车八进四　象3进5

9. 炮七进四　……

炮击卒使右车生根，伏车八平四顶马，黑不存在炮8平6兑车的棋。另外还有退兵林车攻法，兵九进一，卒3进1，车二退三，士4进5，炮七退一，马6进7，车二平三，炮8平7，车三平四，炮7进5，兵七进一，卒3进1，车八平七，炮7平1，相七进九，红略先。

9. ……　　　卒7进1　　10. 车二平四　马6进7

不能卒7进1。车四退一，卒7进1，车八进一得子。

11. 炮五退一　……

红退炮避兑，准备平车扫卒困马。如车八平三，马7进5，相三进五，车2进3，炮七退二，炮8进5，黑可抗衡。

11. ……　　　炮8进5　　12. 车八平三　炮8平1

13. 相七进九　炮2进5　　14. 相九退七　车2进7

图64，黑车捉马接有平4捉仕叫杀的手段，似乎很厉害，但后来局势发展表明，这是一步失着。应车2进6，车四平二，车8进3，炮七平二，车2平3，炮五平三，车3进3，帅五进一，马3进4，车三退一，马4进2，黑失子得势。

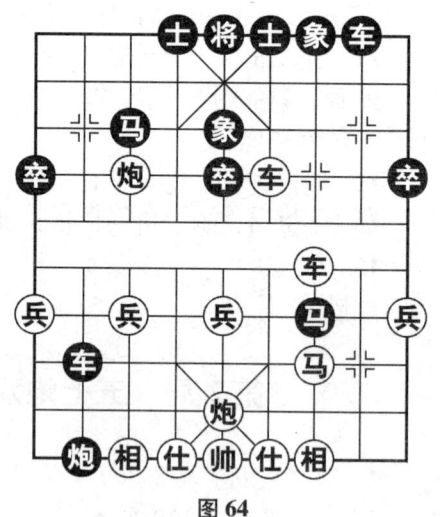

图64

15. 车三退一　车2平4

16. 炮五进五　马3进5

如士4进5，仕四进五，车4退4，车三进三，车4平3，炮五退二，车3进3，车四平七，车3退3，车三平七，马3退4，马三进四，车8进9，车七平三，红优。

17. 仕四进五　车4进1

巧着，取胜关键。如车四平五，车8进8，帅五平四，车8平5，马三退五，车4进1，帅四进一，车4平6杀。

18. ……　　　士4进5　　19. 车四平五　车8进8

20. 车五平四　

红多子大优。如车8平5，车四进三，士5退6，炮七平五，将5平4，炮五退五，车4进1，帅四进一，车4平7，兵五进一，红大优。

第3局　中炮七路马破右正马士角炮

1. 炮二平五　马2进3　　**2.** 兵七进一　……

黑跳右正马，可演变成反宫马或单提马。如马二进三，炮8平6，车一平二，马8进7，双方平先。

2. ……　　炮8平6　　**3.** 马八进七　炮6进5

图65，红跳七路马诱黑伸士角炮打串，黑果然进炮，似佳实劣。应马8进7，马七进六，象3进5，炮八平七，车9平8，马二进三，车8进4，黑可抗衡。

4. 车九进二　……

弃马抢先。也可炮五进四，炮6平2，炮五退二，马8进9，黑得子红得势，各有顾忌。

4. ……　　炮6平3
5. 炮八进二　……

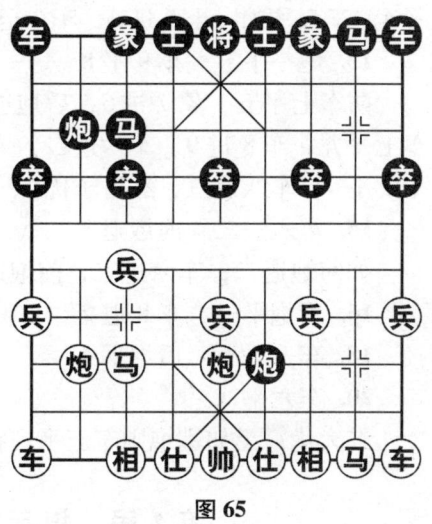

图65

如炮八进四，炮3退1，炮八平五，马3进5，炮五进四，马8进7，炮五退二，车9平8，车九平六，炮2进3，炮五平八，车1平2，炮八退二，车8进8，黑反先。

5. ……　　炮3退1

如炮3平2，兵七进一，卒3进1，炮八平五，象3进5，车九平八，车1平2，车八进四，亦红先。

6. 车九平七　炮3平2

可马8进7，车七进一，象3进5，马二进三，车9平8，兵三进一，士4进5，车七平六，黑送回一子巩固阵式，红仍持先手。

7. 兵七进一　卒3进1　　**8.** 炮八平一　……

如车七进三，车9进2，炮八平七，士4进5，炮七进三，车9平4，车一进一，象3进5，车七进一，车1平4，仕四进五，前炮进2，车一进一，后车平3，黑送回一子反先。

8. ……　　马8进9　　**9.** 车七进三　象3进5

只能飞象送回一马。如马3退5，炮五进四，后炮平5，车一进二，车9

平8，车一平四，马9退7，仕四进五，炮2退3，车七平四，象7进9，帅五平四，马7进6，炮一平四，马6退7，炮四平九叫杀得车。

10. 车七进二　车1平2　　　11. 炮五进四　士4进5

如士6进5，车一进一，卒9进1，炮一平五，车9平8，车一平四，车8进2，车四进七，后炮退1，车七平五，炮2平6，车五进一，将5平6，车五进一杀。

12. 车一进一　卒9进1

如车9平8，车一平六，车8进9，炮一进三，象7进9，车七平五，车2平4，车五平二，士5进4，车二退七得车。

13. 炮一平五　车9平8　　　14. 车一平六　车8进2

防车七平五，象7进5，后炮进三杀。如马9退7，后炮平八，后炮平1，车七平九，车8进9，车六进二，炮2进3，炮八平三，车8退8，车六平八，车2平4，车八退三，红得子优。

15. 车六进二　前炮退3

如前炮退二，车六进二，前炮退一，以下变化同。

16. 后炮平三　车8退2　　　17. 炮三进五　车8平7
18. 车七平五　后炮平4　　　19. 车六进四　车2平4
20. 车六平八

红大优，黑如逃炮则车五平三抽车。

第4局　挺兵转中炮破卒底炮飞象

1. 兵七进一　炮2平3

黑平卒底炮是较强劲的应法。如马八进七，卒3进1，马七进六，卒3进1，马六进五，象7进5，炮二平五，马8进6，马二进三，马6进5，炮五进四，士6进5，黑保留过河卒稍优。

2. 炮二平五　……

红摆中炮亦属强劲攻法。如相七进五，马2进1，马八进七，车1平2，车九平八，炮8平5，炮八进四，马8进7，马二进一，车9平8，车一平二，卒3进1，兵七进一，车8进4，炮八平三，车8平3，车八进九，马1退2，炮三进三，士6进5，炮三平一，马7进8，黑易走。

2. ……　　　象7进5　　　3. 马八进九　……

跳边马避免黑挺3卒反击，又便于开拓左车出路。如马二进三，卒3进1，车一平二，卒3进1，马八进九，马2进1，车二进四，马1进3，黑卒渡河有潜力。

3. …… 马2进1　　　4. 车九平八　车1进1

起横车比较灵活。如车1平2，炮八进四，士6进5，马二进三，马8进7，车一平二，炮8平9，兵三进一，红控制局面。

5. 炮五进四　士6进5　　　6. 马二进三　车1平4
7. 车一平二　……

明知黑有伸士角车捉马的反击手段。如相三进五，卒1进1，仕四进五，车4进3，车一平四，马8进7，炮五退二，卒7进1，红难掌握先手。现在开出右车，暗伏弃子诱敌计划。

7. ……　　车4进6　　　8. 相三进五　炮3平2
9. 炮八平七　……

图66，红弃炮取势，黑车如吃炮便陷入不利位置。

9. ……　　车4平3
10. 仕四进五　马8进6
11. 炮五退一　……

红退一步炮留出挺中兵的位置。如炮五平四，炮2进5，马三退四，炮2平5，马四进五，车3退2，黑车逃脱。

11. ……　　炮2进6

黑伸炮以便兑子，可使困车逃脱，但未能改变被动状态。应炮2平4，兵五进一，炮4进4，车八进三，车3退2，车八平六，车3平5，黑可抗衡。

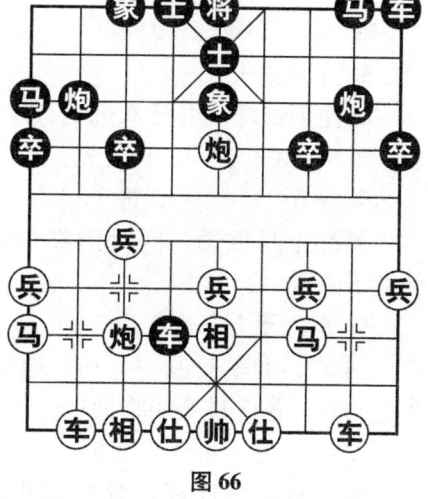

图66

12. 车八进一　车3平1　　　13. 车八进二　车1进1
14. 兵五进一　车1平4

黑运车争取尽快返回。如车9平8，车八平四，车8进1，车二平四，马6进5，前车进三，炮8平6，前车平五，亦红优。

15. 车八平四　车9平6

同样用车保马，可车9进1，车四进三，炮8退2，车二平四，车4退3，前车进二，车9平6，车四进八，车4平5，车四退三，炮8平6，兵三进一，马1退3，马三进二，马3进4，黑可抗衡。

16. 帅五平四　炮8平7

防车二进七，马6进8，车四进六杀。

17. 车二进七　炮7进4

败着。应送回一子缓解局势，即车4退3，车二平三，车4平5，车四进二，马6进5，炮五进二，象3进5，车四进四，士5退6，车三平五，士6进5，车五平九，亦红优。

18. 车二平四　炮7退2　　　　　**19.** 前车进一　车6进1

20. 车四进五

构成铁门栓绝杀，红胜定。

第5局　后手顺炮直车正马破中炮横车

1. 炮二平五　炮8平5　　　　　**2.** 马二进三　马8进7
3. 车一进一　车9平8　　　　　**4.** 车一平六　车8进6
5. 车六进七　……

红伸车嫌躁，可马八进七，车8平7，炮五退一，卒7进1，车六进四，象7进9，兵七进一，仍红先。

5. ……　　　　马2进3

黑跳正马强劲，同时诱红车捉马以便设下陷阱。

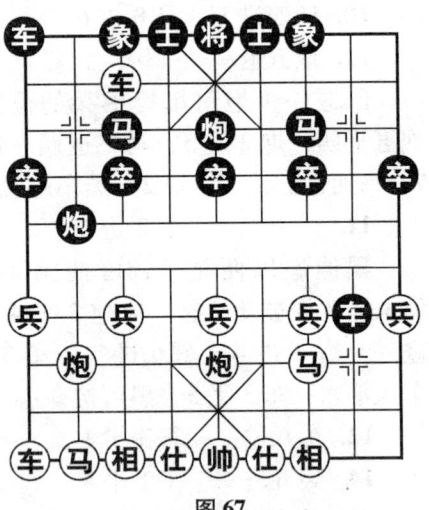

图 67

6. 车六平七　炮2进2

图67，如车七退一吃马，炮2平3，车七平八，炮3进5叫将抽车。

7. 兵七进一　马7退5

黑退窝心马连环，看似别扭，实为正着，便于以后闪炮亮车反击。

8. 马八进七　炮2平7

如炮2平6，车七平八，炮6进3，马七进六，炮6平2，车八退六，车8平7，炮五退一，炮5平7，车九进二，黑无便宜。

9. 马七进六　……

如马七进八，车8平7，马三退一，炮5进4，仕六进五，炮5退1，马八进七，车1平2，炮八平六，车2进8，黑攻势强烈。

9. ……　　　　车1平2　　　　**10.** 炮八平七　炮7进3

黑兑子可取得炮打中兵的攻势。如车8平7，马六进四，车7平6，马三进二，车6退1，马四进五，象3进5，马二进三，车2进6，亦属黑易走。

上篇 设计陷阱

11. 炮七平三　车8平7　　　12. 炮三平四　炮5进4
13. 仕六进五　炮5退1　　　14. 相三进一　……

飞边相因小失大。应车七平六，车7平4，马六进五，车4退5，马五进六，车2进6，相七进九，红可周旋。

14. ……　　　车7平4　　　15. 马六进七　……

如车七平六，卒5进1，车六退三，象7进5，仍属黑易走。

15. ……　　　车2进8　　　16. 炮四退一　车2退1
17. 相一进三　……

防车2平4，相七进九，前车平5得炮。如车九进二，车4平3，车九退二，车3退1，炮四进五，车2平3，帅五平六，马5进6，车七退一，后车退2，车七退一，车3退4得子。

17. ……　　　车2平4　　　18. 相七进九　后车平9
19. 相九退七　车6进2

黑多子大优。

第6局　中炮双正马三兵破屏风马左炮封车

1. 炮二平五　马8进7　　　2. 马二进三　马2进3
3. 车一平二　车9平8　　　4. 马八进七　……

不先挺兵而跳左马，较易演成互挺三兵的局面。通常为了活跃七路马，先兵七进一，卒7进1，马八进七，象3进5，车二进六，炮8平9，车二平三，车8进2，马七进六，仍红先。

4. ……　　　卒3进1
5. 兵三进一　炮8进4

黑左炮封车加强对攻性。如象3进5，炮八进四，马3进2，炮八平三，士4进5，车二进五，马2进3，车九平八，炮2平3，炮五平四，红控制局面。

6. 马三进四　炮8进1
7. 炮八进四　……

图68，红右马盘河诱黑进炮打串，继而伸左炮弃马，暗伏抢攻计划。如马四退三，炮8平5，车二进九，炮5平2，车二退七，马3进4，车九进二，前炮退

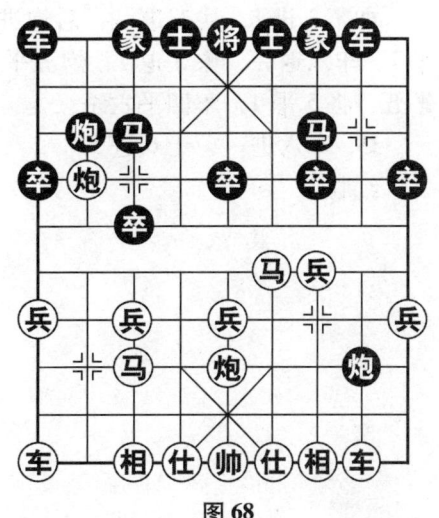

图68

3，红无先手。

7. ……　　　炮 8 平 3

黑贪吃马陷入被动。可象 3 进 5，炮八平七，炮 2 进 2，车九平八，车 1 平 2，马七退五，红略先。

8. 车二进九　马 7 退 8　　9. 车九进二　炮 3 平 2

如炮 3 进 1，车九退一，炮 3 退 1，车九平七，炮 3 平 2，兵七进一，象 3 进 5，兵七进一，士 4 进 5，兵七进一，马 3 退 4，炮八平五，红势优。

10. 马四进五　马 3 进 5　　11. 炮五进四　将 5 进 1

升将先守一步。如马 8 进 7，炮五退二，将 5 进 1，炮八平五，将 5 平 6，车九平八，马 7 进 5，车八进五，车 1 进 2，车八退一，红稍好。

12. 炮五退二　前炮退 2　　13. 车九平二　马 8 进 7

14. 车二进六　将 5 进 1

如将 5 退 1，炮八平五杀。

15. 车二平六　车 1 进 2

如士 6 进 5，车六退六，卒 3 进 1，炮五进一，卒 3 进 1，炮八平五，将 5 平 6，车六平四杀。

16. 炮八平五　将 5 平 6　　17. 车六退一　象 7 进 5

如将 6 退 1，车六平三，炮 2 平 5，车三进一，将 6 进 1，车三退二，炮 5 进 3，兵五进一，将 6 退 1，车三进二，将 6 进 1，车三进一，士 6 进 5，兵三进一，亦红优。

18. 后炮平四　将 6 退 1

如卒 3 进 1，兵五进一，后炮进 2，炮五退一，卒 3 进 1，炮四退二，前炮平 7，车六退一，象 5 退 7，炮五平四，炮 7 平 6，车六平四，将 6 平 5，后炮平五，将 5 平 4，车四平六杀。

19. 车六进一　士 6 进 5　　20. 炮五平四

红胜。

第四章　自投罗网

面对对方攻势，我方需采取积极防御方针，布下罗网。当对方孤军深入，或急躁冒进时，便趁势围困打击，进而歼灭之。布置罗网，通常是因势利导，顺应棋局的自然发展，抓住对方弱点，或埋伏奇兵突击。此种陷阱不一定运用明显的诱饵，主要是对方麻痹不察，自投罗网。

第一节　孤军深入被围困

第1局　五七炮巡河车破屏风马右炮封车

1. 炮二平五　　马8进7　　　2. 马二进三　　马2进3
3. 车一平二　　车9平8　　　4. 马八进九　　卒7进1
5. 炮八平七　　车1平2　　　6. 车九平八　　……

另一种攻法是兵七进一，炮2平1，车二进四，车2进4，车九平八，车2进5，马九退八，炮1进4，兵三进一，炮1退1，兵五进一，卒7进1，车二平三，马7进6，车三平四，仍红先。

6. ……　　　　炮2进4

黑右炮封车加强反击力。也可炮2进2，车二进六，马7进6，车八进四，象3进5，车二平四，马6进7，车四平二，马7退6，车八平四，卒3进1，车二退三，卒7进1，车四平三，炮2退1，车三平八，亦红先。

7. 车二进四　　……

升巡河车以免黑伸左炮封，并为挺边兵困炮做准备。如兵七进一，炮8进2，车二进四，象7进5，兵九进一，炮2平7，相三进一，车2进9，马九退八，红略先。

7. ……　　　　炮8平9　　　8. 车二平四　　……

如兑车则红左车被封难出。例如车二进五，马7退8，车八进一，炮2平5，车八平五，炮9平5，马三进五，炮5进4捉死车。

8. ……　　象3进5　　　　9. 兵九进一　士4进5

挺边兵布下罗网，黑不察觉补士劣着。应炮2退2，兵七进一，炮2进2，兵七进一，炮2平7，相三进一，车2进9，马九退八，象5进3，黑可抗衡。

10. 马九进八　……

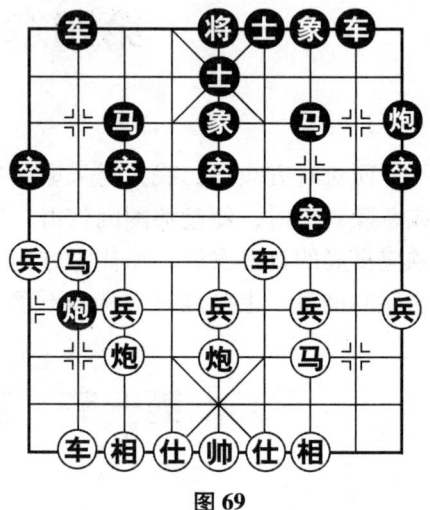

图69

图69，红跃出边马困炮，变化比较简单。如车四平八，车2进5，马九进八，炮2平1，炮七平九，车8进5，马八退七，卒1进1，马七进九，卒1进1，马九进七，卒3进1，马七进九，马7进6，黑有些反击机会。

10. ……　　炮2平1

11. 炮七平八　车2平4

如炮1平2，炮八平九，炮2平1，车八进三捉死炮。

12. 炮八平九　……

如车八平九，车4进7，车九进二，炮9进4，马三进一，炮1平5，仕四进五，车8进9，车四退四，将5平4，炮八退二，车4平1，相七进九，炮5平9，黑炮逃脱反先。

12. ……　　卒1进1

如炮9进4，车八进三，炮9退2，车八平九，红亦得子。

13. 马八退七　车4进6　　　14. 马七进九　车4平3

15. 马九进七　卒1进1　　　16. 马七进八　炮9退1

17. 马八退九

红得子得势大优。

第2局　五七炮挺七兵破屏风马右炮过河

1. 炮二平五　马8进7　　　2. 马二进三　马2进3

3. 车一平二　车9平8　　　4. 兵七进一　卒7进1

5. 马八进九　象3进5

补象嫌软。应炮8进2，车二进四，象3进5，兵九进一，炮2退1，炮八平七，炮2平6，车九平八，士4进5，车八进七，炮6进1，马九进八，卒3进1，马八进七，马7进6，黑势巩固有弹力。

6. 炮八平七　炮2进4

右炮过河，防红开左车抢先，兼有平7打兵的作用。但孤炮深入易受困，可车1平2，兵七进一，象5进3，马九进七，炮8进2，马七进五，象7进5，马五进四，车8进1，车九平八，炮2进4对攻。

7. 兵七进一　象5进3　　8. 马九进七　炮8进2

炮巡河防红马过河咬马。如炮8进4，马七进六，马3退5，马六退四，炮8退1，马四进五，象3退5，车九平八，炮2平7，车八进四，炮8进1，兵五进一，黑右晚车窝心马，红易走。

9. 车二进四　……

升车暗伏谋炮计划。如象7进5，车二平八，车1平2，车八进五，马3退2，车九平八，红必得子。

9. ……　　　　车1平2

失着。应炮2退5，车九平八，炮2平8，车二平四，象7进5，车八进七，亦红优。

10. 炮七平八　……

图70，平炮瞄车巧着。如炮2平5，马三进五，车2进7，马五退七，象7进5，炮五平八得车。

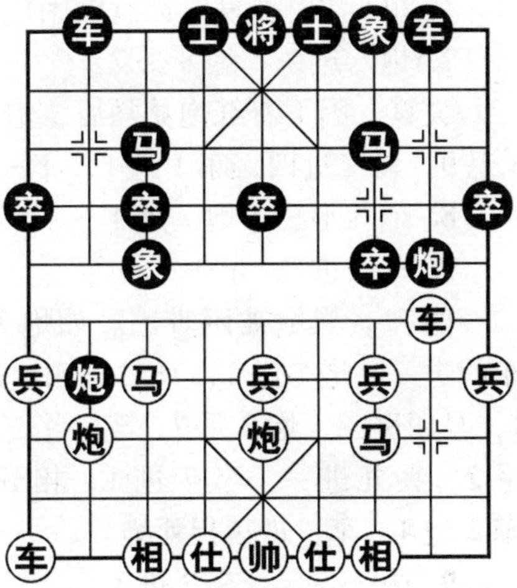

图70

10. ……　　　　车2平3　　11. 车二平八　车8进1

黑炮被困死，无法挽救，故出车争先。

12. 车八退一　车8平4　　13. 车八进一　车4进5

14. 马七退九

红多子大优。

第3局　挺兵飞相横车破屏风马跃马盘河

1. 兵七进一　卒7进1　　2. 马八进七　……

跳马缓攻。也可炮二平三，炮8平5，炮八平五，马8进7，马八进七，马2进1，车九平八，车1平2，马二进一，车9平8，兵一进一，卒1进1，车一进一，士6进5，车一平四，仍红先。

2. ……　　　马8进7　　　　3. 相三进五　马2进3

黑形成屏风马阵式。也可走成模仿性布局，即象3进5，马二进四，马2进4，车一平三，车1平3，车九进一，车9进1，双方均势。

4. 车九进一　马7进6

跃马嫌急。应炮8平9再亮左车。但不宜象3进5，兵三进一，卒7进1，车九平三，马7进6，车三进三，炮8平6，马二进三，车9平8，车一平二，车8进6，炮八进三，马6退4，炮八退二，车8退2，车三平六，马4退5，马三进二，红先手扩大。

5. 车九平四　马6进7　　　　6. 炮二平三　象7进5

飞象未注意孤马过河有被困危险。应炮8平7保马，再开左车支援。

7. 炮八进一　炮8平7

失算。因下着红炮兑马后，炮又陷入困境。只能马7退8，车四进五，马8退9，马二进四，车1进1，车一平二，车9平8，黑居下风尚可周旋。

8. 炮八平三　炮7进4
9. 车四进二　……

图71，黑炮被困难逃。如炮7退1，车四进一，炮7进1，马二进四，炮2进4，马四进三，炮2平7，车一平二，车1平2，兵九进一，卒7进1，相五进三，车2进4，车二进三捉死炮。

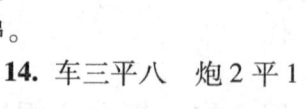

图71

9. ……　　　卒7进1
10. 炮三进二　炮7进2
11. 车一进一　车9平8
12. 车一平三　车8进9
13. 炮三进三　……

虽然黑解脱了困炮的问题，兑子扳平，但又出现另一个弱点，被红进炮打串。

13. ……　　　车1进1　　　　14. 车三平八　炮2平1
15. 炮三平七

红多子大优。

第4局　中炮直车补仕破顺炮横车右肋

1. 炮二平五　炮8平5　　　　2. 马二进三　马8进7

3. 车一平二　车9进1　　　4. 车二进四　车9平4
5. 仕四进五　……

巡河车补仕属稳攻战术，以逸待劳。也可马八进七，车4进5，相七进九，车4平3，车九平七，炮2平3，马七退五，车3进3，马五退七，马2进1，马七进六，车1平2，车二平三，仍红先。

5. ……　　　车4进7　　　6. 马八进七　车4平3

黑进车压肋嫌躁，平车捉马更是徒劳。应马2进1，炮八进二，车4退2，炮五平四，卒3进1，黑可抗衡。

7. 炮八进二　马2进1

黑不敢吃马，炮八平七打车及轰象抽车。

8. 车九进二　车3进1

车贪吃相自投罗网，败着。应炮2平3，炮五平四，车3平4，炮八平七，炮3进3，兵七进一，车1平2，车二平三，炮5平3，相三进五，象7进5，车三进二，红稍好。

9. 炮五平四　……

图72，卸炮巧着，黑车已难逃脱。如车3退1，炮四退一，车3进1，炮四平一，车3平2，炮八退三，炮2进2，相三进五，炮2平1，车二平九，车2退1，炮一平八，红得子。

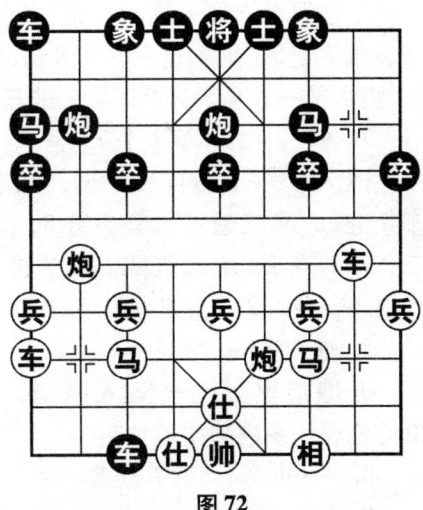

图72

9. ……　　　车3平2

如炮2平4，车二平六，车1平2，相三进五，车3退1，炮四退一打死车。

10. 炮八退二　车2退1

如炮5平4，相三进五，车2退1，车二平六，士4进5，炮四退一打死车。

11. 炮四退一　车2进1
12. 炮四平一　炮2进2　　　13. 相三进五　炮2平1
14. 车二平九　炮1平5　　　15. 马七退八　前炮进3
16. 仕五进六　前炮平2　　　17. 后车平八

红多子大优。

第 5 局 过宫炮双正马破单提马过河车

1. 炮二平六　马 8 进 7　　　　**2.** 兵三进一　车 9 平 8

3. 马二进三　炮 8 平 9

红为制马而挺三兵，黑得以三步虎先亮车。

4. 马八进七　……

红过宫炮跳双正马较强劲，但左马会受抑制。如兵七进一，炮 2 平 3，马八进七，卒 3 进 1，马七进六，卒 3 进 1，马六进四，象 3 进 5，炮八进五，马 2 进 4，马四进三，车 8 进 2，炮八退一，炮 9 平 7，黑卒渡河潜优。

4. ……　　　卒 3 进 1　　　　**5.** 相七进五　马 2 进 1

马屯边保留平 3 路炮瞄马的位置。也可马 2 进 3，炮八进四，马 3 进 2，炮八平三，象 3 进 5，黑可抗衡。

6. 仕六进五　车 8 进 6

车过河，欲平 7 压马，但对过宫炮阵式是徒劳的。如炮 2 平 3，炮八进五，象 7 进 5，炮六进五，车 8 进 2，车一平二，车 8 进 7，马三退二，马 7 退 8，炮六平一，马 8 进 9，马二进三，仍红先。

7. 车一平二　车 8 平 7

图 73，车压马自投罗网，败着。应车 8 进 3，马三退二，象 7 进 5，马二进三，车 1 进 1，炮八进四，卒 7 进 1，兵三进一，象 5 进 7，双方平稳。

8. 炮六进一　……

升炮逼黑车吃马陷入困境，巧着，由此施展一系列陷阱着法。

8. ……　　　车 7 进 1

9. 马七退六　……

退马打车是必要的。如车二进三，炮 2 平 6，马七退六，车 7 进 1，炮六退二，炮 6 进 6，红未得子反吃亏。

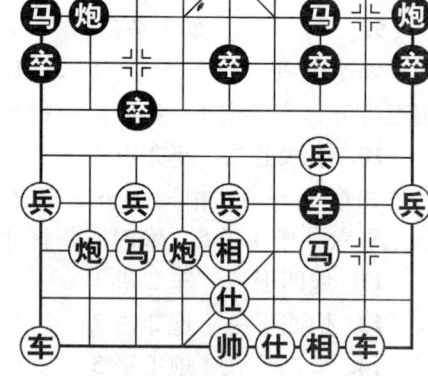

图 73

9. ……　　　车 7 进 1　　　　**10.** 炮八退一　车 7 退 1

11. 车二进三　……

黑车已在重重包围之中，红伏退角炮打死车。

11. ……　　　炮 2 平 6　　　　**12.** 炮六退一　炮 6 进 5

13. 仕五进四　……

支仕吃炮正着。如炮六平四，卒7进1，炮四进四，马7进6，炮四平三，车7退1，黑车逃脱。

13. ……　　车1平2　　14. 仕四退五　车2进8

15. 炮六平三　车2退6　　16. 车二进四

红得子得势大优。

第6局　后手屏风马3卒破五七炮直横车

1. 炮二平五　马8进7　　2. 马二进三　卒3进1
3. 车一平二　车9平8　　4. 马八进九　马2进3
5. 炮八平七　马3进2

如马3进4，车九平八，炮2平5，车八进四，马4进5，马三进五，炮5进4，仕六进五，炮8进4，车八平五，象3进5，兵三进一，炮5平9，车二进二，士4进5，黑亦可抗衡。

6. 车九进一　……

如兵三进一，象7进5，车九进一，车1进1，车九平六，炮8进4，兵五进一，马2进1，炮七退一，车1平8，车六进二，炮2进5，黑易走。

6. ……　　象3进5　　7. 车九平六　卒7进1

也可卒1进1，车六进五，马2进1，炮七平六，卒3进1，车二进六，卒1进1对攻。

8. 车六进七　士6进5

9. 车六平八　……

孤车深入，有害无益。可车二进四，炮8退1，车六退二，炮8进2，车六进二，卒1进1，车二平四，炮8平7，兵五进一，红有两鬼拍门再冲中兵的强烈攻势。

9. ……　　车1进2

图74，红车自投罗网陷入困境，黑暗伏炮8退1，车八进一，马2退3捉死车的计划。至此，应车八平六，炮2平4，车六平八，炮4平2，车八平六逃脱。

10. 炮五平六　炮8退1

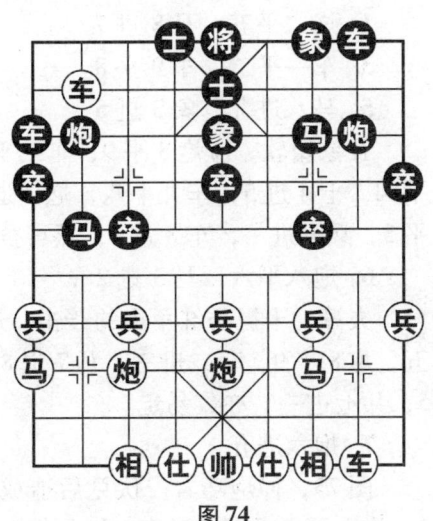

图74

11. 炮六进六　士 5 进 4　　　　**12.** 车八进一　炮 8 进 7

红车虽处困境，但尚有活路，黑伸炮压车似松实紧，准备从另一方向攻击红车。如马 2 退 3，炮六平七，士 4 退 5，车八退一，黑无便宜。

13. 相三进五　……

败着。未察觉黑方谋子计划，应仕四进五拦炮。

13. ……　　马 2 退 3　　　　**14.** 炮六平七　……

另有两种应法：①车八退一，炮 8 退 7 打死车。②车八平七，炮 2 进 1，车七退一，炮 8 退 7，车七进一，炮 2 平 3 打死车。

14. ……　　炮 8 平 2

黑炮灵活机动，把横线攻车改为纵线攻车。

15. 车二进九　马 7 退 8　　　　**16.** 后炮平八　车 1 退 1
17. 车八退一　车 1 平 2　　　　**18.** 炮八进六　炮 2 退 7
19. 炮七平二　前炮平 1　　　　**20.** 兵九进一　炮 1 退 1

黑得子大优。

第二节　角炮袭击冷不防

第 1 局　五六炮过河车破屏风马 3 卒

1. 炮二平五　马 8 进 7　　　　**2.** 马二进三　卒 3 进 1
3. 车一平二　车 9 平 8　　　　**4.** 车二进六　马 2 进 3
5. 马八进九　象 3 进 5

补象嫌软。应炮 8 平 9，车二平三，炮 9 退 1，炮八平七，炮 9 平 7，车三平四，士 4 进 5，车九平八，炮 2 退 1，兵五进一，象 3 进 5，车八进七，车 1 平 3，兵七进一，车 8 进 4，黑可抗衡。

6. 炮八平六　马 3 进 2

失算，未提防红角炮的袭击。应炮 2 进 1，车九平八，车 1 平 2，炮六进五，炮 8 平 9，车二进三，马 7 退 8，炮六平一，马 8 进 9，车八进四，士 4 进 5，兵七进一，亦红易走。

7. 炮六进五　……

图 75，伸炮巧着，伏兑后造成黑无根车炮，又便于左车开出。如象 5 退 3，炮六平二，车 8 进 2，车二进一，炮 2 平 8，车九平八，马 2 退 3，仍红先。

7. ……　　炮8平9

如士4进5，炮六平三，炮2平7，车九平八，马2退3，炮五退一，卒7进1，相三进五，卒7进1，相五进三，炮7进2，炮五平二，炮7平4，炮二进六，炮4退2，炮二进一，炮4退1，炮二退一，车8进1，车二退六，红得子。

8. 车二平三　　车8进2
9. 炮五进四　　士4进5
10. 炮五退一　　马2进1

马进边线有危险。应卒3进1，兵七进一，马2进4，车九平八，马4进6，炮五退一，炮2平3，黑有一些对攻手段。

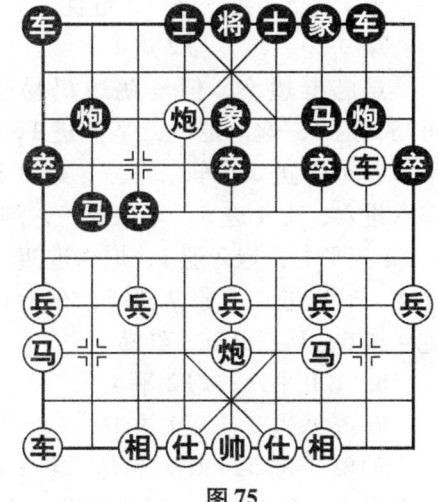

图75

11. 车九平八　　炮2平3

用象位车保炮会丢掉边卒，使边马受到威胁。如炮3退2，炮六退四，马1进3，马九进八，马3进1，马八进七，马1进3，仕六进五，马7退8，车三进三，车8进1，马七进五，炮9平2，马五进七，将5平4，炮五平六杀。

12. 车八进七　　车1平3
13. 车三平九　　车8进2

如车3进2，车九进三杀。

14. 车八平七　　车8平5
15. 车七进二　　象5退3
16. 炮六平一　　象7进9
17. 车九退三

红多子大优。

第2局　五六炮双直车破屏风马3卒

1. 炮二平五　　马8进7
2. 马二进三　　卒3进1
3. 车一平二　　车9平8
4. 马八进九　　马2进3
5. 车二进六　　卒1进1

如卒7进1，炮八平六，炮2进1，车二退二，炮8平9，车二进五，马7退8，车九平八，车1平2，车八进四，象3进5，兵三进一，卒7进1，车八平三，士4进5，马三进二，仍红先。

6. 炮八平六　　马3进2
7. 炮六进三　　……

图76，黑跳外肋马封车，红伸角炮逐马，企图开辟左车出路。如卒3进1，兵七进一，马2进4，车九平八，马4退6，车二退三，炮2平4，兵三进

一，象7进5，兵五进一，红优。

7. ……　　　马2进1

虽已挺边卒，但马跳边仍易受困。可马2退3，炮六退一，卒7进1，车九平八，车1进2，车二平三，炮8退1，车八进六，士4进5，车三退一，炮8平7，车三平七，炮2退1，炮六进四，炮7平4，车八进二，象7进5，车七进一，炮4进6，马三退五，红易走。

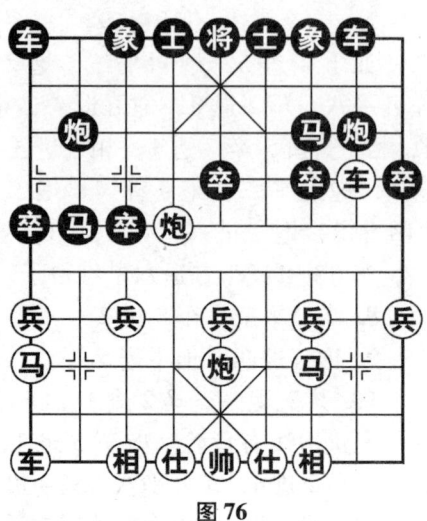

图 76

8. 车九平八　炮2平4

9. 车八进三　卒1进1

如象3进5，车八平九，卒1进1，车九平八，卒1进1，车八进四，士4进5，马九退七，红得子。

10. 马九退八　……

如马九退七，卒3进1，兵七进一，卒1平2，车八进一，马1进3，车八退二，马3退4，黑马逃脱。

10. ……　　　象3进5

可卒3进1，兵七进一，卒1平2，车八进一，车1进4，炮六退三，车1平2，车八进一，马1退2，兵七进一，马2进3，马八进九，马3进5，相三进五，亦红优。

11. 炮五平九　……

红退边马卸中炮，配合八路车困逼黑马，伏车八平九，卒1进1，炮九进七得子。

11. ……　　　炮4平1　　12. 炮九进二　车1平3

如炮1平3，车八平九，卒3进1，兵七进一，车1平2，马八进九，炮3进7，仕六进五，炮3平1，马九退七，红得子。

13. 炮九平三　炮8平9　　14. 车二平三　车8进2

15. 车八平九

红得子大优。

第3局　角炮转反宫马破中炮过河车

1. 炮二平四　炮2平5

后手应仕角炮的阵式较多。除了还中炮外，另有卒7进1，马二进一，马

8进7，车一平二，车9平8，车二进六，马2进3，兵七进一，炮8平9，车二平三，炮9退1，马八进七，仍红先。

2. 马八进七　马2进3　　3. 马二进三　马8进9

如炮8平7，车一平二，马8进9，兵三进一，卒7进1，车二进五，卒7进1，车二平三，炮7进1，炮四进五，马3退5，车三退一，红易走。

4. 车九平八　车1平2

也可车1进1，炮八平九，车1平6，兵七进一，车6进3，炮四平六，仍红先。

5. 车一平二　车9平8

如炮8平7，炮八进四，卒7进1，相三进五，卒3进1，车二进五，炮5平4，车二平三，象3进5，炮四进四，车9平8，兵五进一，双方互缠。

6. 炮四进五　……

红伸角炮牵制黑左炮进退，又伏炮兑边马造成黑车无根，这是一路较新式的攻法。以往多是炮八进四，卒3进1，车二进五，卒7进1，车二平三，炮8进5，炮四平五，炮5平6，兵五进一，炮8平5，相七进五，象3进5，车三平四，士4进5，马三进五，亦红先。

6. ……　　　　车2进6　　7. 炮八平九　……

如炮四平一，象7进9，车二进六，卒3进1，炮八平九，车2平3，车八进二，卒3进1，黑易走。

7. ……　　　车2平3　　8. 车八进二　卒5进1

黑急于冲中卒反击，徒劳。应炮8平7，车二进九，马9退8，兵三进一，士6进5，炮四平七，炮7平3，相七进五，马8进7，黑可抗衡。

9. 炮九退一　卒5进1

10. 炮九平五　卒5平6

图77，保留中卒败着，正中红方圈套，士角炮发挥作用。只能炮8平7，车二进九，马9退8，炮五进三，士6进5，相七进五，红稍优。

11. 车二进七　炮5进6

如车8进2，炮四平七，车3进1，炮七退五，象3进1，车八进二，红得子优。

12. 车二进二　马9退8　　13. 马七退五

红多子优。

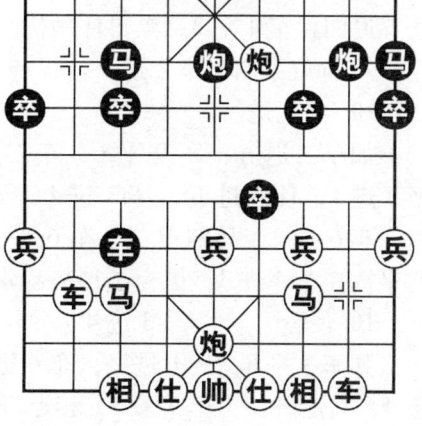

图77

第4局 后手单提马破中炮直车两头蛇

1. 炮二平五 马2进3   2. 马二进三 炮8平6
3. 兵三进一 ……

预防黑跳反宫马，先挺兵抑制。

3. ……   车9进1   4. 车一平二 马8进9
5. 兵七进一 象3进5

在红先挺三兵的情况下，黑改变布局计划，演成单提马横车。

6. 车二进七 士4进5   7. 马三进四 ……

黑被迫支士自塞横车通路，但为右车贴身加快亮出。红先跳盘河马拦炮。如马八进七，炮6进5打串。

7. ……   车1平4   8. 马八进七 ……

红跳马未提防黑炮砸仕。应仕六进五，车4进5，马四进五，车4退2，马五退四，车9平6，马四退三，车4进2，炮五平四，车6平7，相七进五，卒7进1，马八进七，车4退2，红无先手。

8. ……   炮6进7

图78，黑弃炮破仕展开反击。这是由于红跳盘河马而不补仕造成的，属于自投罗网。如仕六进五，卒3进1，兵七进一，马3进4，车二退五，马4进6，仕五退四，车4平3，黑得仕稍优。

9. 帅五平四 卒3进1
10. 兵七进一 ……

如车二退五，车9平6，车二平四，卒3进1，仕六进五，卒3进1，马七退六，车6进3，马四退三，车6平3，炮八平六，车4进3，黑弃子得势易走。

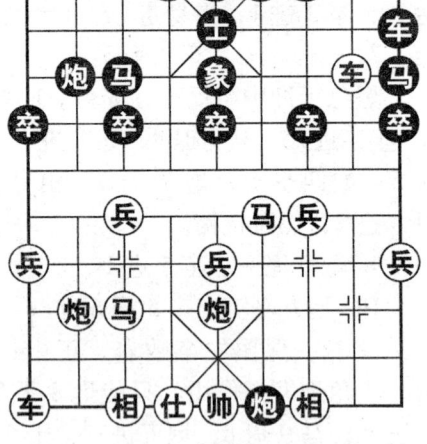

图78

10. ……   马3进4

如车9平6，兵七进一，车6进4，炮五平四，马3退2，车二退五，马2进4，兵七进一，车4平3，相七进五，车3进2，亦黑优。

11. 车二平一 车9平6   12. 车一退一 ……

如兵七平六，车6进4，帅四平五，炮2平9，炮五平一，车4进4，黑优。

12. ……　　　车 6 进 4　　　　13. 帅四平五　……

如炮五平四，马 4 进 5，马七进五，车 4 进 9，帅四进一，车 4 退 3，相七进五，车 4 平 5，帅四平五，车 6 平 7，炮四平三，炮 2 进 3，车九平七，炮 2 平 5，车七进四，车 5 平 6，帅五平六，车 6 平 4，炮八平六，车 7 进 2，黑大优。

13. ……　　　车 6 平 7　　　　14. 相三进一　……

如兵七平六，车 7 进 4，帅五进一，车 4 平 3，帅五平四，车 3 进 7，炮八平九，车 3 进 1，炮五退一，车 7 平 4，黑大优。

14. ……　　　车 7 平 3　　　　15. 兵七平六　车 3 进 2

16. 炮八平九　车 4 进 4　　　　17. 车九平八　炮 2 平 3

18. 炮九进四　……

如炮五进四，炮 3 进 7，仕六进五，将 5 平 4，帅五平四，车 4 平 6，帅四平五，车 3 平 9，车八进六，车 9 进 2，仕五退四，车 6 进 5，帅五进一，车 6 平 5，帅五平四，车 9 平 6 杀。

18. ……　　　炮 3 进 7　　　　19. 仕六进五　车 3 平 5

20. 车八平七　车 4 进 4

黑叫杀胜定。

第 5 局　后手反宫马横车破中炮盘河马

1. 炮二平五　马 2 进 3　　　　2. 马二进三　炮 8 平 6
3. 车一平二　马 8 进 7　　　　4. 兵三进一　车 9 进 1

黑起横车加强反击。也可卒 3 进 1，马三进四，士 6 进 5，马八进七，象 7 进 5，炮五平四，炮 6 退 2，黑可抗衡。

5. 马三进四　……

跃马盘河较急。可兵七进一，车 9 平 4，炮八平七，车 4 进 3，马八进九，车 1 平 2，车九平八，炮 2 进 4，车二进六，炮 6 平 4，仕六进五，象 3 进 5，车二平三，士 4 进 5，炮五平四，仍红先。

5. ……　　　炮 6 进 7

图 79，黑炮破仕抢攻。如象 3 进 5，马四进五，马 3 进 5，炮五进四，士 4 进 5，炮八平三，车 1 平 4，马八进七，红先。

6. 车二进七　……

进车逼马对攻。如车二进一，炮 6 退 3，马四进六，车 9 平 4，马六进七，车 4 进 1，红马难逃。

6. ……　　　炮 6 平 4　　　　7. 帅五平六　车 9 平 6

8. 马四退三　……

退马准备坚守九宫阵地。如马四进五，车6进8，帅六进一，车6退1，帅六退一，马3进5，车二平三，象3进5，炮五进四，士4进5，车三退一，车6平2，炮八平三，车1平4，炮五平六，炮2进7，相七进五，车2平6，相三进一，车6进1，帅六进一，车4平2，黑大优。

8. ……　　　　车6平4

9. 帅六平五　车4进6

黑车伸士角捉炮，并防红跳正马。如车4进7，马八进七，车4平3，马七退五，车1进1，相七进九，车1平6，车九平六，红可应付。

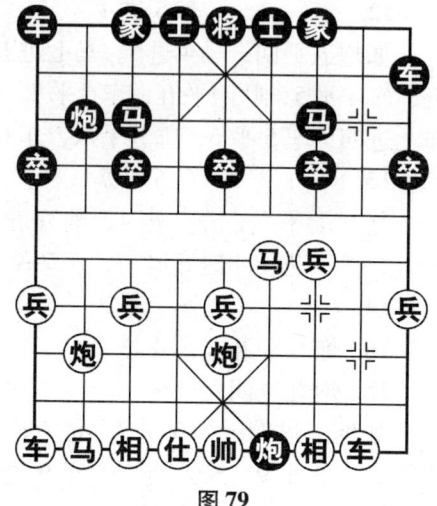

图79

10. 炮八平七　车4进1　　**11. 马八进九　……**

红被迫跳边马，左底仕原位是一个致命弱点。

11. ……　　　车1进1　　**12. 炮七平八　……**

如炮五平四，车1平4，炮四退二，后车进6，马三进四，后车平3，马四退五，车4平6，车九平八，炮2进5，马五退六，车3进1，车八进二，车3平5杀。

12. ……　　　车1平4　　**13. 炮八退二　前车平7**

14. 马三进四　车4进7　　**15. 相三进一　车7平5**

16. 帅五平四　车5平6　　**17. 帅四平五　车4平5**

18. 帅五平六　车6进1

黑胜。

第三节　车贪压马入圈套

第1局　中炮横车破过宫炮巡河车

1. 马八进七　炮8平4　　**2. 炮二平五　马8进7**

3. 车一进一　……

红起横车准备平肋捉炮，这是攻击过宫炮阵型的常用手段。如兵七进一，车9平8，马二进三，象3进5，马七进六，车8进4，红难掌握先手。

3. ……　　　车9平8　　　4. 马二进三　车8进4
5. 车一平六　士4进5　　　6. 兵五进一　车8平3

图80，黑平车准备吃兵压马，虚着。红马盘头跃出，加强中路攻势。

7. 马七进五　车3进2
8. 兵五进一　……

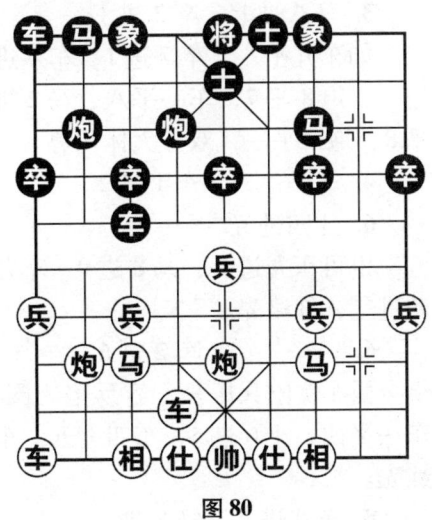

图80

中兵直冲有攻势。如卒5进1，车六进六，士5进4，马五进六，士4退5，马六退七得子。

8. ……　　　炮4平5
9. 车六进七　马2进1
10. 仕六进五　……

补仕是一步停着，可在跳开盘头马时黑炮打中兵无叫将，同时也为以后出帅助战埋下伏兵。如炮5进2，马五进四，马7退9，炮八进四，卒3进1，帅五平六，炮2退2，炮五进四，象7进5，炮八平三，车3平6，车九平八，车6退2，车八进九，炮5平4，车八平九，马9进7，车九平七杀。

10. ……　　　卒5进1　　　11. 炮五进三　马7进5
12. 炮五进二　象7进5　　　13. 炮八平五　炮2进1

如马5退3，车九平八，车1平2，马五进四，车3平6，马三进五，卒3进1，车八进六，卒7进1，车八平一，车6退1，马五进六，马3进4，车六平五，士6进5，车一进三杀。

14. 车九平八　车1平2　　　15. 马五进四　车3平6

如象5退7，帅五平六，象7进5，马四进五，车3平6，马五进三，车6退5，车六进一杀。

16. 马四进五　车6退4　　　17. 帅五平六　炮2退2

防红马跳卧槽。如车2进2，马五进七，车2平4，车六退一，马1退3，车六进二杀。

18. 车八进八　车2进1　　　19. 马五进七　车2平3
20. 车六进一

红胜。

第 2 局　反宫马进三兵破 5 6 炮过河车

1. 马二进三　炮 2 平 5　　　2. 炮八平六　马 2 进 3
3. 马八进七　卒 3 进 1　　　4. 兵三进一　……

如车九平八，卒 7 进 1，车八进四，车 1 平 2，车八进五，马 3 退 2，车一进一，炮 8 平 7，车一平八，马 2 进 3，车八进三，马 8 进 9，相七进五，车 9 平 8，炮二平一，双方大体均势。

4. ……　　　车 1 平 2　　　5. 相三进五　炮 8 平 6
6. 仕四进五　……

也可车九进一，马 8 进 9，车九平四，士 4 进 5，车一平二，车 9 平 8，车四进三，红略先。

6. ……　　　车 2 进 6　　　7. 车九平八　车 2 平 3

黑车贪吃兵压马，容易陷入圈套。不如车 2 进 3，马七退八，马 8 进 9，车一平四，士 6 进 5，车四进五，车 9 平 8，炮二进二，象 3 进 1，局势平稳仍红先。

8. 车八进八　马 8 进 7

黑如察觉陷阱，应车 3 进 1，车八平二，车 3 退 1，炮二进一，车 3 进 2，车一平四，但亦红优。

9. 车一平四　士 6 进 5

应士 4 进 5，炮二进一，车 3 进 1，炮六进四，车 9 平 8，炮六平七，车 8 进 6，炮七退四，黑不丢子。

10. 炮二进一　……

图 81，升炮打车，主动弃马，使黑车掉入陷阱，精彩。如炮六进四，车 3 平 4，炮六平七，亦红优，但未能困车。

10. ……　　　车 3 进 4
11. 炮六进四　马 3 进 4

如卒 3 进 1，炮六平七叫杀得车。

12. 炮六平七　马 4 进 3
13. 炮七退三　车 3 退 1
14. 炮二平七　将 5 平 6
15. 炮七进六　将 6 进 1
16. 车四平二

红得子得势，胜定。

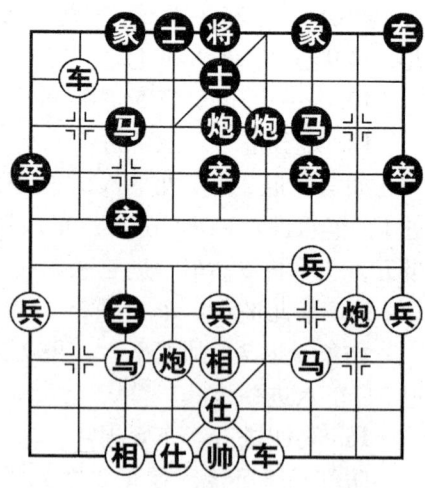

图 81

第3局　屏风马三兵破５７炮过河车

1. 兵三进一　炮2平5　　　　**2. 马二进三　马2进3**
3. 马八进七　车1平2　　　　**4. 车九平八　车2进6**

可车2进4，炮八平九，车2进5，马七退八，马8进9，马八进七，卒3进1，相三进五，车9进1，仕四进五，车9平6，黑可争得平先。

5. 相三进五　马8进9　　　　**6. 仕四进五　……**

为贴身车做准备。如兵一进一，车9进1，车一进三，车9平6，红无先手。

6. ……　　　炮8平7　　　　**7. 马三进二　卒3进1**
8. 车一平四　车2平3

图82，车吃兵压马劣着，自投罗网，为红方施展陷阱战术创造条件。应士6进5，车四进八，炮5平4，炮八平九，车2进3，马七退八，炮7平6，车四平二，象7进5，黑尚可抗衡。

9. 炮八进四　车3平4

如象3进1，炮二进一，车3进1，炮八平七打死车。

10. 车四进八　士6进5

防车四平七，再沉底炮袭击。

11. 炮八平七　象3进1
12. 兵三进一　炮7进2

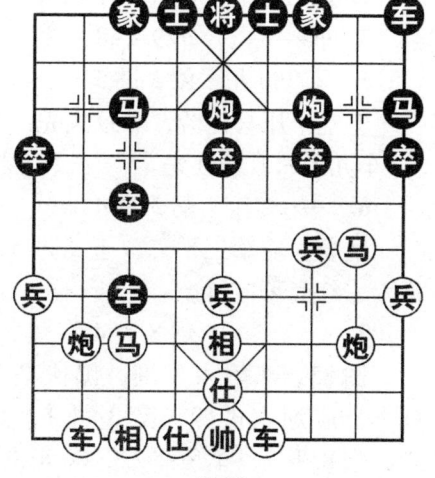

图82

如车4退3，马二进四，车4平3，马四进五，车3平4，炮二进五，炮7平6，马五进七，车4退2，炮二平七，车4平3，炮七平五，士5退6，车四平七，象7进5，红得子。

13. 马二进四　炮5平8

如车9平8，马四进五，车4退4，炮二平四，车4平5，车八进七，车8进2，马七进八，仍红先。

14. 马七进六　卒5进1　　　　**15. 马六进八　马3进5**

如车4退4，炮七平五，炮8平5，炮二平四，马9退7，车四进一杀。

16. 马四进五　车4退4

如象1退3，马五进七，车4退5，炮七进三杀。

107

17. 马八进九　马5退3

如车4平3，马九进七，车3退1，马五进七，马5退4，炮七平五，炮8平5，帅五平四，马9退7，车四进一杀。

18. 炮七平五　车4退1　19. 车八进八　车4平2

如马3进5，车八平六，炮8平1，炮二进四，马5退3，马五进七，炮1退1，车六平五杀。

20. 马五进七

红胜。

第4局　后手屏风马3卒破中炮直车过河

1. 炮二平五　马8进7	2. 马二进三　卒3进1
3. 车一平二　车9平8	4. 车二进六　马2进3
5. 马八进九　象3进5	6. 车二平三　……

车吃卒压马徒劳，导致失先。应炮八平七，马3进2，车九进一，士4进5，车九平六，仍红先。

6. ……　马3进4

败着。应车三平二，士4进5，炮八平六，红尚可应付。

7. ……　炮8进4

图83，车陷入重围，黑伏平7炮打死车。应炮八进四，卒3进1，炮八平六，炮8平7，车三平二，车8进3，炮六平二，炮2进5，马三退五，卒3进1，车九平八，炮2退1，虽属黑优，但红不丢车。

8. 炮五进四　士4进5

9. 炮五退一　炮8平7

10. 车三平六　炮7进3

炮打中卒劣着。虽然过河车逃脱，但黑取得沉底炮攻势，红亦难应付。

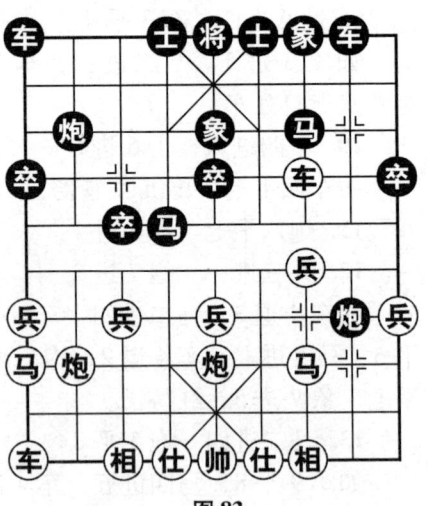

图83

11. 仕四进五　炮7平9　12. 帅五平四　……

防黑抽将吃子。如车六退一，炮2进2，车六平七，炮2平5，车七平五，车8进9，马三退四，车8退5抽吃车。

12. ……　　　车 8 进 9　　　13. 帅四进一　车 8 平 7

14. 相七进五　……

如车六退一，车 7 退 2，炮八进四，马 7 进 6，兵五进一，马 6 进 7，车六退二，车 7 进 1，帅四进一，车 7 平 6 杀。

14. ……　　　车 1 平 4　　　15. 车六进三　将 5 平 4

16. 炮八平六　炮 2 平 4　　　17. 马三进四　……

速败之着。但炮六平七，车 7 退 2，炮七平三，炮 9 平 1，兵五进一，马 7 进 8，黑多子优。

17. ……　　　马 7 进 8　　　18. 马四进六　马 8 进 7

19. 帅四进一　马 7 进 8　　　20. 帅四退一　炮 9 退 1

黑胜。

第 5 局　后手屏风马左马盘河破中炮直横车

1. 炮二平五　马 8 进 7　　　2. 马二进三　卒 7 进 1

3. 车一平二　车 9 平 8　　　4. 车二进六　马 2 进 3

5. 马八进九　……

也可炮八平六，车 1 平 2，马八进七，炮 2 平 1，兵七进一，车 2 进 6，车九进二，仍红先。

5. ……　　　马 7 进 6　　　6. 车九进一　象 3 进 5

7. 车九平四　……

平车逐马，企图保持对黑无根车炮的牵制，但反而给黑平炮兑车的机会。可车二退二，卒 7 进 1，车二平三，炮 8 平 6，兵七进一，士 4 进 5，车九平六，炮 2 进 2，炮八平七，双方平先。

7. ……　　　炮 8 平 6　　　8. 车二进三　炮 6 进 6

9. 车二退八　炮 6 退 2

如炮 6 平 2，车二进三，马 6 进 7，炮五退一，后炮平 1，炮五平三，马 7 退 6，车二平四，马 6 退 7，马三进二，红先手扩大。

10. 车二进三　……

如车二平四，马 6 进 4，炮八进二，炮 2 进 2，兵七进一，炮 2 平 6，车四平六，马 4 进 5，相三进五，车 1 平 2，兵九进一，车 2 进 4，红失先。

10. ……　　　炮 6 平 3　　　11. 车二平四　马 6 退 7

12. 车四平七　……

图 84，平车捉炮为了吃卒压马，但后来演变效果欠佳。可兵三进一，炮 3

退2，兵三进一，象5进7，炮五退一，士4进5，炮五平三，象7进5，马三进二，马7进8，炮八平一，红子力活跃有攻势。

12. ……　　　　炮3平7
13. 车七进二　　马3退5
14. 炮八平七　　……

防黑开象位车邀兑。如炮八进四，车1平3，车七平六，马7进6，车六平五，车3进9，黑反先。

14. ……　　　　马7进6
15. 炮五进四　　……

败着。只能车七退二，马5进7，相三进一，士4进5，兵九进一，车1平4，红已失先。

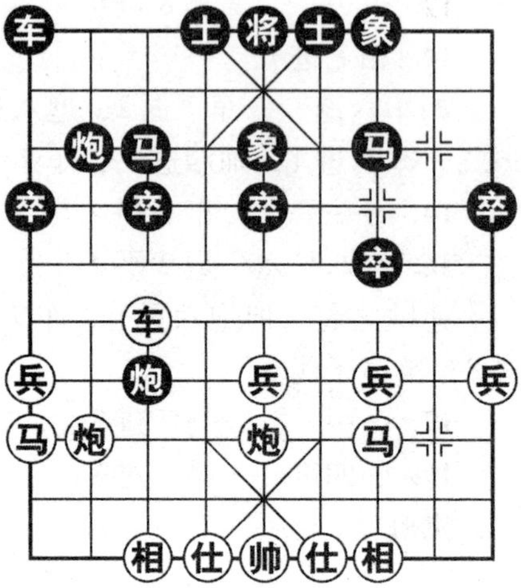

15. ……　　　　马6进4　　16. 车七平九　　……

上着炮打中卒，误以为此时黑应逃车则炮七平五，可以对攻，不料黑另有应着。

16. ……　　　　炮7进3　　17. 仕四进五　　……

如帅五进一，马4进3，帅五平六，车1进3得车。

17. ……　　　　炮2平3　　18. 车九平七　　马4退3
19. 炮七进五　　马3退4　　20. 炮五退二　　马4退5

红无奈送车，黑多子大优。

图84

第四节　车立险地陷被动

第1局　中炮横车正马破顺炮巡河车

1. 炮二平五　　炮8平5　　2. 马二进三　　马8进7
3. 车一进一　　……

红起横车是流行布局着法。除此外还有缓开车攻法，如兵三进一，车9平8，马八进七，马2进3，兵七进一，车1进1，炮八平九，车1平4，车九平八，车4进5，车一进一，车8进4，马三进四，车4平3，车一平六，卒3进

1，炮九进四，车 3 进 1，炮九平七，象 3 进 1，马四进六，红弃子抢攻。

3. ……　　车 9 平 8　　　4. 车一平六　车 8 进 4

5. 马八进七　……

红跳正马加强攻击潜力。如马八进九，卒 1 进 1，炮八平七，马 2 进 1，红左车难出，因伏马 1 进 2 打车的手段。

5. ……　　车 8 平 3

黑平车欲吃兵压马虚着，反而给红挺兵跃马的机会。应马 2 进 3，兵三进一，士 6 进 5，马三进四，卒 3 进 1，炮八进四，车 8 平 6，车六进三，卒 5 进 1，马四进六，车 6 退 1，马六进五，炮 2 平 5，车九平八，卒 1 进 1，黑可抗衡。

6. 兵七进一　车 3 进 1　　　7. 马七进六　卒 7 进 1

缓着。应马 2 进 1，相七进九，车 3 进 1，炮八进四，士 6 进 5，车六平四，亦红优。

8. 相七进九　……

图 85，黑车立于险地，被红飞边相捉，进退两难，陷入被动。可车 3 退 1，马六退八，炮 2 进 5，马八进七，卒 3 进 1，车六进一，炮 2 平 5，相三进五，马 2 进 3，车九平八，炮 5 平 6，车八进四，红略先。

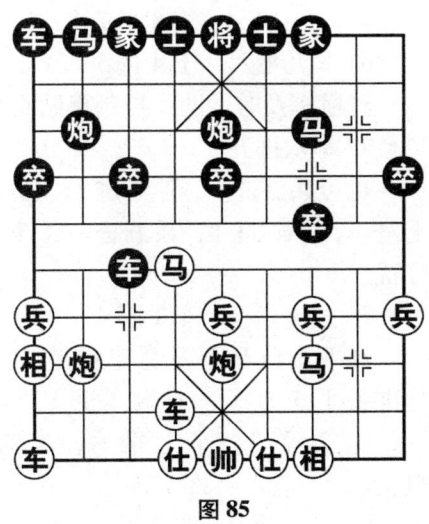

图 85

8. ……　　车 3 平 2

如车 3 进 1，炮八进七，车 1 平 2，马六进八，车 3 退 2，马八进七，士 6 进 5，马七进八得车。

9. 炮八平七　马 2 进 1

10. 马六进七　车 2 退 2

11. 马七进八　士 4 进 5

劣着。应士 6 进 5，不致将门被封。

12. 炮七进五　车 1 进 1

同样用车捉马，应车 1 平 2 兼保底象。

13. 车六进七　马 7 进 6　　　14. 车九平七　马 6 进 5

黑不顾底象弱点，跃马踏兵强攻，但如退车保象也支撑不了几步。如车 1 退 1，炮七退一，马 6 退 7，炮七平九，车 2 平 1，车六进一，士 5 退 4，马八退六，将 5 进 1，车七进八杀。

15. 炮七平九　车1退1　　　16. 车六进一　士5退4
17. 马八退六　将5进1　　　18. 车七进八

红胜。

第2局　中炮直横车破单提马退底炮

1. 炮二平五　马2进3　　　2. 马二进三　马8进9
3. 马八进七　……

如车一平二，炮8平6，马八进七，炮6进5打串，故缓开右车而先跳左马。

3. ……　　卒9进1　　　4. 车一平二　……

挺边卒较缓，改出左横车移右肋为好。红开车免黑跳边马封。不宜兵五进一，炮8平5，车一平二，车9进1，黑有反击手段。

4. ……　　炮8平7　　　5. 车九进一　象3进5
6. 车九平六　士4进5

红横车及时占肋，控制黑贴身车出路。

7. 车六进五　……

也可兵五进一，卒3进1，马七进五，车1平4，车六进八，士5退4，兵七进一，卒3进1，兵五进一，卒5进1，马五进七，卒5进1，炮八进二，红优。

7. ……　　车1平4　　　8. 车六平七　炮2退2

红平车压马不及兑车稳健。黑退底炮准备平3打车，应炮2退1，兵五进一，炮2平3，车七平八，黑有对攻机会。

9. 车二进四　炮2平3

图86，升巡河车停一着，黑果然平炮自投罗网，因贴身车已处于危险境地，红有弃车换马再沉炮的妙手。应车4进4，再平炮打车则无问题。

10. 车七进一　炮7平3
11. 炮八进七　车9平8

如先化士挡车亦要丢子。即士5进4，炮五进四，士6进5，车二平七，将5

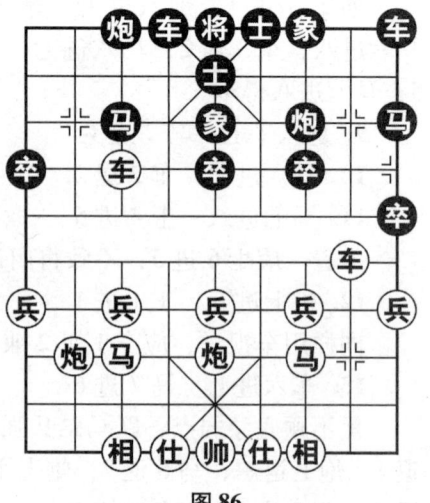

图86

平 6，车七进三，将 6 进 1，炮八平六，士 5 退 4，兵五进一，红多子优。

12. 车二平六   士 5 进 4

防炮五进四，前炮平 4，车六进三再吃车杀。

13. 炮五进四   士 6 进 5

如象 5 进 7，车六进三，前炮进 5，马三退五，前炮进 1，马五进六，前炮退 1，炮五退二，将 5 进 1，马六进五，象 7 退 5，马五进三，象 5 进 7，马三进五，将 5 平 6，马五进六，将 6 平 5，马六退五，将 5 平 6，车六进一，将 6 进 1，马五进六，马 9 进 7，炮八退二，将 6 平 5，车六平七，将 5 平 4，马六退七杀。

14. 车六进三   将 5 平 6   15. 车六平七   将 6 进 1
16. 炮八平六   士 5 退 4   17. 相七进五   车 8 进 7
18. 马七退五   马 9 进 8   19. 炮五平八   马 8 进 6
20. 炮八退四

红多子大优。

第 3 局   后手顺炮缓开车破中炮过河车

1. 炮二平五   炮 8 平 5   2. 马二进三   马 8 进 7
3. 车一平二   马 2 进 3

黑缓开左车而跳马，可加快右翼子力开展。如兵三进一，炮 2 平 1，马八进七，车 1 平 2，车九平八，车 2 进 5 对攻。

4. 车二进六   ……

车过河嫌躁。不如兵七进一抑制黑右马，以下卒 7 进 1，马八进七，车 9 进 1，车二进四，车 9 平 4，兵三进一，车 4 进 3，炮五平四，车 4 平 6，炮四平六，车 6 平 4，相七进五，红阵型协调。

4. ……   卒 3 进 1

挺卒跃出右马，反弹力较强。如稳健可车 9 平 8，车二平三，炮 5 退 1，兵七进一，炮 5 平 7，车三平四，士 4 进 5，马八进七，马 7 进 8，车四平三，马 8 退 9，车三退二，象 3 进 5，黑稍好。

5. 车二平三   马 3 进 4   6. 车三退一   ……

退车捉马虚着。应兵三进一，车 9 进 1，马八进九，炮 2 平 3，炮八平六，车 1 平 2，兵三进一，车 9 平 4 对攻。

6. ……   马 4 进 6   7. 兵三进一   ……

图 87，挺兵邀兑马，并防马 6 进 8 咬车再入卧槽，但目前造成红车位置

不利，等于自投罗网，实为败着。应马八进九，马6进8，车三退一，马8进7，帅五进一，车9平8，车三平四，红虽失先尚可周旋。

7. ……　　　　象7进9

飞象巧着。红车被困，无路可逃。

8. 车三平七　　……

如车三进二，炮2平7，马三进四，炮7进7，仕四进五，车1平2，马八进七，车2进5，马四进六，炮5平8，红虽不丢子，但难应付黑方攻势。

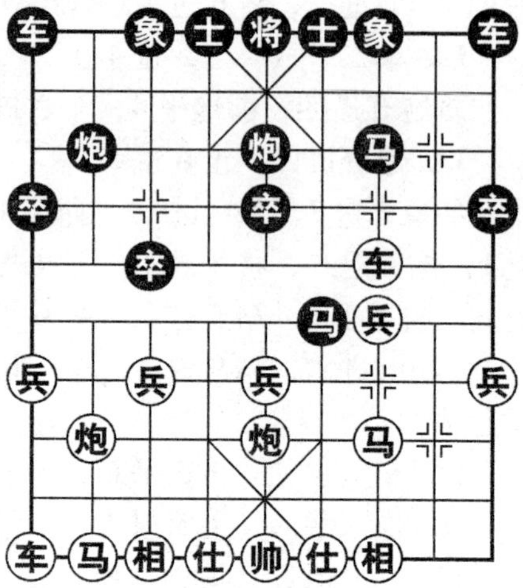

8. ……　　　　马6进4
9. 车七平六　　马4进3
10. 车六退四　　马3进1　**11. 炮八平七　　车1平2**
12. 车六平九　　炮2平1　**13. 车九退一　　……**

如马八进九，炮1进4，马九退七，马1退3，车九平七，黑多子大优。

13. ……　　　　车2进8

黑多子大优。

图87

第4局　后手顺炮横车正马破五七炮双车过河

1. 炮二平五　　炮8平5　**2. 马二进三　　马8进7**
3. 车一平二　　车9进1　**4. 车二进六　　车9平4**
5. 车二平三　　马2进3

黑跳正马是最有力的应法，必要时退窝心炮转为屏风马，阵式稳固。如马2进1，兵九进一，炮2平3，马八进九，车1平2，车九平八，车2进6，仕四进五，车4进3，兵三进一，仍红先。

6. 兵七进一　　炮5退1　**7. 炮八平七　　车4进3**
8. 马八进九　　……

红跳边马，准备亮出左车，稳步进取。如兵七进一，车4平3，炮五退一，炮5平7，车三平四，马3退5，车四进二，炮7进5，相三进五，车3平6，车四退三，马7进6，马八进九，车1平2，车九平八，炮2进5，红子力受制。

8. ……　　　　炮5平7

114

如车4平2，马九进七，车2进2，马七进五，炮5平7，车三平四，卒5进1，车四进二，卒5进1，炮五进二，炮7进5，炮七进四，车2退2，车九进二，红优。

9. 车三平四　　士4进5　　10. 车九平八　　车1平2
11. 车八进六　　象3进5

补象巩固后防，以逸待劳伺机反击。如车八平七，马7进8，车四退四，车4进3，炮七退一，炮2进6，马九进七，车4平3，黑右翼有强大攻势。

12. 兵三进一　　……

应仕四进五，防止黑伸车仕角捉炮，否则留下后患。

12. ……　　　马7进8　　13. 车四平三　　……

图88，红车捉炮而位置闭塞，落入陷阱。应车四退四，炮7进1，仕四进五，炮2平1，车八进三，马3退2，炮五进四，卒3进1，兵七进一，车4平3，红多兵黑子活，各有千秋。

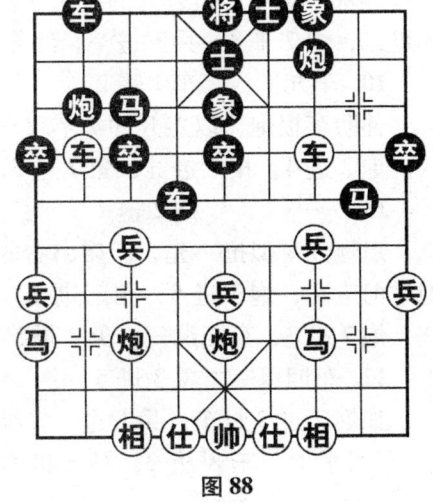

图88

13. ……　　　马8退9
14. 车三平四　　……

只能平车。如车三进一，炮2平1，车八平七，马3退4打死车。

14. ……　　　车4进3
15. 炮七退一　　……

失着。应炮五平四，炮7进6，仕四进五，车4平3，相三进五，车3平1，相七进九，红虽少子尚可周旋。

15. ……　　　炮7进6　　16. 仕四进五　　车4退2
17. 车八平七　　炮7平1　　18. 相七进九　　炮2进7
19. 炮七退一　　车2进2

黑得子大优。

第5局　　后手屏风马平炮兑车破五九炮肋车捉炮

1. 炮二平五　　马8进7　　2. 马二进三　　卒7进1
3. 车一平二　　车9平8　　4. 车二进六　　马2进3
5. 兵七进一　　炮8平9

屏风马平炮兑车应法绵里藏针，暗藏反弹力。另一种应法是左马盘河，直接反击力强。如马7进6，马八进七，象3进5，车二退二，炮2退1，车九进一，卒7进1，车二平三，炮8平7，马七进六，马6进4，车三进三，士4进5，车九平六，车1平4，红无先手。

6. 车二平三　炮9退1　　7. 马八进七　……

也可用边马攻法，即马八进九，车8进5，炮八平七，车8平3，车九平八，车1进2，炮七进一，炮9平7，车三平四，炮7平2，炮五平七，车3平1，车八进七，车1平2，马九进七，双方大体均势。

7. ……　　士4进5　　8. 炮八平九　炮9平7

9. 车三平四　马7进8

黑跳外肋马是最有力的反击手段。如车1平2，车九平八，炮2进4，车四进二，炮7平8，兵五进一，红先手扩大。

10. 车九平八　车1平2　　11. 车四进二　……

伸肋车捉炮，以避开冲7卒攻车的手段。如车四退二，马8进7，炮五平六，炮2进4，相七进五，象5进7，双方平稳。

11. ……　　炮2退1

退炮逐车似抢一先，但露出右弱马会受红车攻击，有利有弊。另外还有双炮过河应法，炮7进5，相三进一，炮2进4，兵五进一，卒7进1，相一进三，炮7平3，车四退三，象7进5对攻。

12. 车四退三　象3进5

如炮2进5封车，兵七进一，卒3进1，车四平七，车8进2，马七进六，红先手扩大。

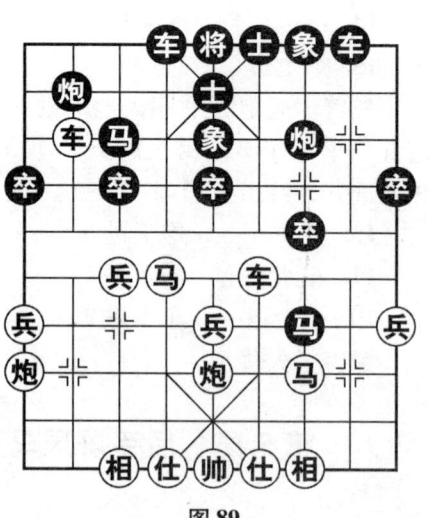

图89

13. 车八进七　马8进7

14. 车四退二　炮7进1

15. 马七进六　车2平4

16. 车四进一　……

图89，升车保马失算，未察觉黑送卒飞象打双车。应马六进七，炮2平3，兵七进一，车8进8对攻，各有顾忌。

16. ……　　卒7进1

17. 车四平三　……

败着。应车四进二，车4进5，车八进一，红虽失先不致失子。

17. ……　　象5进7　　18. 车八平七　炮7进3

19. 炮五进四　象7退5

黑多子优。

第五节　兑车取势竟得子

第1局　五七炮左车过河破屏风马巡河炮

1. 炮二平五　马8进7　　　**2.** 马二进三　马2进3
3. 车一平二　车9平8　　　**4.** 兵七进一　卒7进1
5. 马八进九　……

跳边马是为了平七炮再开车。也可马八进七，炮2进4，兵五进一，象3进5，车二进六，炮8平9，车二平三，车8进2，马七进六，仍红先。

5. ……　　　　象3进5

飞象会造成右马弱点。应炮8进2，车二进四，象3进5，兵九进一，卒3进1，炮八平七，马3进2，兵七进一，炮8平3，车二进五，马7退8，炮五进四，士4进5，炮五退一，炮3退1，炮七进三，炮3平5，相三进五，车1平3，黑易走。

6. 炮八平七　炮8进2　　　**7.** 车九平八　车1平2
8. 车八进六　……

由于飞象缓着，致使红左车及时过河，黑右翼受攻。

8. ……　　　　炮2平1
9. 车八进三　……

如车八平七，车2进2，车七平九，马3进4，黑子力活跃，有些反击手段。

9. ……　　　　马3退2
10. 车二进一　……

图90，兑车后红势较好，升车准备平八打击黑空虚右翼。

10. ……　　　　炮1进4
11. 车二平八　炮1平7

避免红升车捉炮，又企图弃马抢攻。如车八进八，炮7进3，仕四进五，

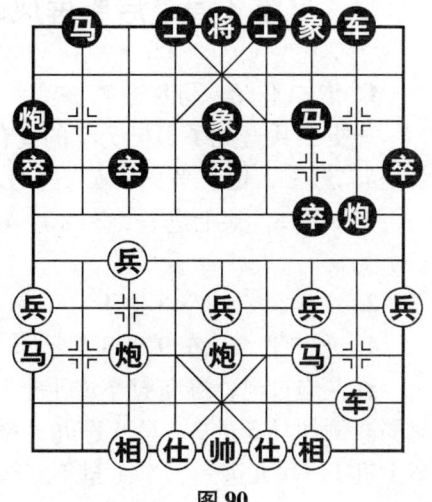

图90

炮7平9，帅五平四，卒7进1，红难应付。

12. 相三进一　马2进3

如马2进4，车八进七，车8进1，炮七进四，车8平6，仕六进五，炮8退3，炮七进三，士4进5，炮七平九，车6进3，炮五平八，伏车八平六吃马，黑难应付。

13. 车八进七　马7进6

黑右马受攻较难处理。如车8进3，车八平七，马7退5，炮七平八，车8平6，炮五平六，炮8退2，炮六进六，伏沉底炮杀。

14. 车八平七　炮8退2　　　　15. 炮七平八　士4进5

16. 炮八进七　炮8平6

如要防止红抽将而将5平4，炮五平六，炮8平7，车七进一，将4进1，炮八退八，士5进6，车七平五，再平重炮杀。

17. 炮八平九　马6退4

伏炮五平八再沉底杀，黑此外无其他挽救办法。

18. 车七进一　马3退4

如士5退4，车七退二，将5进1，车七退一，炮6进1，炮五平八，红得子得势优。

19. 车七退三　马4进3　　　　20. 车七平六

红多子大优。

第2局　后手屏风马左炮封车破五八炮三兵

1. 炮二平五　马8进7　　　　2. 兵三进一　……

先挺三兵避免了黑挺7卒的变化，但也给黑先亮左车提供机会。如车9平8，马二进三，炮8平9，马八进七，马2进3，兵七进一，车1进1，车九进一，卒3进1，兵七进一，车8进4，兵七进一，车8平3，马七进六，车1平4对攻。

2. ……　　卒3进1　　　　3. 马二进三　马2进3

4. 车一平二　车9平8　　　　5. 炮八进四　象7进5

红左炮过河，准备打卒或平七压马。黑补象稳健，如跳外肋马会造成中防薄弱。例如马3进2，马八进九，卒1进1，马三进四，象7进5，车九进一，卒1进1，兵九进一，车1进5，马四进五，马7进5，炮五进四，士6进5，车九平六，车8平6，相三进五，红稍优。

6. 炮八平七　……

如炮八平三，车1平2，马八进七，炮2平1，车二进六，车2进6，炮五平四，双方大体均势。

6. ……　　炮8进4

左炮过河诱红跃马，布下陷阱。此外较流行的着法有炮2进2，马八进七，卒7进1，车九平八，车1平2，兵三进一，炮2平7，车八进九，马3退2，马三进四，炮7平8，车二平一，红无先手。

7. 马三进四　　炮8平3

图91，黑炮打兵兑车妙手，可以取得优势。红跃马盘河等于自投罗网。如炮七退三，车8进9，炮七进四，车8退5，马四进五，马7进5，炮五进四，士6进5，马八进九，车8平5，炮五平一，车5进2，相三进五，车1平2，车九平八，炮2进5，黑优。

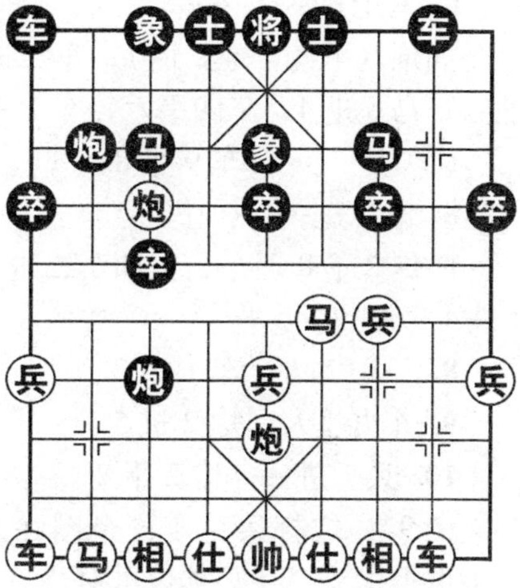

8. 车二进九　　炮3退3

黑吃炮巧着，因有打相抽车，等于同时捉双车。

9. 车二退二　　炮3进6

10. 帅五进一　　……

避免黑连续叫将，以便吃黑左马。如仕六进五，炮3平1，仕五退六，马3进2，黑多子优。

10. ……　　炮3平1　　11. 车二平三　　马3进4

12. 炮五进四　　士4进5　　13. 车三进一　　……

如车三退一，马4进6，车三平一，马6退5，车一平五，黑得子得势。

13. ……　　马4进6　　14. 炮五平一　　象5退7

15. 车三进一　　炮2平9

红无对攻手段，黑多子大优。

第3局　后手屏风马巡河炮破中炮七路马

1. 炮二平五　　马8进7　　2. 马二进三　　卒7进1

3. 车一平二　　炮8进2

炮升河口，防红车过河。此着与后来退右炮相呼应，是本布局的组合着法。如炮五进四，马7进5，炮八平五，马2进3，车二进五，象3进5，车二

图91

119

退一，车9进1，马八进七，车9平4，车九平八，车1平2，兵七进一，炮2进4，红无先手。

4. 马八进七 ……

也可车二进四，马2进3，兵三进一，卒7进1，车二平三，炮8退3，伏平7打车牵制红右马相。

4. …… 马2进3　　　5. 兵七进一　象3进5

6. 马七进六 ……

如炮八平九，炮2退1，车二进四，炮2平8，车二平四，马7进6，马七进六，马6进4，车四平六，车1平2，车六进二，仍红先。

6. …… 车9平8　　　7. 炮八平七　炮2退1

8. 车二进一 ……

防炮2平8逐车，但如车二进四则炮2进4牵制。

8. …… 车1平2

9. 车九平八　炮2进5

10. 兵七进一　炮2平7

图92，炮打兵兑车，企图在交换子力中取得优势，红必须慎重对待。

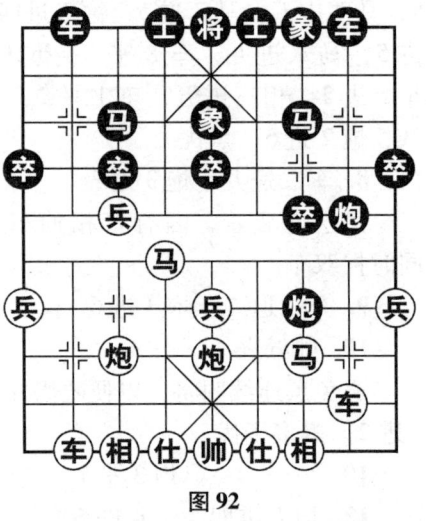

图92

11. 车八进九 ……

兑车随手。可兵七平八，炮7进3，帅五进一，马3退5，马三进四，卒7进1，马四进六，炮8平5，车二进八，马7退8，炮五进三，卒5进1，炮七平五，马5进7，炮五进三，士4进5，仍红先。

11. …… 炮7进3　　　12. 仕四进五 ……

败着。给黑炮打兵叫闷兑车的机会，等于自投罗网。应帅五进一，马3退2，兵七进一，卒7进1，马六进五，炮8平2，车二进八，马7退8对攻，各有顾忌。

12. …… 炮8平3　　　13. 炮七平九　车8进8

黑巧用叫闷手段，似为兑车，实则交换，结果获得沉底炮攻势。

14. 车八退二　炮7平9　　　15. 仕五进四 ……

支仕免被抽将。如帅五平四，卒7进1，炮九进四，卒7进1，仕五进四，车8平7，炮九进三，象5退3，仕六进五，炮3平8，再沉炮杀。

15. …… 卒7进1　　　16. 炮九进四　卒7进1

17. 马六进八　车8平2

防炮3平8叫杀。

18. ……　　　卒7进1

黑得子得势，大优。

第4局　后手屏风马3卒破中炮直车过河

1. 炮二平五　马8进7　　**2.** 马二进三　卒3进1
3. 车一平二　车9平8　　**4.** 车二进六　马2进3
5. 车二平三　……

急躁。下着退炮再平7逐车，红即陷被动。应马八进九，卒7进1，炮八平七，炮2进1，车二退二，象3进5，车九平八，车1平2，兵三进一，仍红先。

5. ……　　　炮8退1　　**6.** 车三平二　……

红车往返移动失先，且放活黑左马。如车三退一，象3进1，炮八进四，炮8平7，车三平七，车1平3，炮五平七，马3退5，车七进四，马5退3，相七进五，马7进6，马八进六，马6进4，炮七平六，炮2平7，黑反先。

6. ……　　　马3进4　　**7.** 兵三进一　……

自造被动的虚着，应马八进九消除左相弱点。

7. ……　　　卒3进1　　**8.** 兵七进一　……

无奈，否则卒吃兵亦反先。如马八进九，卒3进1，炮八平六，象3进5，车九平八，炮2进1，车二进一，炮8平2，车二进二，后炮进8，车二退二，前炮平1，车二平三，卒3进1，炮五平七，车1平3，炮七退一，炮2进4，相三进五，车3进8，车三退一，车3平4，仕四进五，炮2平5，帅五平四，炮5平1得子。

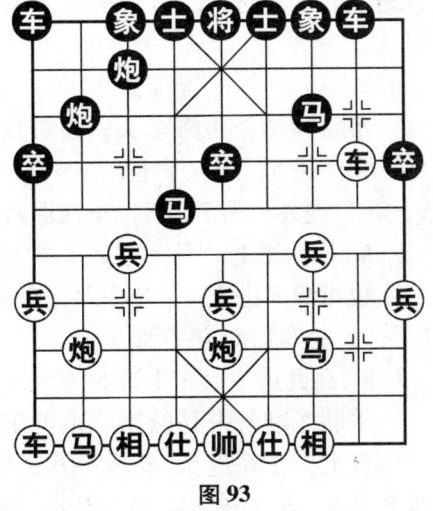

图93

8. ……　　　炮8平3

图93，黑移炮兑车，打开了一条新的棋路，着法奇巧，耐人寻味。

9. 车二进三　炮3进8
10. 帅五进一　……

显然不能仕六进五，炮3平1，马八进七，马7退8，红双车丢掉。

| 10. …… | 炮3平1 | 11. 车二平三 | 象3进5 |
| 12. 车三退一 | 炮2进7 | 13. 车三退一 | 车1平2 |

14. 炮八平六 ……

如炮五进四，士4进5，炮八平四，车2进8，帅五进一，马4进3，帅五平六，车2平4杀。

| 14. …… | 车2进8 | 15. 炮六退一 | 马4进3 |
| 16. 炮五平七 | 炮1退1 | 17. 马三进四 | 炮1平4 |

黑得子得势，大优。

第六节　麻痹大意掉陷阱

第1局　五七炮直横车破屏风马骑河车

| 1. 炮二平五 | 马8进7 | 2. 马二进三 | 卒3进1 |
| 3. 车一平二 | 车9平8 | 4. 马八进九 | 马2进3 |

5. 兵三进一 ……

挺三兵属稳健攻法。也可炮八平七，马3进2，车二进六，象3进5，车九进一，士4进5，车九平六，车1平4，车六进八，将5平4，兵五进一，红优。

5. …… 卒1进1

准备冲卒兑兵露车头，是对攻性着法。至此，如用五八炮攻法可炮八进四，象7进5，炮八平七，车1进3，车九平八，车1平3，车八进七，炮8平9，车二进九，马7退8，车八退六，红略先。

| 6. 炮八平七 | 马3进2 | 7. 车九进一 | 卒1进1 |

也可象3进5，车九平六，车1进3，车二进六，士6进5，兵五进一，炮8平9，兑车后双方平稳。

| 8. 兵九进一 | 车1进5 | 9. 车九平四 | …… |

平肋车准备带马跃出。也可车二进四，象7进5，车九平六，炮2平1，车六进七，士6进5，车六平八，炮8平2，仕四进五，车1平4，炮五平四，炮8平5，车二进五，马7退8，相三进五，双方大体均势。

| 9. …… | 车1平7 | 10. 马三进四 | 象3进5 |

图94,马咬中卒,补象固中防,但麻痹大意飞右象,容易出问题。应飞左象则无破绽。

11. 马四进六　炮8进1

劣着。只防马六进四咬车入卧槽,未注意红车塞象眼,顾此失彼。只能车7平4,马六进四,车4退4,车二进六,车4平6,炮五平三,炮8平9,车二平三,车8进2,黑全力固守,红稍优。

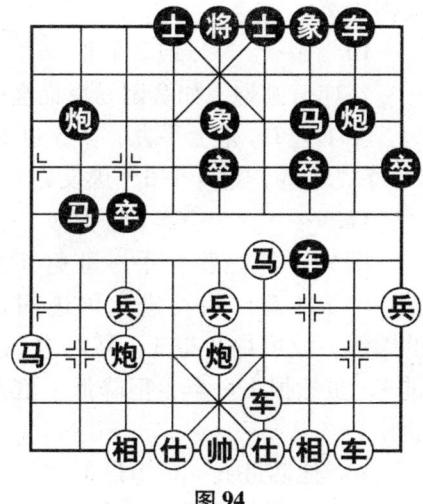

图94

12. 车四进七　象5退3

败着。应车7平4,马六进五,士4进5,马五进七,车4退4,炮五平三,马2退3,兵七进一,马3进4,兵七进一,马4进5,相三进五,马5进7,炮七平三,车4平3,炮三进五,红优。

13. 车四平八　车7平4

如炮8退1,马六进四叫杀得车。

14. 车八退一　车4退1　　15. 车八平三

红多子大优。如象3进5,车二进六,车8进3,炮五进四,士4进5,炮五平二,车4平8,车三退一,红多子胜定。

第2局　五七炮三兵破屏风马左炮封车

1. 炮二平五　马8进7　　2. 马二进三　马2进3
3. 车一平二　车9平8　　4. 兵三进一　卒3进1
5. 炮八平七　马3进2　　6. 马八进九　象3进5

飞右象是传统弈法,意欲补右士开贴身车,但因红起横车占肋而使计划落空。故较新战术是飞左象,再起横车或冲边卒兑兵出骑河车。

7. 车九进一　士4进5　　8. 车九平六　炮8进4

左炮封车可避免车二进六压制。但红已挺三兵,有跃右马暗捉炮的手段。

9. 车六进五　马2进1　　10. 车六平八　……

车伸卒林准备捉双,又继续平车捉炮,欲借机退车逼马,由此展开攻势。

如马1进3,车八进一,车1平4,仕四进五,卒3进1,兵七进一,车4进5,炮五平六,车4平3,相三进五,车3退1,车二平四,车8进1,双方平稳,

123

大体均势。

  10. ……　　　炮 2 平 4　　　11. 炮七平六　……

  红应该逃炮，如贪困马反而会陷入被动。如车八退三，卒 1 进 1，马九退七，卒 1 进 1，炮七平九，卒 3 进 1，车八平九，卒 3 平 2，炮九进二，卒 2 平 1，车九平八，炮 4 平 3，黑反先。

  11. ……　　　卒 1 进 1　　　12. 马三进四　炮 8 进 2

  图 95，黑炮躲一手，避免红冲三兵捉，但未注意以后马进六再进四入卧槽的路线。故可炮 8 退 1，马四进三，炮 8 进 3，虽然损失一卒，但降低了红马的威胁作用。

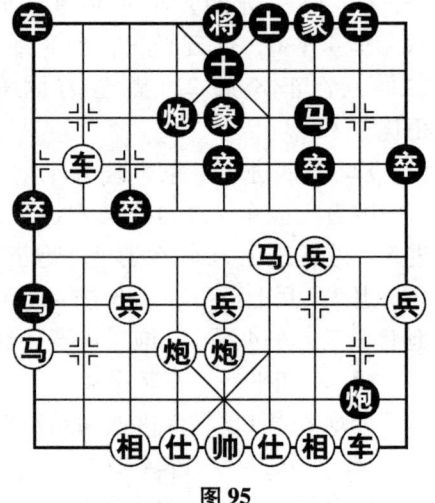

图 95

  13. 仕四进五　卒 1 进 1

  麻痹大意，闲着。应炮 8 退 5 防马，炮六进四，卒 1 进 1，炮六平三，卒 3 进 1 对攻，各有顾忌。

  14. 马四进六　炮 4 进 5

  15. 仕五进六　炮 8 退 5

  如车 8 进 4，马六进四，车 8 平 6，车二进一，车 6 退 1，车二进六，车 6 退 1，车八平五，车 1 进 2，车五平三，象 5 退 3，仕六进五，卒 1 平 2，炮五平三捉死马。

  16. 兵三进一　象 5 进 7

  失算。应车 1 平 4，马六进五，象 7 进 5，兵三进一，车 4 进 7，兵三平二，车 4 进 1，黑有对攻手段。

  17. 车八进一　车 1 平 4

  红进车捉马佳着，黑难应付。如象 7 进 5，马六进五，象 7 退 5，车八平五，马 7 退 9，车五平一，马 9 退 7，车二进六，车 8 进 3，炮五进四抽车，亦红优。

  18. 车八平三　车 4 进 4　　　19. 车二进六　车 8 进 3

  20. 炮五进四

  叫将抽车，红多子大优。

第3局 挺兵伸炮破单提马

1. 兵七进一　马8进7　　　　**2.** 马八进七　马2进1
3. 马二进一　炮2平4

单提马布局应挺兵，局势平淡，但平士角炮露出破绽。可车1进1，相七进五，象7进5，阵型协调。

4. 炮八进五　象7进5

伸炮佳着，既封压黑右翼车马，又牵制黑角炮，这是攻击单提马阵式的惯用手段。

5. 马七进六　车1平2

如起横车移左，感到右翼薄弱，现开直车则被红炮封。

6. 车九平八　士6进5　　　　**7.** 马六进七　……

马踏卒暗伏攻势。如炮二平五，车9平6，车一平二，炮8平9，马六进五，车6进3，马五退六，卒7进1，红从中路进攻无便宜。

7. ……　　　车9平6

图96，黑未察觉红左翼攻击计划，随手开贴身车而陷入被动。应炮4平3顶马，尚不吃亏。

8. 马七进六　车2平1

如车2进1，炮二平七，炮4平3，炮七进五，车2平4，炮七平三得子。

9. 炮二平七　车6进6

不能炮8退1捉马，炮八平五，士5进6，马六进四得车。

10. 车一平二　炮8平9
11. 车二进七　马7退6

劣着。应炮9退1，车二进一，仍属红优，黑可多支撑几步。

12. 车二进二　象5进7

红炮要打中象攻杀。如车6退4，兵七进一，炮9平7，兵七进一，炮7退2，兵七平六，炮4平3，兵六进一，炮3进2，炮八平五，车6平5，兵六平五，红得子大优。

13. 炮八平一　……

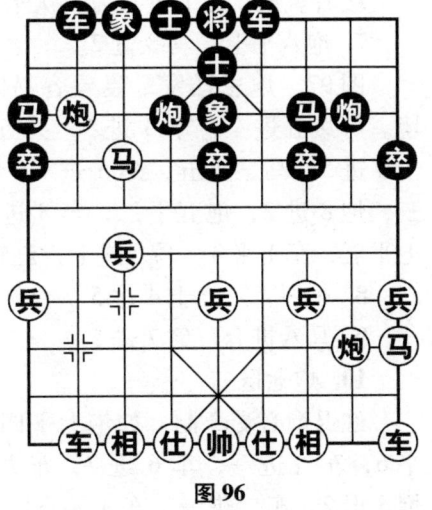

图96

如炮八进二，车6平5，相七进五，车5平3，红无便宜。

13. ……　　　　象7退9　　　14. 马六退八　车1平2
15. 炮七进七　车2平3　　　　16. 马八进七　马1进3
17. 马七退六　士5进4　　　　18. 兵一进一

红多子大优。

第4局　后手屏风马3卒破中炮巡河车

1. 炮二平五　马8进7　　　　2. 马二进三　卒3进1
3. 车一平二　车9平8　　　　4. 车二进四　马2进3
5. 兵七进一　……

升巡河车就是为了挺兵兑卒。如马八进九，象3进5，兵七进一，士4进5，兵七进一，象5进3，炮八平七，马3进2，兵九进一，炮8平9，车二平四，象3退5，马九进八，车8进4，黑可抗衡。

5. ……　　　卒3进1　　　　6. 车二平七　卒7进1

缓着。炮2退1较有力，伏平3打车轰相抽将。

7. 炮八平七　马3进2　　　　8. 炮七进七　……

图97，炮忌轻发，轰象容易陷入困境。可兵五进一，象3进5，兵五进一，士4进5，马三进五，卒5进1，炮五进三，炮8进2，炮五平二，车8进4，炮七平五，车1平4，马八进七，红略先。

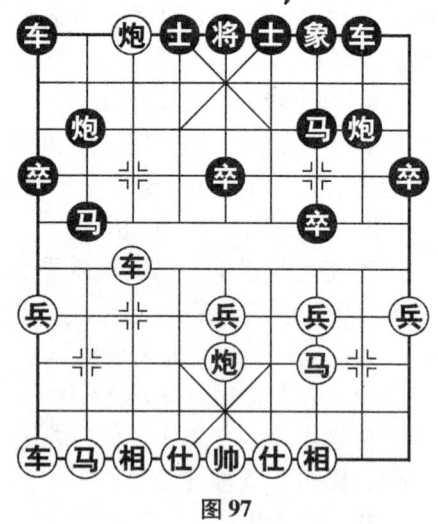

图97

8. ……　　　　士4进5
9. 马八进七　象7进5
10. 炮七退三　……

红退炮必受牵制。如炮七平四，车8平6，车九进一，车6进7，车九平二，炮8退2，车二进一，车1平3，车七进五，炮8平3，仕六进五，车6退2，兵五进一，马2进3，马三进五，马3进5，相七进五，车6平5，黑多子优。

10. ……　　　　车1平3　　　　11. 相七进九　……

飞边相使巡河车生根。如车九进一，炮8进1，炮七进二，马2退4，车七进二，车3进1，车七进二，马4退3，黑得子优。

11. ……　　　炮 8 进 3　　　12. 炮七平八　　……

抓紧兑车，否则卒 7 进 1 渡河，红要丢子。

12. ……　　　车 3 进 5　　　13. 相九进七　　卒 5 进 1

14. 车九进一　　……

面临黑升车捉死炮的威胁。如炮八平四，车 8 进 3，炮四退四，车 8 平 3，相七退九，车 3 进 3，车九平七，炮 2 平 3，黑优。

14. ……　　　车 8 进 3　　　15. 车九平二　　炮 8 退 1
16. 炮八平三　　车 8 平 7　　　17. 车二进四　　车 7 平 4
18. 车二退一　　车 4 进 4　　　19. 马七退九　　马 2 进 3
20. 马九退七　　……

如仕六进五，车 4 进 1，马九退七，车 4 平 3，相七退九，马 3 进 1 捉死马。

20. ……　　　炮 2 进 7

黑大优。仕四进五，车 4 平 3，炮五进三，车 3 进 2，仕五退四，马 3 进 2，黑得子得势。

第 5 局　后手屏风马两头蛇破中炮盘头马

1. 炮二平五　　马 8 进 7　　　2. 马二进三　　马 2 进 3
3. 车一平二　　车 9 平 8　　　4. 车二进六　　卒 3 进 1

挺 3 卒可跃出右马反击。如炮 8 平 9，车二进三，马 7 退 8，兵七进一，卒 7 进 1，马八进七，炮 2 进 4，马七进八，炮 2 平 7，相三进一，象 3 进 5，车九进一，士 4 进 5，车九平六，双方平稳。

5. 马八进七　　象 3 进 5　　　6. 兵五进一　　炮 2 进 1

高右炮是应付中炮盘头马的重要手段。如士 4 进 5，车二平三，马 3 进 4，兵五进一，卒 5 进 1，炮八进三，车 1 平 4，炮八平六，车 4 进 4，车九平八，炮 2 平 4，马七进五，卒 5 进 1，马五进三，红有攻势。

7. 马七进五　　卒 7 进 1　　　8. 车二退二　　炮 8 进 2

黑升炮监视河界，是抗衡中炮冲中兵攻势的有效应法。双卒挺起成两头蛇阵，使双马活跃随时待命出击。

9. 兵三进一　　……

图 98，急于挺三兵邀兑，欲拆掉黑炮架，却被黑下着伸骑河炮牵制，是麻痹大意造成之失着。应车九进一，士 4 进 5，车九平六，马 3 进 4，兵五进一，马 4 进 5，马三进五，炮 8 平 5，车二进五，马 7 退 8，车六进五，炮 5 进

3，相三进五，炮2进3，兵七进一，车1平3，车六平五，仍红先。

9. ……　　　炮2进2

骑河炮巧着，牵制红河界子力不能渡河，使红攻势受阻。

10. 兵七进一　　卒7进1
11. 车二平三　　炮8平7
12. 炮八平七　　马7进6

红虽然实现了兑兵计划，但黑炮仍起牵制作用，中兵七兵皆不能挺进，盘头马难以施展，子力受制。如车三平四，炮7进5，仕四进五，马6进4，马三进二，马4进5，相七进五，马3进4，车四退一，炮2进1，车四进二，马4进5得子。

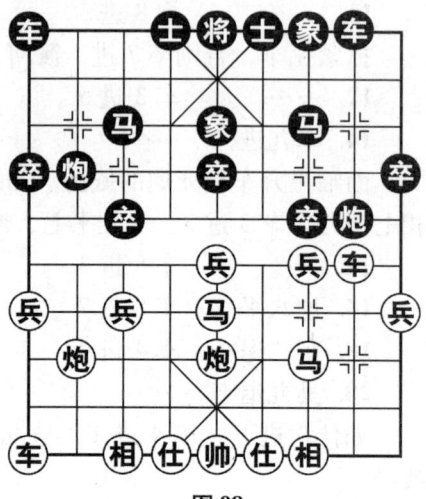

图 98

13. 车九平八　　车1平2　　14. 仕四进五　　……

补仕固防。如马三进四，车8进6，车三进一，车8平5，车三平四，炮2平5，车八进九，车5进1，仕四进五，车5平3，帅五平四，马3退2，黑得子优。

14. ……　　　马3进4　　15. 车八进三　　车8进6
16. 炮七平八　　……

如炮七进一，马4进3，车八平七，炮7进3，车三退二，车8平5，车七平五，马6进5，车三进一，马5退3，炮五进四，士4进5，相三进五，炮2平5，车三进一，马3进4，帅五平四，车2进3，黑多子大优。

16. ……　　　卒3进1　　17. 炮八进二　　卒3平2
18. 车八平六　　马4进5　　19. 马三进五　　……

如车三平四，马5进7，车六平二，马7退6得子。

19. ……　　　马6进5

黑得子优。

第6局　后手屏风马7卒破五九炮打中卒

1. 炮二平五　　马8进7　　2. 马二进三　　卒7进1
3. 车一平二　　车9平8　　4. 车二进六　　马2进3
5. 兵七进一　　……

· 128 ·

上篇　设计陷阱

如急攻也可兵五进一，炮 8 退 1，马八进七，炮 8 平 5，车二平三，车 8 进 2，车九进一，卒 3 进 1，车九平六，仍红先。

5. ……　　　炮 8 平 9　　　　**6.** 车二平三　炮 9 退 1
7. 马八进七　……

另一种急攻着法是兵五进一，炮 9 平 7，车三平四，士 4 进 5，兵五进一，象 3 进 5，马三进五，卒 5 进 1，炮五进三，车 1 平 4，炮八平四，车 4 进 6，马八进七，仍红先。

7. ……　　　炮 9 平 7　　　　**8.** 车三平四　士 4 进 5
9. 炮八平九　……

红演成五九炮阵式。此外还有跃马盘河攻法，即马七进六，象 3 进 5，炮八平六，车 8 进 5，车九平八，车 1 平 2，兵三进一，车 8 平 7，马三进四，炮 2 进 3，相三进一，车 7 平 8，炮五平三，马 7 进 8，炮三进六，卒 7 进 1，车四平二，马 8 进 6，马六进四，车 8 退 2，马四进二，伏退右炮打马再跳卧槽马的攻势。

9. ……　　　马 7 进 8

跳外肋马伏卒 7 进 1 反击，红不能车四平三拦炮，因黑有马 8 退 7 打车再吃兵的便宜。

10. 车九平八　车 1 平 2　　　**11.** 炮五进四　……

炮打卒导致兑马，红车可继续扫卒，但黑子力活跃展开反击，红掌握不好容易失先。另一路抢攻着法是车八进六，卒 7 进 1，车四退一，象 3 进 5，马三退五，卒 7 进 1，炮九进四，马 8 进 9，马七进六，车 8 进 8，炮五平六，炮 7 进 1，炮六进一，仍红先。

11. ……　　　马 3 进 5

只能兑子。如象 3 进 5，炮五退二，卒 7 进 1，车四平七，卒 7 进 1，车七进一，炮 7 进 1，车七退一，卒 7 进 1，车七平三，红控制局面。

12. 车四平五　炮 7 进 5

飞炮取兵瞄相是最稳健的反击手段。如卒 7 进 1，兵三进一，马 8 进 6，马三进四，炮 7 进 8，仕四进五，炮 7 平 9，车八进四，车 8 进 9，仕五退四，象 3 进 5，炮九平八，对攻中红优。

13. 相三进五　卒 7 进 1　　　**14.** 马七进六　……

防马 8 进 6 咬双。如弃子抢先也可车八进四，马 8 进 6，车五退二，马 6 进 7，车五平三，炮 2 平 8，车三退一，炮 8 进 7，仕四进五，马 7 进 9，车三退二，马 9 退 8，车三进二，车 2 进 5，马七进八，炮 8 平 9，炮九退一，对攻中各有顾忌。

14. ……   马 8 进 6

15. 车五平七   ……

图 99，车随手扫卒造成后患，等于自投罗网。应车五退二，炮 2 进 6，马六进七，车 8 进 2，炮九平六，车 2 进 6，伏炮 2 平 9，车八进三，炮 9 进 1，仕四进五，炮 7 平 8，帅五平四，炮 8 平 2 的攻势，亦黑易走。

15. ……   炮 2 进 5

16. 相五进三   ……

如马六退四，马 6 进 4，车七平六，马 4 进 3，车六退五，车 8 进 8，仕六进五，马 3 退 1，相七进九，卒 7 平 6 捉死马。

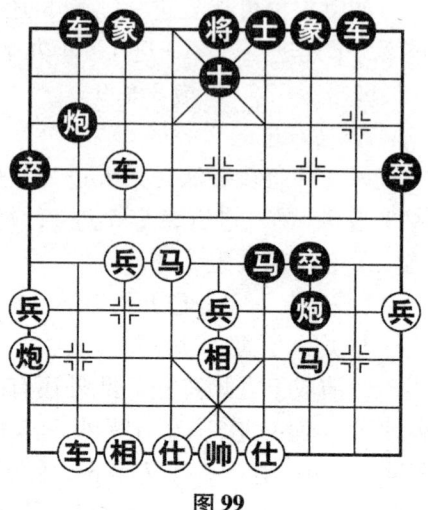

图 99

16. ……   马 6 进 4   17. 车八进一   ……

防卧槽马叫将再进车杀。如仕六进五，炮 2 平 5，黑抽车得子。

17. ……   炮 2 平 3

平炮欺车兼打车妙手，红必丢子。

18. 车八平六   炮 3 退 4   19. 马六进七   车 2 进 7

黑得子得势，大优。

第七节　将计就计布罗网

第 1 局　五七炮直横车破屏风马高右炮

1. 炮二平五   马 8 进 7   2. 马二进三   卒 3 进 1
3. 车一平二   车 9 平 8   4. 车二进六   炮 2 进 1

黑高右炮嫌早，因红尚未形成冲中兵盘头马阵式，反而暴露了黑方战术意图，应马 2 进 3，静观其变。

5. 马八进九   马 2 进 3   6. 炮八平七   马 3 进 2

跳外肋马封车是必要的。如象 3 进 5，车九平八，车 1 平 2，兵七进一，炮 2 平 3，车八进九，马 3 退 2，马三退五，炮 8 平 9，车二进三，马 7 退 8，炮五进四，士4进5，兵七进一，炮3进4，马五进七，红优。

7. 车九进一　象3进5

预计到红横车占肋后，有伸卒林拦炮的手段。如卒7进1，车二退二，象3进5，兵三进一，士4进5，车九平六，炮8进2，兵三进一，象5进7，马三进四，象7退5，马四进五，马7进5，炮五进四，炮8平5，车二平五，炮5平7，车六进四，仍红先。

8. 车九平六　士4进5　　9. 兵五进一　卒7进1

红欲冲中兵过河送吃，以打通卒林线，发挥过河车的作用。黑挺卒企图赶退红车，再升巡河炮防守，但不如车1平2保炮为妥。

10. 车六进五　车1平2

图100，诱车二平三捉死马，卒3进1，车六平七，马2进4，炮七平八，马4退3，炮八进七，马3退4，车三进一，马4退2，炮五进四，马2进3，炮五退一，马3进5，车三进一，炮8平7，车三平四，炮7平6，车四平三，车8进5，黑优。

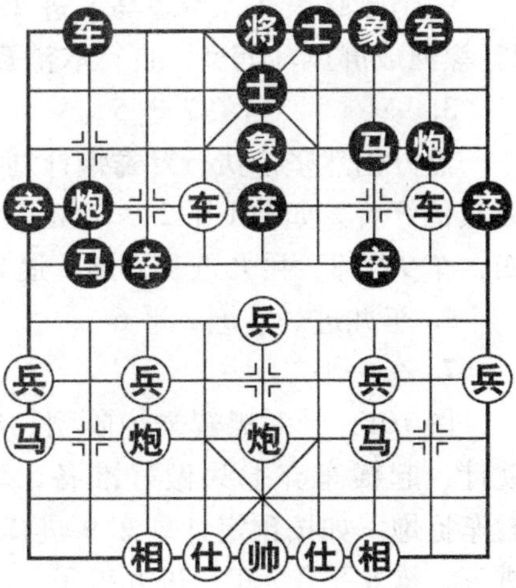

11. 炮七进三　……

明知黑设计圈套，红上着仍然伸肋车捉炮，将计就计，就是因为有炮打卒，破坏黑3卒渡河反击计划。至此，虽然红左车炮受到牵制，但黑右车炮同样受到牵制，互缠之下仍属红方易走。

图100

11. ……　　　卒7进1

弃卒伏跳盘河马咬双车。如炮8平9，车二平三，车8进2，兵五进一，炮9退1，马三进五，炮9平7，车三平四，马7进8，兵五进一，卒7进1，车四退一，卒7进1，马五进三，仍红优。

12. 兵五进一　卒7进1　　13. 马三进五　炮8平9
14. 车二平三　车8进2　　15. 马五进四　卒7平6

如卒7进1，炮五进一，以下攻法雷同。

16. 炮五平三　马7退8　　17. 兵五进一　车8平6
18. 兵五进一　象7进5　　19. 车六平八　车2进3
20. 车三平八

红得子大优。如车6进2，炮三进七，象5退7，车八进三杀。

第2局　五七炮直横车破鸳鸯炮3卒

1. 炮二平五　马2进3　2. 马二进三　卒3进1

挺3卒准备采取鸳鸯炮布局。如车一平二，车9进2，马八进九，炮2退1，车二进四，卒7进1，车九进一，象7进5，车九平四，炮2平8，车二平八，后炮平6，兵五进一，炮8平6，车四平二，马8进7，车二进七，车1进1，黑子力活跃。

3. 炮八平七　……

平炮暗瞄黑马，希望马8进7，车一平二，车9平8，马八进九，马3进2，黑演成屏风马阵型，自行取消鸳鸯炮计划。

3. ……　象7进5　4. 马八进九　炮2退1

黑方仍然坚持执行鸳鸯炮计划。因红右车未开，黑退炮缺乏针对性，但亦无其他好着。如车1平2，车九平八，炮2进4，车一平二，马8进6，车二进四，车9平8，兵九进一，炮2退2，兵七进一，红先手扩大。

5. 车九进一　炮2平6　6. 兵七进一　卒3进1

7. 车一平二　……

图101，针对黑鸳鸯炮阵型，红将计就计，起横车弃七兵做好准备，然后开右车捉炮。如按预定计划车9进2，炮七进五，炮8平3，车二进九得子。

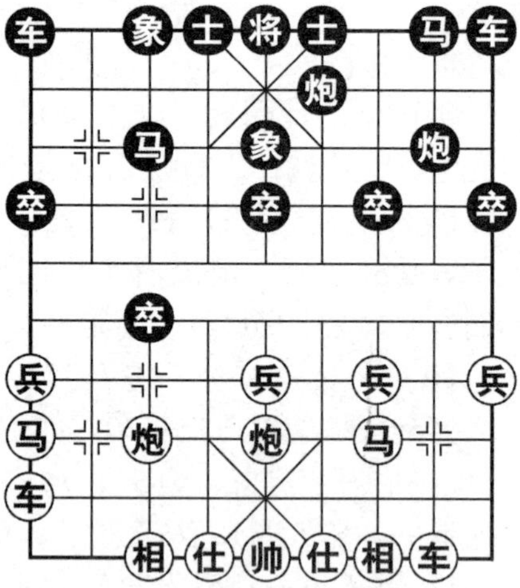

7. ……　炮8平6

8. 车二进八　后炮平1

9. 车九平二　士4进5

如马8进6，车二平四，士6进5，车四退一，士5进6，炮七进五，士6退5，车二进三，红得子优。

10. 前车进一　车9平8

11. 车二进八　炮1平3

如卒3进1，马九进七，炮1平3，炮七进五，炮6平3，马七进六，后炮进8，仕六进五，后炮进6，车二退五，前炮平1，帅五平六，车1平2，车二平八，红多子优。

12. 车二退五　卒3进1　13. 马九进七　炮3进5

14. 炮七进五　炮6平3　15. 车二平七　前炮平7

图101

16. 车七进三

红多子大优。

第3局 单提马横车破中炮盘河马

1. 马八进九 炮8平5

左中炮与右中炮的变化不同。如炮2平5，马二进三，马2进3，车九进一，车1平2，形成比较熟悉的中炮与单提马的对抗阵型。

2. 马二进三 马8进7　　　**3.** 车一平二 车9平8

4. 炮二进四 ……

红先开车，故得伸炮封黑车之利。

4. ……　　卒7进1　　**5.** 车九进一 马7进6

跃马盘河咬中兵，兼伏冲7卒捉炮。但红起横车时已埋下伏兵，等待黑马跃出。故此着急躁，宜马2进3，车九平四，炮2平1，车四进五，车1平2，炮八平五，士4进5，黑可抗衡。

6. 车九平四 马6进5　　**7.** 马三进五 炮5进4

8. 车四进五 马2进3　　**9.** 炮八平二 ……

图102，炮取中兵，红将计就计平车捉马，结果黑孤炮空头并无威力，红双车双炮集结右翼却有强大攻势。

9. ……　　车8平9

10. 后炮平四 车9平8

防红炮沉底。如士4进5，炮二进三，车9进2，炮四进七，车9平6，炮四退一，士5退6，车四进一，炮2平6，车二进七，炮6平5，车二平三，对攻中红易走。

11. 帅五进一 卒3进1

升帅减轻压力，并有移肋助攻作用。黑挺卒伏高右炮打串，虚着。应车8进2，待炮四平二打车时即可车8平6兑车。

12. 炮四平二 车8平9　　**13.** 帅五平四 士4进5

只能补士。如象7进5，前炮平五，马3进5，炮二进七，车9平8，车二进九，士4进5，车四平五得子。

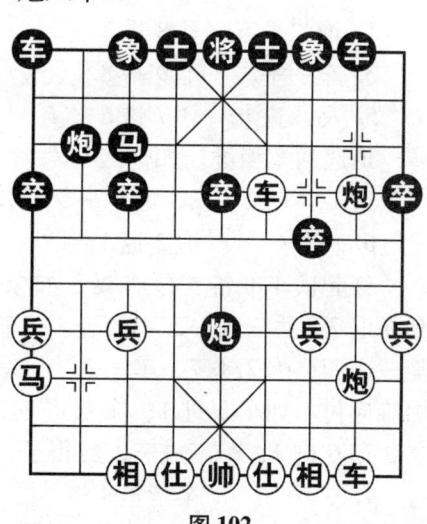

图 102

14. 后炮平五　车9进2

准备平角车邀兑减轻压力。如象3进5，炮二平五，马3进5，车四平五，炮5平6，车五平四，炮6平5，车二进四，炮2退2，车二平五，炮5平9，车四进二，黑难应付。

15. 车二进四　车9平6　　　**16.** 炮二平五　马3进5

如将5平4，车二平六，车6平4，后炮平六打死车。

17. 车四进一　士5进6　　　**18.** 车二平五　士6退5

劣着丢子。但将5平4，车五退一，马5进6，车五平四，马6退8，车四进四，炮2平5，车四进二，将4进1，车四退一，将4退1，车四退三，亦红优。

19. 车五进二　象3进5

如炮2进4，兵七进一，黑逃中炮则车五平九抽车。

20. 车五退三

红多子大优。

第4局　中炮边马直横车破屏风马盘河马

1. 炮二平五　马8进7　　　**2.** 马二进三　卒7进1
3. 车一平二　车9平8　　　**4.** 车二进六　马2进3
5. 马八进九　马7进6　　　**6.** 车二退二　……

退巡河车稳健。如炮八平六，车1平2，车九平八，炮2进4，车二退二，卒7进1，车二平三，炮8平5，车三平四，车8进4，红难掌握先手。

6. ……　　　炮2退1　　　**7.** 车九进一　……

红起横车准备支援右翼。如象3进5，车二平四，炮8进2，车九平二，马6退7，兵三进一，卒7进1，车四平三，炮8平7，车二进八，马7退8，马三进四，炮2平7，车三平二，马8进7，马四进六，车1平3，马六进四，黑难应付。如车3进1，车二进三，马7进6，车二平三，车3平6，车三退二，车6进2，车三进三，红得子。

7. ……　　　卒7进1　　　**8.** 车二平三　……

图103，黑弃卒准备平7炮威胁三路马。红不车二进一捉马，而将计就计吃卒，自有进攻之法。

8. ……　　　炮8平7　　　**9.** 车三进一　……

伏炮2平7打车攻马，红先进车捉马，必造成兑子局面。

9. ……　　　炮2平7　　　**10.** 车三平四　前炮进5

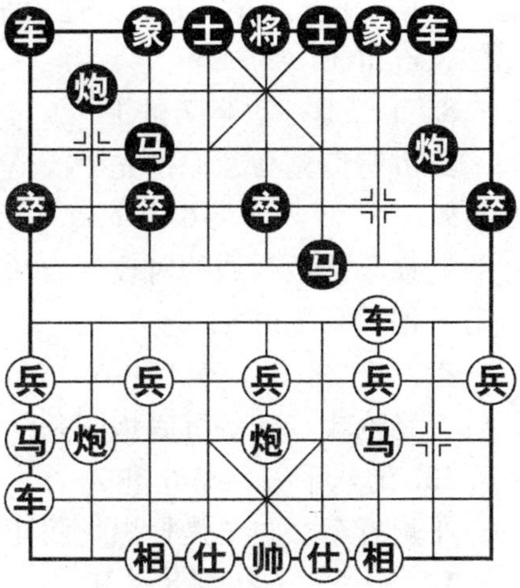

11. 炮八平三　炮 7 进 6
12. 车九平六　……

兑子后黑马炮失去联络，红双车控制要道，准备进肋车捉马。如士 4 进 5，车六进五，象 3 进 5，车六平七，车 1 平 3，兵七进一，炮 7 平 1，相七进九，车 8 进 6，车四退二，红多兵并控制局面。

12. ……　　　车 8 进 2
13. 兵七进一　车 1 平 2

如炮 7 平 1，相七进九，车 1 平 2，兵五进一，士 4 进 5，车六进七，红有攻势。

14. 马九进七　炮 7 平 8
15. 马七进五　士 4 进 5

防马五进三咬车再进四挂角叫将。

16. 车六平二　车 2 进 1

如象 3 进 5，马五进四，车 8 退 1，车二进一，车 8 6，马四进三，将 5 平 4，车四平六杀。

17. 马五进四　车 8 平 6

如车 8 退 1，炮五平三，士 5 进 6，马四退二，炮 8 平 9，炮三平二，车 8 平 6，车二平一捉死炮。

18. 车二进一

红得子大优。

第 5 局　后手屏风马左马盘河破中炮高左炮

1. 炮二平五　马 8 进 7　　2. 马二进三　卒 7 进 1
3. 车一平二　车 9 平 8　　4. 车二进六　马 2 进 3
5. 兵七进一　马 7 进 6

除左马盘河外，另有右横车应法。如车 1 进 1，马八进七，车 1 平 4，车二平三，炮 8 退 1，炮八平九，车 4 进 1，兵五进一，炮 8 平 7，车三平四，车 4 平 6，兵五进一，车 6 进 1，兵五平四，士 6 进 5，兵四进一，炮 2 进 2，车九平八，炮 2 平 5，马三进五，伏车八进七捉马，黑难走。

6. 马八进七　象 3 进 5　　7. 炮八进一　卒 7 进 1

红准备平肋车捉马，黑必须冲卒展开对攻。如士 4 进 5，车二平四，马 6

图 103

进 7，炮八平三，卒 7 进 1，炮三平二，炮 8 平 7，马三退一，卒 7 进 1，炮五平二，红得子。

8. 车二退一　卒 7 进 1　　9. 马三退五　……

红方避免兑马，保持先手。

9. ……　　马 6 退 7　　10. 车二进一　车 1 进 1

起横车是最激烈的对攻性着法。如稳健可炮 8 平 9，车二平三，车 8 进 2，炮五平四，马 7 退 8，炮八平三，仍红先。

11. 车二平三　车 1 平 6

弃马抢攻，准备沉底炮叫杀。

12. 炮八平三　车 6 进 7　　13. 炮五平二　……

平炮打车，主要是拦黑炮防止沉底。

13. ……　　炮 8 平 9　　14. 炮二平六　……

移角炮准备退一步赶走黑车，并加紧对黑左马的威胁，但放开 8 路车通路失策，由此不知不觉陷入困境。应炮二进四封车，红仍保持先手。

14. ……　　马 3 退 5　　15. 炮六退一　……

如车九平八，炮 9 进 4，炮六平一，车 8 进 9，马五进六，炮 2 平 4，黑有许多反击手段。

15. ……　　车 6 退 1　　16. 炮六进六　车 8 进 8

图 104，红全力攻击黑马，黑将计就计弃马伸车对攻。此时伏炮三进四，车 8 平 6，炮三平四打车，但黑自有妙策应付。

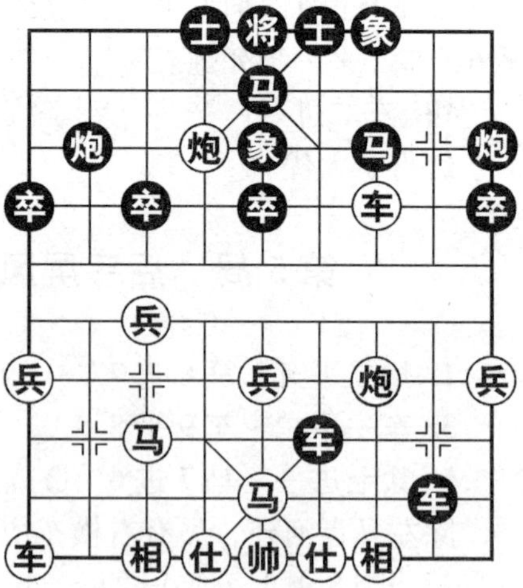

17. 炮三进四　……

如车九平八，炮 9 进 4，炮三进四，炮 9 进 3，马五进三，马 5 进 7，车八进七，车 8 平 7，仕六进五，车 7 进 1，仕五进四，车 7 退 2，帅五进一，车 7 退 4，黑优。

17. ……　　马 5 进 7

18. 马五进三　马 7 退 8

巧着。如车 6 平 3，炮六平三，炮 2 平 7，车三进一，车 8 平 7，相七进五，黑稍优易和。

19. 炮六平一　……

如车九平八，炮 9 平 4，车八进七，炮 4 进 1，车三平五，车 6 平 7，车五

图 104

平六，车 7 平 3，黑亦得子。

19. …… 马 8 进 9 **20.** 车三退二 车 6 平 3

黑多子大优。

第 6 局　后手跳马横车破中炮七路马

1. 炮二平五　马 2 进 3　　**2.** 马二进三　车 1 进 1

起右横车是一种冷门布局走法。通常马 8 进 7 成屏风马，或炮 8 平 6 再马 8 进 7 成反宫马，或马 8 进 9 成单提马等布局。

3. 车一平二　炮 8 平 7　　**4.** 兵七进一　象 7 进 5

5. 马八进七　车 1 平 6

黑跳马横车布局的战术特点是集结主力于左翼伺机反击，故必然飞左象，平车左肋。

6. 马七进六　士 6 进 5　　**7.** 车九进一　……

未提防黑补士固防后有进车捉马的抢先手段。可炮五平七，炮 2 进 3，马六进七，炮 2 进 1，相七进五，车 6 进 3，仕六进五，仍红略先。

7. ……　　车 6 进 4　　**8.** 炮八进二　……

如车九平六，炮 2 进 3，马六进七，车 6 平 3，马七退八，车 3 平 2，炮八平七，马 8 进 6，黑可抗衡。

8. ……　　卒 3 进 1　　**9.** 车九平二　……

如车九平七，卒 3 进 1，车七进三，马 3 进 2，炮五平六，炮 2 进 3，车七平八，马 2 进 4，兵三进一，车 6 平 7，相三进五，马 4 进 6，黑得子。

9. ……　　马 8 进 6

10. 前车进三　……

如马六进五，车 6 平 3，马五进三，车 3 平 2，前车进七，炮 2 退 1，红无便宜。

10. ……　　车 6 平 8

11. 车二进四　卒 3 进 1

图 105，红主动弃兵，准备接着弃炮，跳马六进四再进六吃回一子。黑将计就计，渡卒吃兵捉双。

12. 马六进四　卒 3 平 2

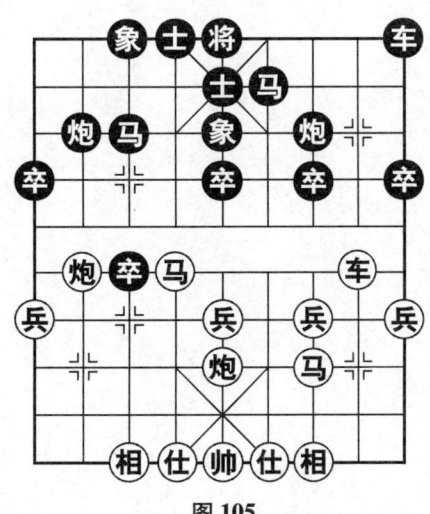

图 105

13. 马四进六　炮2进2

佳着，逃炮兼顾防守。如马六进七，将5平6，炮五平四，炮7平6，车二进四，炮2平6，红无续攻手段，黑得子优。

14. 兵五进一　炮2平3　　　**15.** 车二进四　车9平6
16. 兵三进一　卒7进1　　　**17.** 马三进五　炮7进1

黑多子大优。

下篇　实战秘诀

在棋战中，对方不会按照你设计的陷阱行棋，这就需要深刻理解陷阱的实质，见机行棋，灵活变通。

本篇以大量名手对局为素材，分门别类，选择其中精彩之局为典型，全部采用红胜局例加以详细评解，指出破阵取胜秘诀。由于取材来自象棋大师精心研究的阵法，并在实战中经受考验，因而具有很高的实用价值。

下篇・突破極限

第1局　五六炮直横车破屏风马左马盘河

郑兴年胜丁继先

1. 炮二平五　马8进7
2. 马二进三　车9平8
3. 车一平二　卒7进1
4. 车二进六　马2进3
5. 马八进九　马7进6
6. 车九进一　象3进5
7. 炮八平六　……

平仕角炮是新变着。20世纪50年代流行此布局,如车九平四,炮8平6,车二进三,炮6进6,车二退八,炮6退2,车二平四,马6进4,红无先手。

7. ……　　　　　士4进5
8. 车九平四　炮8平6
9. 车二进三　炮6进6
10. 车二退八　炮6退2
11. 车二平八　车1平2
12. 车八进三　炮2进2

图106,以上一系列着法,红通过兑车运车,设计布局陷阱,准备平肋车捉双。黑提巡河炮导致丢子。如炮6进2,车八平四,炮6平1,车四进一,炮2进7,尚有对攻机会。

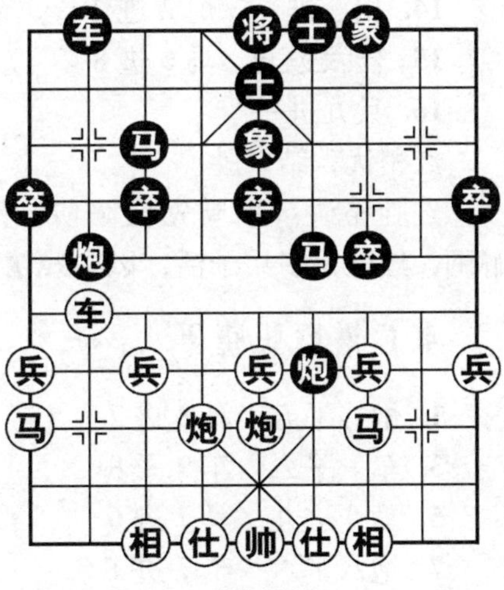

13. 车八平四　卒7进1
14. 车四进一　卒7进1
15. 炮六平七　……

防炮2平3打相。

15. ……　　　　　炮2进3
16. 车四退一　炮6平3
17. 马三退五

红得子优,结果胜。

图106

红胜秘诀:第11回合运车左翼捉炮,再升车巡河为谋子创造条件。

刘星胜蔡忠诚

1. 炮二平五　马8进7
2. 马二进三　车9平8
3. 车一平二　马2进3
4. 马八进九　卒7进1
5. 车二进六　马7进6
6. 车九进一　……

如车二退二,炮2退1,车九进一,象3进5,车二平四,炮8进2,车九平二，马6退7，车二平六，仍属红先。

6. ……　　　象3进5　　　7. 炮八平六　士4进5
8. 车九平四　炮8平6　　　9. 车二进三　炮6进6
10. 车二退八　炮6退2　　11. 车二平八　……

平车左翼捉炮，正着。如车二进三，车1平4，车二平四，车4进7，车四进一，炮2进6，车四退二，车4平1，车四退二，车1平2，红无便宜。

11. ……　　　车1平2
12. 车八进三　卒7进1

图107，送卒是对上局的改进，好棋，可避免丢子。

13. 兵三进一　……

如车八平三，车2平4，仕四进五，车4进5，兑车后黑可抗衡。

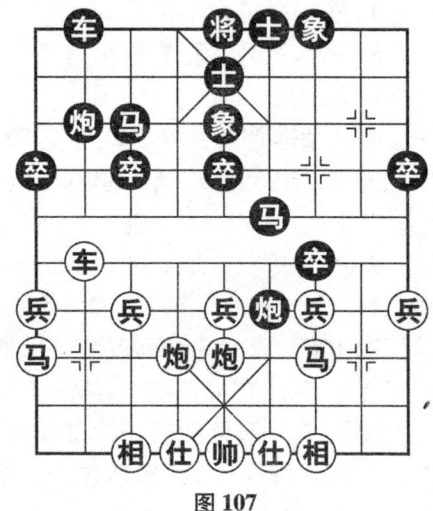

图107

13. ……　　　炮6平7
14. 相三进一　炮2进2
15. 仕六进五　马6进8
16. 兵九进一

红稍优，结果胜。

红胜秘诀：布局先设陷阱，黑送卒解围，红取得多兵子活，以中残功夫获胜。

张广增胜张晓平

1. 炮二平五　马8进7　　　2. 马二进三　卒7进1
3. 车一平二　车9平8　　　4. 车二进六　马2进3
5. 马八进九　马7进6　　　6. 车九进一　象3进5
7. 炮八平六　卒7进1

为了避免红平肋车捉马所造成的兑车局面，抓紧冲卒展开对攻，是对前两局的改进。

8. 车二平四　马6进7　　　9. 炮五平四　……

红卸炮避兑，顺便攻士。

9. ……　　　士4进5　　10. 车九平八　车1平4
11. 仕六进五　炮2退2　　12. 车八进三　……

图108，升车捉卒，准备困死黑马，由此扩大先手。

12. ……　　　炮8进6　　13. 车八平三　炮8平7

14. 车三平八　卒3进1
15. 车八进三　……

黑为了保住过河马，左炮离岗使右马失根。红车忽右忽左，抓住黑方弱马进行攻击。

15. ……　　　车4进2
16. 炮六退二　炮2平4
17. 炮六进九　……

兑炮正着。如炮四平六误以为打死车，马3进4兑车，红无便宜。

17. ……　　　马3退4
18. 车八平六　士5进4
19. 炮四平六　马4进3
20. 车四平五　马3进4

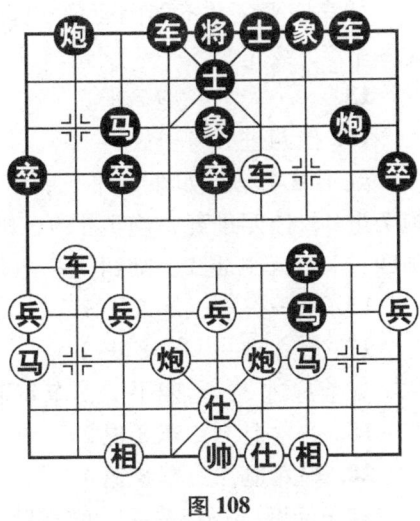

图108

21. 车五退一　马4退3

红略优，结果胜。

红胜秘诀：第9回合卸炮避兑，然后运车困马，扩大了先手，使黑左右受攻，应接不暇，红以多兵进入中残局而获胜。

刘星胜胡荣华

1. 炮二平五　马8进7
2. 马二进三　车9平8
3. 车一平二　马2进3
4. 马八进九　卒7进1
5. 车二进六　马7进6
6. 车九进一　象3进5
7. 炮八平六　卒7进1
8. 车二平四　马6进7
9. 炮五平四　士4进5
10. 车九平八　车1平2

黑开车保炮，避免了右马暴露的弱点，与上局开贴身车相比，是一步改进。

11. 车八进三　卒7平6

图109，送卒为逃马做准备，并诱红车八平四吃卒，马7退8咬双。

12. 车四退二　炮2进2
13. 车四退一　……

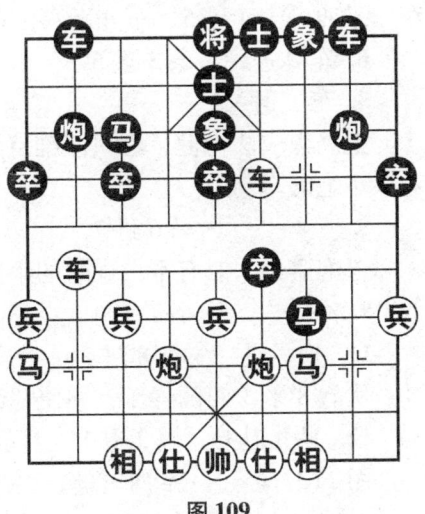

图109

143

如车四平三并不能困死马。因炮2平5，仕六进五，车2进5，车三平八，炮8平7，续走炮5平7反先。

13. ……　　　　炮2平5　　　　14. 车八平五　　炮8平7
15. 仕四进五　　……

红不敢吃马。如车四平三，炮5平7，车三平四，后炮进5，炮六平三，炮7进5，仕四进五，炮7平9，帅五平四，车2进4，车四进一，车8进9，帅四进一，车8退1，帅四退一，车2平8，三子归边，红难应付。

15. ……　　　　炮5平7　　　　16. 兵九进一　　车8进6
17. 炮六进一　　车8进2

如前炮进3，车四平三，车8平7，炮六平三，仍红先。

18. 炮六退二　　车8退2　　　　19. 炮六进二　　车8进2
20. 炮六退二　　车8退4　　　　21. 马九进八

红子活跃，仍持先手，结果胜。

红胜秘诀：与上局战术相似，仍把攻击过河马作为重点。当黑设法解围之后，红在相持局势下，以中盘攻击力占优取胜。

陆峥嵘胜邬正伟

1. 炮二平五　　马8进7　　　　2. 马二进三　　车9平8
3. 车一平二　　马2进3　　　　4. 马八进九　　卒7进1
5. 车二进六　　马7进6

跃马盘河正着。如炮8平9，车二平三，炮9退1，炮八平七，炮9平7，车三平四，士4进5，车九平八，车1平2，车八进六，红先手扩大。

6. 车九进一　　象3进5　　　　7. 炮八平六　　卒7进1
8. 车二退一　　……

上局黑应法稳健，红只能维持略先。故布局红作了改进，退车捉马，保持对黑车炮的牵制。

8. ……　　　　马6进7　　　　9. 炮五退一　　……

退炮避兑，兼有平二谋炮的手段，与上着退骑河车相呼应。

9. ……　　　　卒7平6　　　　10. 车二退二　　卒6进1
11. 炮六进一　　炮8进2

伏炮8平3叫闷得车，并使巡河炮生根。

12. 马九退七　　炮2退1　　　　13. 炮六平四　　炮2平7

图110，经过一系列较量，红消灭过河卒，防止黑重炮打死车。黑炮平7攻马，同时为了保住过河马。如车二平三则炮8平7打死车。

14. 炮四进三　马7退6
15. 相三进一　士4进5
16. 马三进四　炮8进1
17. 马四进六　炮7进1
18. 兵五进一　炮7平8
19. 车二平六　车8进1
20. 车九进一　前炮进3
21. 车九平四　……

红左车捉马，发起新的攻势。如前炮平3，车四进三，红子力位置甚佳。

21. ……　　　后炮平7
22. 炮五平三　炮8进1
23. 炮三退一　车8进3
24. 马六进八　车1平3

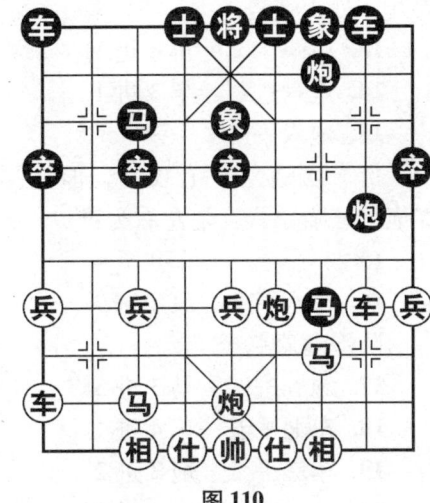

图110

25. 炮四进二　士5进4

防红马跳卧槽，否则黑要丢车。

26. 车六进二

巧捉黑马。马6进7，车六平二，马7退8，车四平二捉双。红得子大优，结果胜。

红胜秘诀：第8回合退巡河车捉马是关键。以后围绕困捉黑过河马，连连夺先，扩先取胜。

邬正伟胜张影富

1. 炮二平五　马8进7	2. 马二进三　车9平8
3. 车一平二　马2进3	4. 马八进九　卒7进1
5. 车二进六　马7进6	6. 车九进一　象3进5
7. 炮八平六　卒7进1	8. 车二退一　马6退7

如卒7进1，车二平四，卒7进1，车四平二，车1进1，车九平八，炮2平1，炮六平三，车1平8，炮三进五，红较优。上局黑马踩兵容易受困，本局改为退马咬车，另有变化。

9. 车二退二　卒7进1	10. 车二平三　马7进8

如马7进6，车三平二牵制车炮，再车九平八提炮，仍属红先。

11. 车三进三　炮8平6	12. 车九平八　车1平2

13. 车八进五　……

图111，红双车过河配合中炮攻势，子力活跃初呈优势。黑两翼子力均难

展开，处于守势。

13. ……　　　车 8 进 1
14. 炮六进二　　卒 3 进 1
15. 炮六平三　　……

挺卒防炮六平七攻马，但又挡不住红炮平三瞄象，真是左右为难。

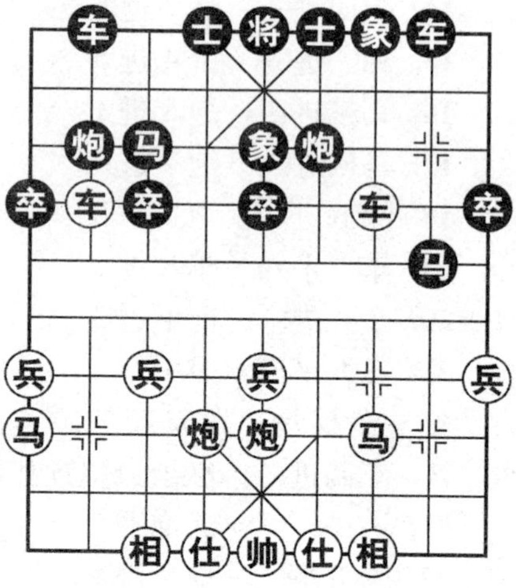

15. ……　　　车 8 平 4
16. 车八平七　　象 7 进 9

防炮砸象兑子。

17. 炮五进四　　马 3 进 5
18. 车七平五　　车 4 进 1
19. 车三平二　　炮 2 进 2
20. 炮三平五　　士 4 进 5
21. 炮五进三　　炮 5 平 4
22. 车五平六　　……

图 111

红抓住中象弱点，连续发动攻击，破象得优，结果胜。

红胜秘诀：从第 11 回合起，双车左右呼应，再运炮攻象，势如破竹。黑一直被动挨打，未能挽回劣势。

钱洪发胜孙树成

1. 炮二平五　马 8 进 7　　2. 马二进三　车 9 平 8
3. 车一平二　马 2 进 3　　4. 马八进九　卒 7 进 1
5. 车二进六　马 7 进 6　　6. 车九进一　象 3 进 5
7. 炮八平六　卒 3 进 1

以上各局黑士 4 进 5 或卒 7 进 1。本局改为挺 3 卒，另有一番变化。

8. 车九平四　炮 2 进 2

升炮保马，准备冲 7 卒渡河反击。如炮 8 平 6，车二进三，炮 6 进 6，车二退八，炮 6 退 2，车二平八，炮 2 进 2，车八进三，炮 6 进 2，兵七进一，士 4 进 5，兵七进一，象 5 进 3，炮六平七，象 3 退 5，马九进七，黑难应付。

9. 炮六进三　炮 2 平 4

如卒 3 进 1，炮六进二捉双，黑要丢子。

10. 车四进四　……

图 112，由于红巧伸骑河炮，兑子后造成牵制黑车炮的优势，红先手扩大。

10. ……　　　士 4 进 5　　11. 炮五进四　马 3 进 5

12. 车四平六　马5进6
13. 车六退三　卒1进1

如车1平4，车六进七，士5退4，马三退五，卒1进1，兵五进一，士6进5，马九退七，接有马七进六咬死马的手段，黑亦劣势。

14. 马三退五　车8进1
15. 车六进二　车8平6
16. 车二进一

红得子大优，结果胜。

红胜秘诀：第9回合伸炮骑河兑子，由此扩先得优，以后稳步取胜。

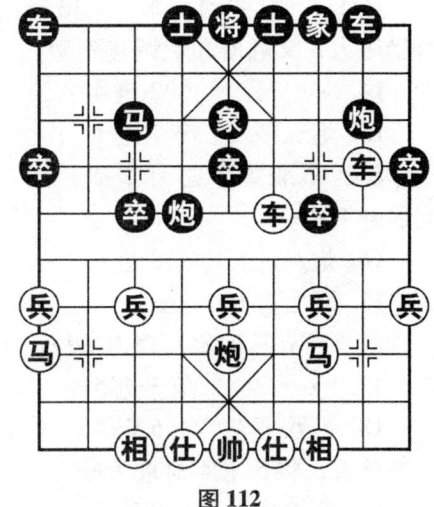

图112

第2局　五六炮过河车破屏风马平炮兑车

马迎选胜杨剑

1. 炮二平五　马8进7　　2. 马二进三　卒7进1
3. 车一平二　车9平8　　4. 车二进六　马2进3
5. 炮八平六　车1平2　　6. 兵七进一　炮2平1

由于红先平仕角炮，给黑先亮右车提供机会。

7. 马八进七　炮8平9　　8. 车二平三　炮9退1
9. 马七进六　士4进5　　10. 马六进七　……

红左马跃出而左车晚出，利弊参半。此着马踩卒正确。如马六进四，车8进2，红无便宜。

10. ……　　　　　　车2进3

进车捉马是必然之着。如炮9平7，马七进九，炮7进2，马九进八，马3退2，车九平八，马2进1，车八进七，炮7进3，相三进一，红有炮六进六及兵七进一等续攻手段，黑难走。

11. 兵七进一　炮9平7　　12. 车三平四　炮1退1

退担子炮为稳健之着。如车8进5，炮六进四，车2进3，马七进九，象3进1，兵七进一，马3退4，车四进二，红先手扩大。

13. 车九进二　象7进5　　14. 车九平八　……

· 147 ·

图113，红主动兑车，可减轻过河马所受压力，又顺便卸炮调整阵型。

14. ……　　　　车2进4
15. 炮五平八　卒7进1

黑送卒准备升巡河车捉兵困马，由此展开对攻。

16. 炮八进五　车8进4
17. 马七进五　……

红果断弃马破象，奋力决战。

17. ……　　　　象3进5
18. 炮八平五　士5退4

软着，将5平4对攻为好。

19. 炮六进五　车8平6
20. 车四退一　马7进6　　**21. 炮五平七　……**

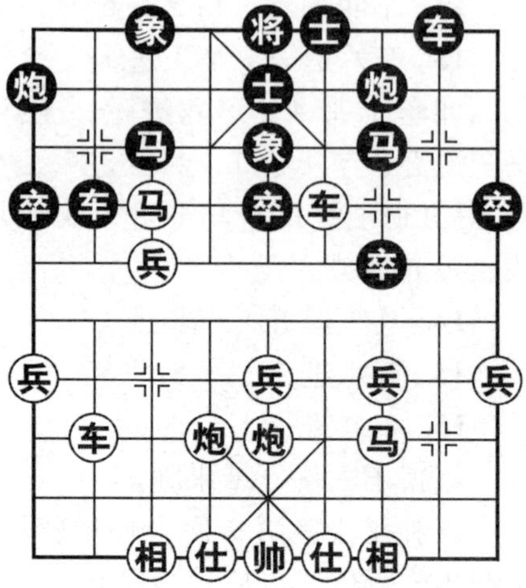

红得双象，又冲兵过河稍优，结果胜。

红胜秘诀：第13回合升边车，再平八邀兑，以后伸炮瞄象，大胆弃马攻杀。

图113

赵国荣胜庄玉庭

1. 炮二平五　马8进7　　**2. 马二进三　车9平8**
3. 车一平二　马2进3　　**4. 兵七进一　卒7进1**
5. 车二进六　炮8平9　　**6. 车二平三　炮9退1**
7. 炮八平六　车1平2

黑开右车正着。如炮9平7，车三平四，士4进5，车四进二，炮2退1，炮六进六，红先手扩大。

8. 马八进七　炮2平1　　**9. 车九进二　……**

红升边车着法稳健。如马七进六，车8进5，马六进七，车2进3，兵七进一，车8平4，仕四进五，炮9平7，车三平四，炮7平3，黑易走。

9. ……　　　士4进5　　**10. 马七进六　炮9平7**

如车8进5，马六进七，车2进3，兵七进一，炮9平7，车三平四，炮1退1，车九平七，仍属红先。

11. 车三平四　象7进5　　**12. 马六进七　车2进3**
13. 炮六平七　……

图114，由于黑已飞象，红不能冲兵保马，而改为平炮护马，并伏马踩象兑马。

13. ……	马3退1
14. 炮五平六	炮1平4
15. 相三进五	炮4进4
16. 车九平八	炮4平7
17. 车八进四	马1进2
18. 炮七平九	马2退3
19. 车四进二	后炮平9
20. 马七进八	

红先跳马绊黑马腿，准备边炮取卒再沉底攻杀。如炮九进四，马3进1，马七进九，象3进1，红攻势缓解。

至此红优，结果胜。

红胜秘诀：第9回合升边车是新战术，以后随时平八兑车，进攻重点始终放在左翼。

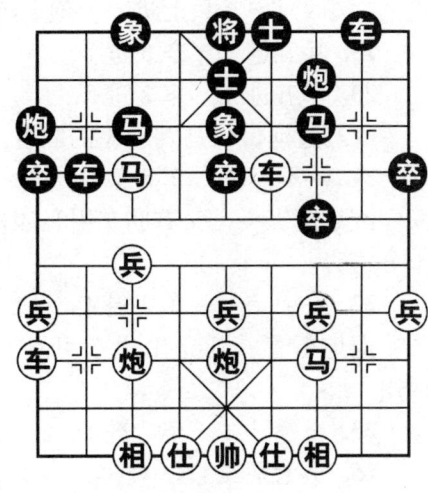

图 114

黎德玲胜郑楚芳

1. 炮二平五	马8进7	2. 马二进三	车9平8
3. 车一平二	马2进3	4. 兵七进一	卒7进1
5. 车二进六	炮8平9	6. 车二平三	炮9退1
7. 炮八平六	车1平2	8. 马八进七	炮2平1
9. 车九进二	士4进5	10. 马七进六	炮9平7
11. 车三平四	马7进8		

图115，黑把上局补左象改为跳马，准备冲7卒反击，构成另一种变化。

12. 车四进二	炮1退1
13. 车四退五	象7进5
14. 兵五进一	车8进3
15. 炮六平七	……

红挺中兵通车路，并潜伏中路攻势，又平七炮瞄马，酝酿着进攻计划。

15. ……	炮7进5
16. 相三进一	炮1平3
17. 兵七进一	象5进3

黑只能飞象吃兵。如车2进5，兵七

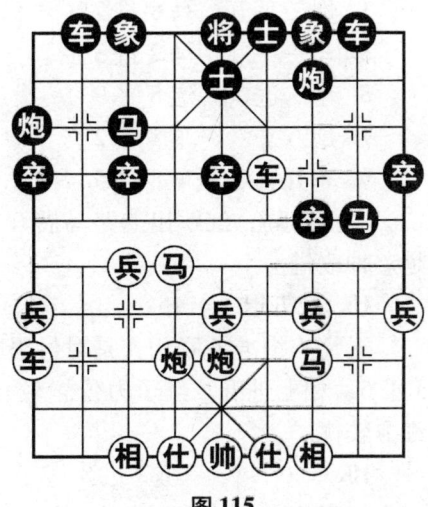

图 115

进一，车 2 平 4，兵七进一，炮 3 进 6，车九平七，红冲兵过河，攻势强大。

| 18. 兵五进一 | 卒 5 进 1 | 19. 车四平五 | 象 3 进 5 |
| 20. 车五进二 | 车 2 进 5 | 21. 马六进四 | …… |

红马过河，伏马踩中象的凶着。

| 21. …… | 车 8 平 6 | 22. 车五平六 | …… |

红炮镇当头，又有肋车引马四进六再跳卧槽的攻着，明显占优。以下杀法十分精彩。

| 22. …… | 车 2 退 4 | 23. 炮七退一 | …… |

退炮巧着。既亮出边车可平六叫杀，又有炮七平四打车的手段，一着两用。

| 23. …… | 卒 7 进 1 | 24. 相一进三 | 马 8 进 6 |
| 25. 炮七平二 | …… | | |

平炮叫闷，是入局关键。如马 3 进 5，炮二进八，象 5 退 7，炮五进二，车 2 进 4，车六平五，仍属红优。

25. ……	马 6 进 5	26. 炮二进八	象 5 退 7
27. 车九平五	炮 7 平 2	28. 车六进二	车 6 进 1
29. 车五进六			

红胜秘诀：第 18 回合冲兵，先弃后取，打通中路，发挥当头炮作用。以后又运炮右翼，沉底攻杀，高奏凯歌。

李来群胜林宏敏

1. 炮二平五	马 8 进 7	2. 马二进三	车 9 平 8
3. 车一平二	马 2 进 3	4. 兵七进一	卒 7 进 1
5. 车二进六	炮 8 平 9	6. 车二平三	炮 9 退 1
7. 炮八平六	车 1 平 2	8. 马八进七	炮 2 平 1
9. 车九进二	车 8 进 5		

以上各局，红跳出七路马展开攻势。因此，本局黑先进骑河车控制马路，是一种改进。

| 10. 炮五退一 | …… | | |

退窝心炮准备联相，是对付黑骑河车的好着。如车 8 平 3，炮五平七，车 3 平 6，相七进五。红子力位置较佳，伏兵三进一驱车，再跳出左马等手段，红方较优。

| 10. …… | 车 2 进 8 | 11. 兵三进一 | 车 8 进 3 |

如车 8 平 7，相三进五，车 7 进 1，马七进六，炮 9 平 7，车三平四，士 4

进5，炮五平四，对攻中红仍先手。

12. 兵三进一　炮9平7　　13. 车三平四　炮7进3
14. 马三进四　……

图116，红方除了窝心炮位置欠佳，其余子力活跃，接有车四平三捉炮压马或马四进六咬马等手段。

14. ……　　车8平6　　15. 马七进六　车2平4

如马7进8勉强对攻，炮六平四，马8进7，车四进三，将5进1，相三进一，马7进9，车四平三，象3进5，车三退一，将5退1，马六进五，马3进5，炮五进五，象5退3，马四进六，炮7进5，仕四进五，马9进7，马六进五，士4进5，车三平五，将5平6，车五进一，将6进1，车五平四杀。

16. 炮五进一　象7进5
17. 仕四进五　……

红提炮补仕，消除隐患，为下一阶段放心进攻奠定基础。

17. ……　　士6进5
18. 马四进六　车6平7　　19. 相三进一　炮7平8
20. 车四退六　……

黑不顾右马被捉，准备沉炮抢攻。红退车固守，仍持先手。

20. ……　　炮8进4　　21. 后马退四　……

黑企图平炮砸仕，红退马咬车，破坏黑对攻计划。

21. ……　　车7退2　　22. 兵五进一　……

挺兵老练。如马六进七吃马，黑有炮8退2打死马的棋。

22. ……　　马3退1　　23. 炮五进一　车7进1

应车7退3，虽属下风不致丢子。

24. 炮六进七　车7平1　　25. 炮六退八　车1退1
26. 炮六平二　车1平4　　27. 炮二进七　马1进3

如士5退6，兵五进一，卒5进1，马四进五，车4退2，马五进六，将5平4，马六进八，将4进1，车四进八，士6进5，车四平五杀。

28. 马六进七　车4平5

至此红多子优，结果胜。

红胜秘诀：第 10 回合退窝心炮，应变灵活，以后跃出双马攻势强烈，黑方难以抵挡。

徐天红胜卜凤波

1. 炮二平五　马 8 进 7　　　2. 马二进三　卒 7 进 1
3. 车一平二　车 9 平 8　　　4. 车二进六　马 2 进 3
5. 兵七进一　炮 8 平 9　　　6. 车二平三　炮 9 退 1
7. 炮八平六　车 8 进 5

黑车骑河是试验性新招，目的是控制红左马出入。如兵五进一，马 3 退 5，车三退一，炮 2 平 5，马八进七，车 1 平 2，黑有一些反击手段，红无先手。

8. 马八进七　车 8 平 3　　　9. 车九平八　车 1 进 2

黑升边车保炮形成鸳鸯炮阵式，准备炮 9 平 2 打车反击，缺点是右车闭塞。

10. 车八进三　马 3 退 5

退窝心马，准备后补列炮，疏通右翼子路。如炮 9 平 7，车三平四，炮 7 平 2，车八平六，马 3 退 5，车四平三，接有车六进五捉炮的先手，红优。

11. 兵五进一　……

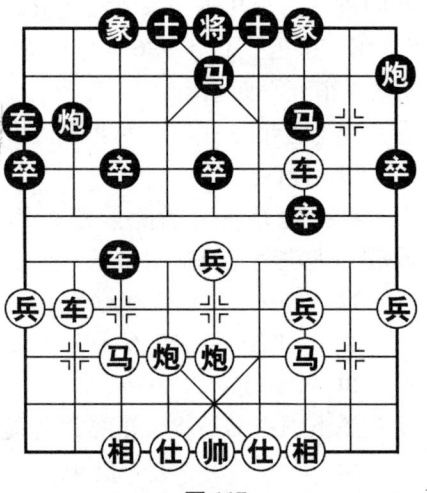

图 117

图 117，针对黑马窝心，红及时挺中兵进攻，并疏通兵林车路，是取势的关键。如炮六进五，炮 2 退 1，红反而失先。

11. ……　　　　炮 2 平 5
12. 车八平四　炮 5 进 3　　　13. 仕四进五　……

红平肋车准备弃马，设计了攻杀计划，深谋远虑。

13. ……　　　　车 3 进 2　　14. 帅五平四　车 3 退 2
15. 炮五进四　马 5 进 4

黑不敢马 7 进 5 吃炮，因有车四进六杀着。

16. 炮六平五　炮 9 平 3

黑炮移右翼，为升将创造条件。但平 3 有漏洞，应平 2，不致后来被抽吃。

17. 前炮退一　车 1 平 6

兑车希望减轻压力，并避免红前炮平九抽车。

18. 车四进四　马4退6　　　　**19.** 前炮平七　士4进5

黑炮被抽吃，不能平5垫将，因有炮七进四闷杀。

20. 炮七进三　车3平4　　　　**21.** 车三进一

红得子优，结果胜。

红胜秘诀：第10回合升兵林车，以后再挺中兵、平肋车，故意弃马，从右翼配合中路攻杀取胜。

王斌胜徐建明

1. 炮二平五　马8进7　　　　**2.** 马二进三　车9平8
3. 车一平二　马2进3　　　　**4.** 兵七进一　卒7进1
5. 车二进六　炮8平9　　　　**6.** 车二平三　炮9退1
7. 炮八平六　车1平2　　　　**8.** 马八进七　炮2平1
9. 兵五进一　……

图118，以上局例，红多马七进六或车九进二，本局挺中兵从中路进攻，开拓了新的布局战术。

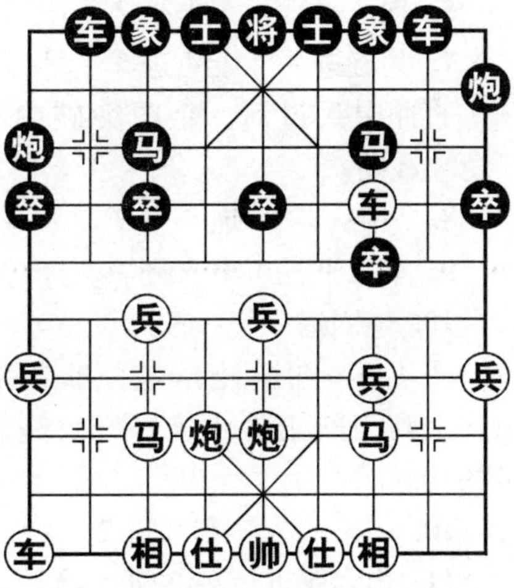

9. ……　　　　炮9平7
10. 车三平四　象7进5
11. 兵五进一　车2进6

冲兵过河，欲打通中路。黑伸车兵林线，控制红跃出盘头马。如卒5进1，车四平七，车2进2，车九平八，车2进7，马七退八，马3退5，马三进五，红攻势强烈占优。

12. 车九平八　车2平4

如车2进3，马七退八，士6进5，马三进五，接有马五进六咬马的手段，亦红优。

13. 仕四进五　卒5进1　　　　**14.** 车八进七　马3退5
15. 马七进八　……

红伸车捉马扩大先手，再跃马助攻。

15. ……　　　　车4平2

平车牵制红马，无奈，否则马八进七踩卒，黑难应付。

16. 车四进二　炮7平8　　　　**17.** 炮六进六　炮8进1
18. 车八平五　……

图 118

精彩之着,弃车破阵!黑不敢炮8平5吃车,因炮五进五闷杀。

18. ……　　　车2退1　　　19. 车五平三　炮8进5

20. 马三进五

至此,黑见大势已去,认输。如车2退1,炮六退三,炮8退3,帅五平四,马5进4,车三退二,炮1平5,车三平二,车8进4,炮六平二,卒5进1,炮二进四,士6进5,车四进一杀。

红胜秘诀:第9回合起直冲中兵,突破中线,双车左右逢源,再跳马助攻成胜势。

熊学元胜冯明光

1. 炮二平五　马8进7　　　2. 马二进三　车9平8
3. 车一平二　卒7进1　　　4. 车二进六　马2进3
5. 炮八平六　车1平2　　　6. 马八进七　炮2平1
7. 兵五进一　士4进5　　　8. 兵五进一　……

直冲中兵过河,企图突破中路,属于急攻战略。

8. ……　　　炮8平9
9. 车二平三　卒5进1
10. 炮六退一　……

图119,红退仕角炮,准备平中打卒,又利于跃出盘头连环马,是转变阵型的巧着。

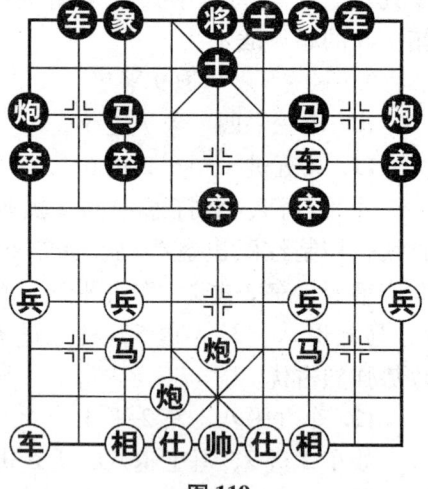

图119

10. ……　　　车8进2
11. 炮六平五　象3进5
12. 后炮进四　卒7进1
13. 兵三进一　车2进4
14. 车九平八　……

本可马七进五,但左车晚出。现弃炮亮车,算准先弃后取,有胆有识。

14. ……　　　车2平5

如车2进5,马七退八,虽可暂时缓和局面,但子力受制,亦居下风。

15. 马七进五　车5平8　　　16. 车八进七　马7进5
17. 车八平九　……

红追回一子,仍持攻势,布局成功。

17. ……　　　后车进1　　　18. 车三平二　车8退1

19. 马五进六　马3退4

如卒3进1，马三进四，黑更难走。

20. 车九退一　马5进3　　　21. 车九平八　马3进4
22. 车八退五　卒3进1　　　23. 马三进五　后马进3
24. 马五进四　车8平5　　　25. 马六退五　车5平7
26. 车八平六

至此红优，结果胜。

红胜秘诀：第10回合起红把五六炮转为双重中炮盘头马阵式，其势凶猛，控制局面，积小胜为大胜。

第3局　五六炮过河车破屏风马两头蛇

王荣塔胜李中雨

1. 炮二平五　马8进7　　　2. 马二进三　车9平8
3. 车一平二　卒7进1　　　4. 车二进六　马2进3
5. 炮八平六　卒3进1

挺卒成两头蛇阵式，优点活双马。另如车1平2，马八进七，炮2平1，则先亮车，有关变化不同。

6. 马八进九　炮8退1
7. 车九平八　炮8平2

图120，退左炮成鸳鸯之势，再移右打车兑车，企图展开对攻。但以后局势发展表明，此计划并不成立。如车1进2保炮，炮六进六拦炮，黑无计可施。

8. 车二进三　后炮进8
9. 车二退五　前炮平1

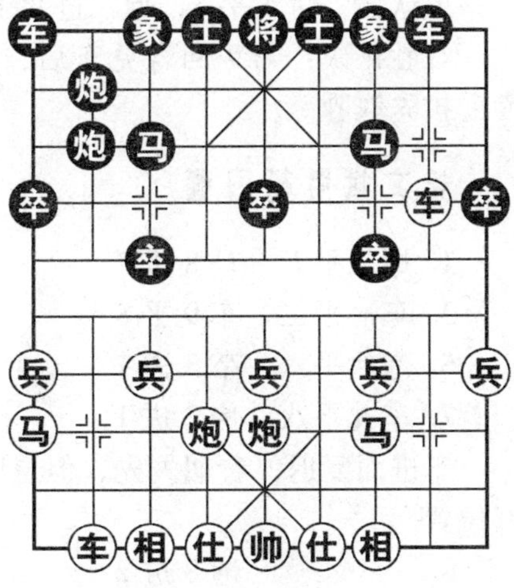

如前炮退6，兵七进一，象3进5，兵七进一，象5进3，车二平七，象7进5，炮六进四，红必得象占优。

10. 兵七进一　卒3进1　　　11. 车二平七　马3进2

如马3退5，马九退七，炮1退1，马七进八，炮1进1，马八进七，伏挂角杀，黑难应付。

12. 马九退七　炮1平2　　　13. 车七进一　马2进1

图120

14. 车七进二 ……

红进车捉双奠定优势。以下着法精警。

14. …… 后炮进6　　15. 兵五进一 ……

不吃马而冲兵取势，体现了攻击型棋手风格。如车七平三，象3进5，炮五进四，士4进5，相三进五，车1平3，马七进六，后炮平4，打马兼塞相眼，黑四子归边有反击机会。

15. …… 象3进5　　16. 炮六进五　马7进6
17. 炮五进四　士4进5　　18. 兵五进一　马1退2
19. 车七退三　马6进7　　20. 马三进五　卒1进1

黑虽未丢子，但局势受控，主力车难以发挥作用。

21. 炮六退四　马7进8　　22. 仕四进五　卒1进1
23. 马五进六　马2进1　　24. 马六进五　……

舍马换象，弃车造杀，精彩之至。如马1退3，马五进七，将5平4，炮五平六杀。

24. …… 象7进5　　25. 炮六平二　将5平4
26. 车七平六

黑认输。将4平5，炮二进六杀。

红胜秘诀：第9回合兑车后，退巡河车再挺七兵兑卒攻马，由此打开局面，扩先取胜。

梁文斌胜杨国强

1. 炮二平五　马8进7　　2. 马二进三　卒7进1
3. 车一平二　车9平8　　4. 车二进六　马2进3
5. 炮八平六　卒3进1　　6. 马八进七　车1平2
7. 车九平八　炮2进1　　8. 车二退二　……

车进而复退，看似失先，但退回河界，可挺兵兑卒活马，是对付两头蛇的好位置。

8. …… 炮8进2　　9. 车八进四　象7进5
10. 兵三进一　炮2进1　　11. 兵七进一　……

图121，双方四兵相见，兑卒对红方有利。如卒7进1，车二平三，马7进6，马七进六，马6进4，车三平六，卒3进1，车八平七，炮2平3，车六进二，炮8退1，炮五进四，马3进5，车六平五，士6进5，车七平二，红兵种齐全，子力位置占优。

11. …… 马7进6　　12. 兵三进一　……

黑跃马过急，应补左士为稳。红趁机冲兵渡河兑卒，扩大先手。

12. ……　　　卒3进1
13. 车八平七　炮2平7
14. 马三进四　……

不能进车吃马，炮打相抽车。

14. ……　　　炮8退2
15. 炮五平四　……

红卸炮打马老练。如车七进三，炮8平3，车二进五，炮3进7，仕六进五，炮3平1，仕五进四，车2进9，帅五进一，车2退1，帅五退一，炮7进4，接有炮7平3的手段，黑弃子抢攻，红有顾忌。

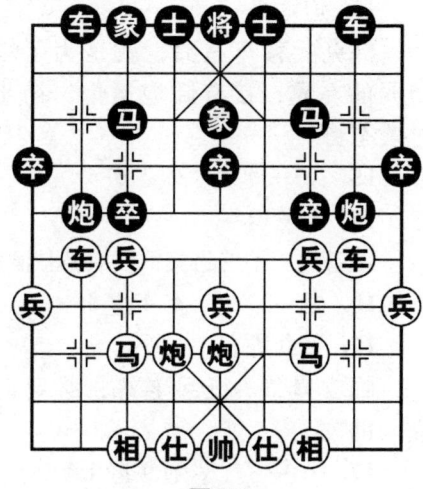

图 121

15. ……	马3进4	16. 炮四进三	马4进5
17. 车七平五	马5进3	18. 车五进二	车2进5
19. 炮四平五	士6进5	20. 炮五退一	

至此，黑车炮被牵制，红炮镇当头已成优势，结果红胜。

红胜秘诀：第10回合起利用双车巡河的有利地位，挺起双兵兑卒，掌握先手，扩优取胜。

康宏胜韩松龄

1. 炮二平五	马8进7	2. 马二进三	车9平8
3. 车一平二	卒7进1	4. 车二进六	马2进3
5. 炮八平六	卒3进1	6. 马八进九	炮2进1
7. 车二退二	炮8平9		

由于红巡河车具有挺兵兑卒的作用，黑平炮兑车以阻止其计划，上局提巡河炮容易吃亏。

| 8. 车二进五 | 马7退8 | 9. 车九平八 | 车1平2 |
| 10. 车八进四 | 象3进5 | 11. 兵三进一 | …… |

图 122，红兑右车后，左车又升巡河，仍能实现挺兵兑卒计划，但挺哪个兵有讲究。如兵七进一，卒3进1，车八平七，炮2退2，炮六进五，炮9平4，车七进三，炮4进5，炮五进四，炮2平5，兑炮后大体均势。

| 11. …… | 卒7进1 | 12. 车八平三 | 士4进5 |
| 13. 马三进二 | 炮9进4 | 14. 炮五平二 | 马8进9 |

15. 炮六平三　……

红兑兵移车右翼，就是为了攻击黑薄弱的左翼，接着卸炮运炮，初步构成进攻态势。

15. ……　　　车2平4

16. 炮三退一　……

准备炮二平三瞄象，以双杯献酒成杀。

16. ……　　　车4进4

17. 兵九进一　……

临攻莫急。挺兵老练，必要时跃出左马助攻。

17. ……　　　炮9退1

18. 车三进三　将5平4

19. 仕六进五　马9进7　　20. 炮二平六　……

如马二进三贪吃马上当，炮9平7叫闷得车。

20. ……　　　车4平8　　21. 马二退三　马7进9

22. 马三进四　……

黑车拦退红马看似缓解局面，不料红马再次跃出，有借炮攻杀手段，真是一波未平一波又起。

22. ……　　　车8平6　　23. 马四退六　……

正着。如马四进六，炮2平4，红反而无趣。

23. ……　　　将4平5　　24. 炮三进八　象5退7

25. 车三平七　象7进5　　26. 马九进八

红破象优，结果胜。

红胜秘诀：第12回合起调运车双炮马，集中优势子力于右翼发起猛攻，破象打开缺口，以中残局取胜。

王德太胜牛钟林

1. 炮二平五　马8进7　　2. 马二进三　车9平8
3. 车一平二　卒7进1　　4. 车二进六　马2进3
5. 炮八平六　卒3进1　　6. 马八进九　炮2进1
7. 车二退二　炮8平9　　8. 车二平五　马7退8
9. 车九平八　车1平2　　10. 车八进四　象3进5
11. 兵三进一　卒7进1　　12. 车八平三　士4进5

13. 兵九进一 ……

挺边兵活马，便于子力均衡发展，但攻势不突出。与上局战术相比，各具不同风格。

13. …… 车2平4
14. 仕四进五 炮9平6
15. 炮五平四 马8进9
16. 相三进五 ……

图123，红车明马活，摆出蟹眼炮架势，攻守两利，阵型稳健，这是本局的特点。

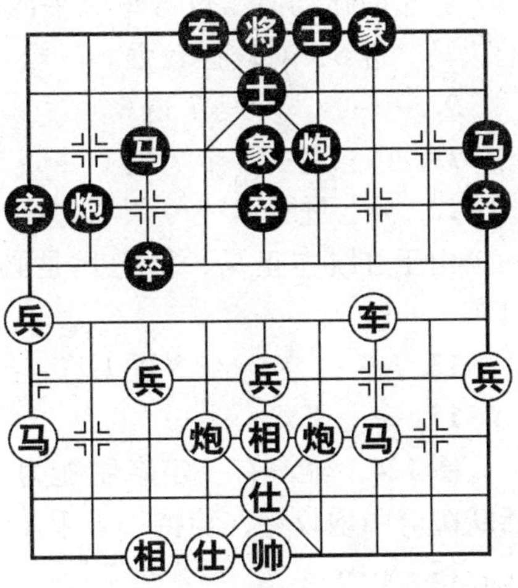

16. …… 马9进7
17. 车三平八 ……

避开炮6平7打串，又顺便捉炮抢先，连消带打。

17. …… 车4平2　　　18. 炮六进四 炮6进1
19. 炮六平四 炮2平6　　　20. 车八平三 马7退9
21. 兵一进一 ……

红车再移右翼捉马，又挺边兵制马，子力发展有潜力。黑车位呆板，马炮难以施展，总的形势仍属红略优。

21. …… 炮6退1　　　22. 炮四退二 车2进3
23. 炮四平三

红暗伏车吃底象的攻着，以后逐步扩大优势，结果胜。

红胜秘诀：布局子力均衡发展，明车活马好炮位，采取稳攻战略，先为不可胜，以待敌之可胜。开局始终掌握小先手，凭中局功夫抓住机会，得子取胜。

图123

陈孝坤胜陈志伟

1. 炮二平五 马8进7　　　2. 马二进三 车9平8
3. 车一平二 卒7进1　　　4. 车二进六 马2进3
5. 炮八平六 车1平2　　　6. 马八进七 卒3进1

红跳左正马，是与上几局不同之处，其优点是在中局阶段更能发挥左马的作用。

7. 车九平八 炮2进1　　　8. 车二退二 炮8平9
9. 车二进五 ……

兑车简化局面。也可车二平四,象3进5,兵七进一,卒3进1,车四平七,马7进6,对攻性较强。

9. ……	马7退8	10. 车八进四	象3进5
11. 兵三进一	卒7进1	12. 车八平三	士4进5
13. 兵七进一	……		

由于红跳左正马,挺七兵是必然的。此着可防止车2平4,因马七进六打车。

13. ……	卒3进1	14. 车三平七	炮2退2
15. 车七平八	……		

图124,红车有一定牵制能力,双马活跃配合中炮攻势,稳持小先手。

15. ……	马8进7
16. 马七进六	炮2平4

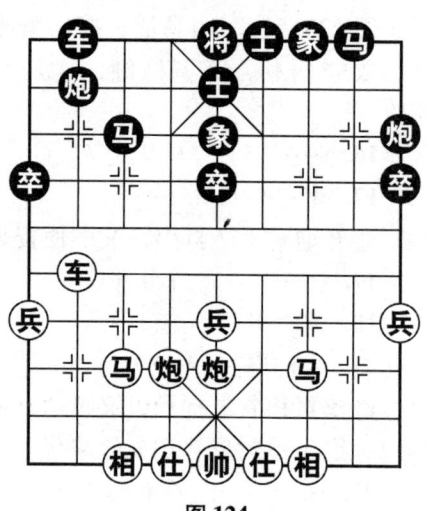

图124

黑子力难以施展,平肋炮以求兑子成和。

17. 车八进五	马3退2
18. 马六进五	马7进5
19. 炮五进四	马2进3
20. 炮五平七	卒9进1

如马3进5,炮七平一,红多双兵,黑难应付。

21. 炮六平五　……

红摆中炮控制黑马出路,以后直冲中兵发展攻势,是占优策略的关键。

21. ……	炮4退1	22. 炮五退一	炮4平1
23. 兵五进一	炮1进6	24. 兵五进一	卒1进1
25. 炮五平一	卒1进1	26. 炮一进四	

红取得优势残局,并控制局面,结果胜。

红胜秘诀:第6回合跳左正马,以后用巡河车挺兵兑卒活马,稳持小先手,最后以残棋功夫取胜。

甘小晋胜廖二平

1. 炮二平五	马8进7	2. 马二进三	车9平8
3. 车一平二	卒7进1	4. 车二进六	马2进3
5. 炮八平六	卒3进1	6. 马八进七	炮2进1

7. 车二退二　炮 8 平 9　　8. 车二进五　马 7 退 8
9. 车九平八　炮 2 平 3

上局车 1 平 2 保炮，结果受到牵制。本局改为平炮瞄兵，是针对红左正马的新变着。

10. 相七进九　士 4 进 5

补士软着，炮 3 进 3 较有力。

11. 车八进四　象 3 进 5　　12. 兵三进一　车 1 平 4

由于黑第 9 回合平炮的改进，今得以开贴身车捉炮抢先，比上局较易走。

13. 仕六进五　炮 9 平 7　　14. 相三进一　卒 7 进 1
15. 车八平三　炮 3 进 3　　16. 马三进二　……

图 125，红伏卸中炮打马的攻着，黑应注意提防。如炮 7 平 6，炮五平二，马 8 进 9，炮六平四，车 4 进 4 坚守，尚可抗衡。

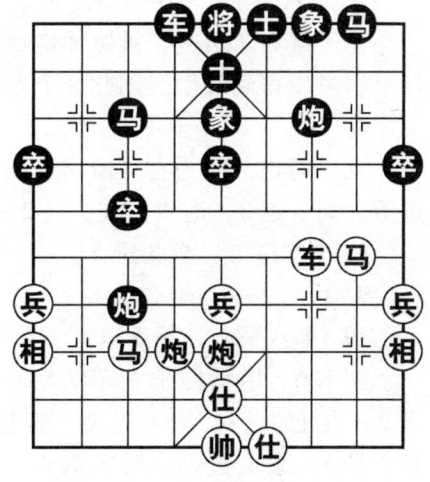

图 125

16. ……　　　　车 4 进 6
17. 炮五平二　炮 3 平 5
18. 炮六平五　马 3 进 4
19. 马七进五　……

兑炮稳健，消除隐患。如炮二进七贪吃马，车 4 进 1，马七进六，车 4 平 1，帅五平六，卒 3 进 1，车三退一，卒 3 平 4，车三平五，卒 4 平 3，车五平三，马 4 进 3，炮五进五，士 5 进 6，帅六平五，炮 7 平 5，车三平六，车 1 进 2，车六退三，马 3 进 2，车六平九，马 2 退 4，帅五平六，炮 5 平 4 妙杀。

19. ……　　　　马 4 进 5　　20. 车三平五　卒 5 进 1
21. 车五进一　马 8 进 9　　22. 车五退一　……

虽然黑避免丢子，但车马被牵制，红有马二进四咬双的手段，仍持先手。

22. ……　　　　炮 7 进 1　　23. 马二进四　马 5 进 7
24. 仕五进四　车 4 退 2　　25. 马四退五

红炮镇中路，支仕困马，明显占优，结果胜。

红胜秘诀：第 11 回合起运车右翼，攻黑弱点，随机应变，困住黑马，扩先取胜。

第4局　五六炮双直车破屏风马进7卒

李来群胜蒋全胜

1. 炮二平五　马8进7　　　　2. 马二进三　卒7进1
3. 炮八平六　马2进3　　　　4. 车一平二　车9平8
5. 马八进七　车1平2　　　　6. 车九平八　炮8进4

如炮2进4,马七退九,炮2退2,车二进六,马7进6,车八进四,仍红先。

7. 车八进六　……

由于红右车缓进,被黑伸炮封住而不大舒服。但左车亮出过河,准备吃卒压马,可以得到补偿。因此这个布局是互攻一翼,各有利弊。

7. ……　　　士4进5

支士防炮,并为右马留出退路。如炮2平1,车八平七,车2进2,炮六进五,马3退2,炮六平九,马2进1,车七进三,红得象较优。

8. 车二进二　象3进5
9. 兵七进一　炮2平1
10. 车八平七　马3退4

图126,退马便于右车活动。如车2进2,兵七进一,炮1退2,车七平九,炮1平3,兵七进一,马3退4,形成对攻复杂局面,各有顾忌。

11. 兵七进一　车2进6
12. 马七进六　车2平4
13. 马六进八　车4进1
14. 马八进九　……

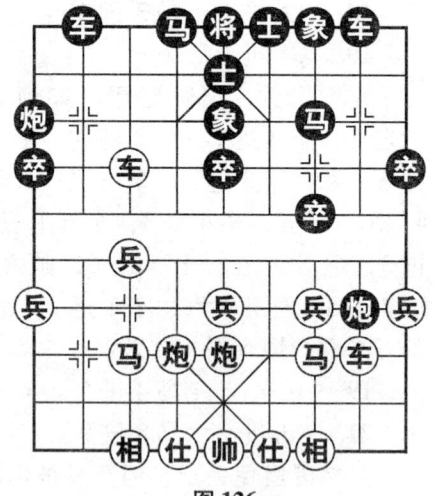

图126

红不怕黑车捉双,决定跃出盘河马,经过兑子从边线切入,伏跳卧槽马的手段,由此展开攻势。

14. ……　　　炮8平5　　　15. 马三进五　……

弃车妙着! 有胆有识,是转入攻杀的关键。

15. ……　　　车8进7　　　16. 马五进六　士5进4
17. 马九进七　将5进1　　　18. 车七平九　车4平2

19. 车九退二　车8平5

黑忍痛舍车换炮，希望消灭过河兵，争取缓解局势，但此时弃车似嫌过早。

20. 相三进五　象5进3　　21. 车九进五　车2退6
22. 车九平六　车2平3　　23. 马六进四　将5进1

将不安于位，边兵伺机渡河助战，结果红胜。

红胜秘诀：第7回合左车急进过河，重点攻击黑弱马，扩大了先手。中局抓住机会弃车攻杀，并以深厚残棋功夫取胜。

胡荣华胜刘殿中

1. 炮二平五　马8进7　　2. 马二进三　卒7进1
3. 炮八平六　马2进3　　4. 车一平二　车9平8
5. 马八进七　车1平2　　6. 车九平八　炮8进4
7. 车八进六　士4进5　　8. 车二进二　象3进5
9. 兵七进一　炮2平1　　10. 车八平七　马3退4
11. 车七平九　……

车扫边卒与上局渡七兵变化不同，各有千秋。

11. ……　　　　炮1平3
12. 兵七进一　象5进3
13. 车九平七　……

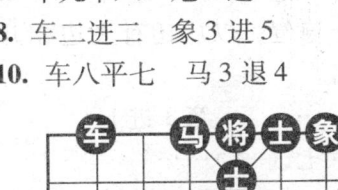

图127

图127，考虑左马受牵制，红送回一兵，再平车拦炮捉象，以争取先手。

13. ……　　　　象7进5
14. 炮六进四　卒9进1

挺卒防炮。如马7进6，炮六平一，炮8退3，炮一进三，车8平9，车二进四，卒7进1，车二平四，马6进7，炮五进四，红亦先手。

15. 马三退五　马7进6

红退窝心马连环，又活通车路，局势渐渐好转，如炮8平5，马七进五，车8进7，马五进四，红有强烈攻势。

16. 炮五进四　……
16. ……　　　　马6退4　　17. 车七平六　炮8平5
18. 车二平五　炮5进2　　19. 仕六进五　车8进3

20. 车六平七 ……

车返回七路牵制黑马炮，继续掌握先手。

| 20. …… | 车2进6 | 21. 马七进六 | 车2平4 |
| 22. 车五进二 | 车8平6 | 23. 兵九进一 | |

红在控制局面条件下，利用边兵过河横冲直撞。黑无法阻挡，结果红胜。

红胜秘诀：第11回合平车扫卒，为后来靠边兵取胜打下埋伏。第13回合平车拉炮，牵制黑方子力，一直保持先手控制局面，稳步取胜。

许银川胜李望祥

1. 炮二平五	马8进7	2. 马二进三	车9平8
3. 车一平二	马2进3	4. 马八进九	卒7进1
5. 炮八平六	车1平2	6. 车九平八	炮8进4
7. 车八进六	士4进5	8. 仕四进五	……

补仕稳健，以后还有飞边相开贴身车的出路。

8. ……　　　卒3进1

9. 兵七进一　……

巧着。先弃后取，以后车回到河界，便于挺三兵活马。

9. ……	卒3进1
10. 车八平七	马3退4
11. 车七退二	象3进5
12. 兵三进一	……

图128，红实现挺兵兑卒计划，有利于解脱右车被封的状态。

12. ……　　　炮2平3

13. 兵三进一　车2进4

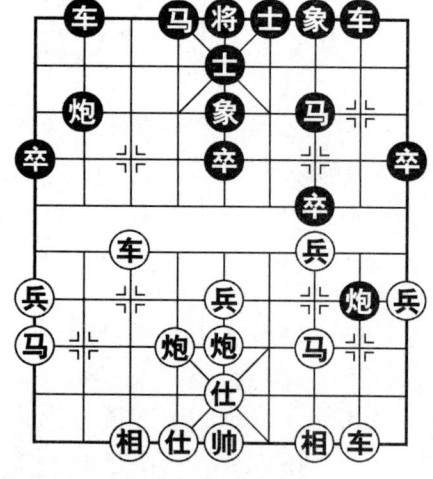

图 128

黑升巡河车抢攻，是对攻应法。如象5进7，马三进四，炮8退2，马四进五，马7进5，炮五进四，象7退5，相三进五，黑难走。

14. 兵三进一　……

大胆冲兵攻马，不怕象5进3打车，炮六进三对打。

| 14. …… | 车8进4 | 15. 兵三进一 | 象5进3 |

如车2平3，车七进一，车8平3，帅五平四，炮3进7，帅四进一，车3平6，仕五进四，黑无续攻手段，红多子优。

16. 马三进四　车8平6　　**17.** 炮六进三　……

眼看红车被打死，却有伸炮骑河解围。

17. ……　　车6进1　　**18.** 炮五进四　马4进5

19. 车七退三　……

退车生根，诱炮3进6，炮六平八，炮8进2，仕五进四捉双，红得子优。

19. ……　　车2退1　　**20.** 车七进四　炮3进7

21. 车七退五　车2平5　　**22.** 炮六平八　……

如车二进三吃炮，车5平7叫杀，再吃红炮。

22. ……　　车6进1　　**23.** 车七进九　士5退4

24. 炮八进四　炮8平5　　**25.** 相三进五　车5平2

26. 炮八平九　士6进5　　**27.** 车二进九

红左右底线攻击，又有过河兵助攻，黑难应付，结果红胜。

红胜秘诀：第9回合送兵，先弃后取。使左车退回河界，挺起三兵活马，由此打开局面。

徐天红胜庄玉庭

1. 炮二平五　马8进7　　**2.** 马二进三　车9平8

3. 车一平二　马2进3　　**4.** 马八进九　卒7进1

5. 炮八平六　车1平2　　**6.** 车九平八　炮2进4

右炮封车，与上述局例左炮封车变化不同。如炮2进2，车二进六，马7进6，仕六进五，士4进5，炮五进四，象3进5，炮六进五，理论上认为红方较优。

7. 车二进四　炮8平9　　**8.** 车二平四　……

红避兑车是正确的，否则左车被封难以掌握先手。另外还有挺边兵跃边马困炮的棋，需要发挥巡河车的作用。

8. ……　　车8进8

伸车下二路是强劲着法。如车8进6，兵九进一，炮2退2，炮六进一，车8进2，炮五平六，炮2平5，仕六进五，车2进9，马九退八，红阵式巩固，左翼发展有潜力。

9. 兵九进一　……

图129，红挺边兵准备跃出边马困炮，是此类布局正常攻法。如兵三进一，卒7进1，车四平三，马7进8，黑可抗衡。红不敢车三进五吃象，因炮9平7瞄相反先。

9. ……　　炮2退2

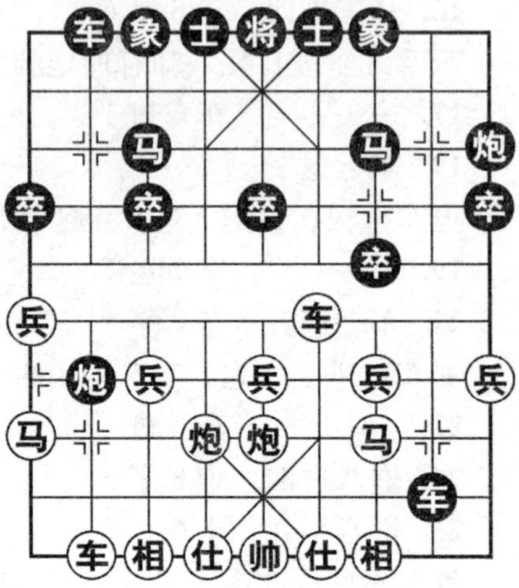

正着。如士4进5，马九进八，炮2平1，炮六平八，炮1平2，炮八平九，黑难走。

10. 炮六平七　象3进5
11. 仕六进五　马7进8
12. 炮五平六　……

红先后移动双炮，调整阵型，成稳健的过宫炮架势，徐图进攻。黑跃出左马，谋求反击，双方优劣尚不明朗。

12. ……　　　炮9平7
13. 相三进五　马8进7
14. 车八进四　车8退5
15. 车四进三　炮7平9
16. 炮六进一　士4进5
17. 车四退三　马7退9
18. 车四平六　……

图129

黑马跳边，准备入卧槽攻杀。红移车左肋守护帅门，有惊无险。

18. ……　　　炮2平6
19. 炮七退一　炮9平8
20. 兵七进一　炮6退3
21. 车八进五　马3退2
22. 马九进八　炮6平7
23. 炮六退一　马2进1
24. 帅五平六　卒5进1
25. 炮七平九　卒3进1
26. 兵七进一　象5进3
27. 炮九进一　象3退5
28. 炮九进四　马9进7
29. 兵九进一

兵渡河助攻，左翼子力优厚，潜伏攻势，结果胜。

红胜秘诀：第9回合挺兵赶退黑炮，再卸炮飞相调整阵型，集中优势子力于左翼伺机进攻，靠中局功夫占优取胜。

胡荣华胜杨官璘

1. 炮二平五　马8进7　　2. 马二进三　车9平8
3. 车一平二　马2进3　　4. 马八进九　卒7进1
5. 炮八平六　车1平2　　6. 车九平八　炮2进4

如炮2进2，车二进六，马7进6，仕六进五，卒7进1，车二平四，马6进7，炮五进四，马3进5，车四平五，炮8平5，车八进四，接有车八平三吃卒困马或车五退一捉炮等手段，红优。

7. 车二进四　炮8平9　　8. 车二平四　车8进6

9. 兵九进一　炮 2 退 2　　　10. 炮六进一　……

进炮保兵是胡荣华创造的新变着。如兵三进一，车 8 平 7，车八进四，象 3 进 5，黑势巩固，红无便宜。

10. ……　　士 4 进 5　　　11. 炮五平六　象 3 进 5
12. 相七进五　……

卸炮补相，稳住阵脚，伺机进取。如兵三进一，车 8 退 2，相七进五，卒 7 进 1，车四平三，马 7 进 6，黑亦能抗衡。

12. ……　　马 7 进 8　　　13. 仕六进五　炮 9 平 7
14. 兵三进一　……

图 130，黑平 7 炮瞄兵，红及时挺兵打车，由此展开对攻。

14. ……　　卒 7 进 1
15. 车四平三　车 8 进 2
16. 车三平六　……

先躲一步，避免黑炮 2 平 7 打死车。

16. ……　　车 8 平 6
17. 相三进一　炮 2 进 3
18. 帅五平六　卒 3 进 1

出帅避一手。如炮 2 平 5，车八进九，马 3 退 2，马九退七，炮 5 平 6，后炮退一打死车，红优。

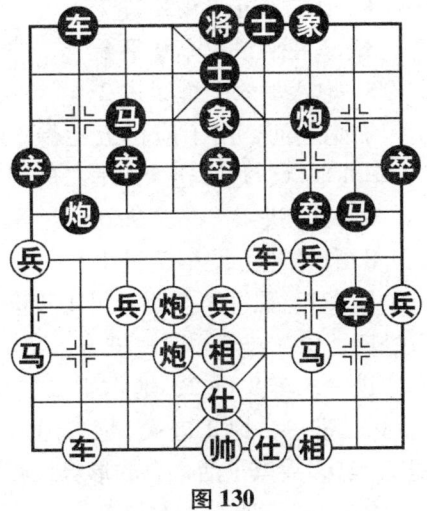

图 130

19. 车六平八　车 2 进 5　　　20. 马九进八　炮 2 平 5
21. 马八进六　……

红通过兑车，弃相跃马，连抢两先，攻黑空虚的右翼。准备马六进七，炮 7 平 3，车八进九，炮 3 退 2，相一进三捉死炮。

21. ……　　马 3 退 4　　　22. 车八进九　……

乘胜追击，沉车牵马，利用重炮威力发起攻击。

22. ……　　炮 5 平 9　　　23. 前炮进六　……

不顾吃炮，而飞炮打马，取势为上。

23. ……　　炮 9 进 2　　　24. 帅六进一　士 5 退 4
25. 车八平六　将 5 进 1　　　26. 炮六平五　马 8 进 7
27. 炮五进四　将 5 平 6

如象 5 退 3，马六进七，将 5 平 6，车六退一，士 6 进 5，车六平五，将 6 退 1，车五平三，炮 7 进 5，车三退五，炮 7 进 1，车三进六，将 6 进 1，马七进六，将6平5，车三退一，将5退1，马六退五杀。

28. 炮五平八　士6进5　　　29. 车六平三　马7退6

30. 炮八平四

黑认输。红炮绊马腿，再退车吃炮，得车得势胜定。

红胜秘诀：第10回合进炮保兵，以后卸炮飞相，集中优势兵力于左翼，伺机发动攻击，一举破城。

杨官璘胜董文渊

1. 炮二平五　马8进7　　　2. 马二进三　马2进3
3. 车一平二　车9平8　　　4. 马八进九　卒7进1
5. 炮八平六　炮2进2

右炮巡河，用于应付五七炮比较妥当，但本局红用五六炮，黑应车1平2，车九平八，炮2进4，车二进四，炮8平9，比较稳健。

6. 车二进六　马7进6　　　7. 车九平八　车1平2
8. 仕六进五　卒7进1

图131，黑冲卒急躁。可士4进5，炮五进四，象3进5，炮六进五，卒7进1，车二进一，车8进2，炮六平二，马3进5，兵三进一，炮2进4，炮二退六，炮2退1，红多兵黑子活，总的形势红较优。

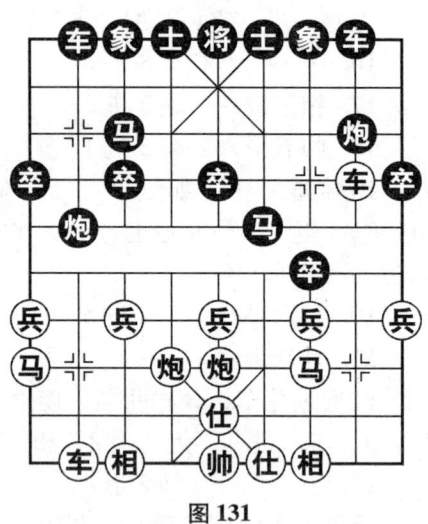

图131

9. 车二平四　马6进7
10. 炮五进四　马3进5
11. 车四平五　炮8平5
12. 车八进四　车8进4

黑升巡河车正着。如卒7平8，车五退一，炮2退3，车五平六，士4进5，炮六平八打死炮。

13. 马九退七　……

如车八平三，炮2平3，相三进五，马7进5，相七进五，车2进7，相五进七，炮3进2，接有炮3平2追回一子。

13. ……　　　　车8平4　　14. 相七进五　卒7平6
15. 车五平七　马7退8

防七兵渡河捉双。

17. 车八退一　卒6进1　　18. 兵七进一　车4平6

黑逃车忍痛丢炮。如象1进3，马七进六，车4平7，车七退一，车7平3，马六进七，士4进5，炮六平八，卒6平7，马三退二，黑炮难逃。

19. 兵七平八　卒6平7　　20. 马三退二　车2进1
21. 兵五进一　车2平7　　22. 马七进六　士6进5
23. 车七平二　车7进3　　24. 马六进五　炮5进3
25. 炮六进三

红在多兵的条件下，弃中兵打双车占优，结果胜。

红胜秘诀：第8回合补仕停着，以逸待劳，用左车牵制黑无根车炮，逐步扩先取胜。

第5局　五七炮直横车破屏风马卒林车

赵国荣胜胡荣华

1. 炮二平五　马8进7　　2. 马二进三　车9平8
3. 车一平二　马2进3　　4. 兵三进一　卒3进1

黑屏风马缓进卒，把挺兵主动权交给红方。在先挺三兵的条件下，进三卒是必然的，否则红再挺七兵时黑双马受制。

5. 马八进九　卒1进1　　6. 炮八平七　马3进2
7. 车九进一　象3进5

补右象可避免五七炮的威胁，此外还有象7进5及卒1进1等应法。

8. 车九平六　车1进3

车升卒林，可防车六进五的攻着，又配合左马守护中卒，是一种坚固防御战术的体现。

9. 车二进六　炮8平9

可士6进5巩固中路，静观其变。待车二平三吃卒时，可炮8进4反击。

10. 车二平三　炮9退1
11. 兵五进一　……

图132，挺中兵是正确进攻方向。如车六进六，炮2平3，车三进一，士4进5，红车难逃。

11. ……　　　　炮9平7

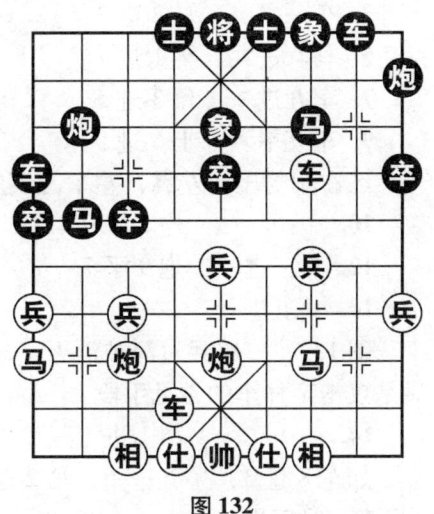

图132

12. 车三平四　士4进5

可士6进5免除后患,见下文说明。

13. 兵五进一　车8进6　　**14.** 车四进二　炮7进4

如炮2退1,车六进七,士5退4,车四平三,炮2平7,车六平三,仍属红先。

15. 马三进四　车8平6　　**16.** 兵五进一　车1平5

17. 马四进五　炮7平5

如车6退5,炮五进五,士5退4,马五进三,炮2平7,炮五退四,炮7进7,仕四进五,将5进1,炮七平五杀。

18. 炮五平三　……

卸炮叫闷妙手,造成得子之势,说明先前黑补右士之误。

18. ……　　车6平5　　**19.** 仕六进五　马7进5

20. 炮三平五　炮5进2　　**21.** 相三进五　马2进3

22. 车六平八　炮2平3　　**23.** 车八进八　炮3退2

24. 马九进七　车5平3　　**25.** 炮七平六

至此红多子优,结果胜。

红胜秘诀:第11回合起,直冲中兵,再用双肋车左右呼应,构成多面立体攻势。中局以卸炮妙手得子,奠定胜局。

侯昭忠胜吕健

1. 炮二平五　马8进7　　**2.** 马二进三　车9平8

3. 车一平二　马2进3　　**4.** 兵三进一　卒3进1

5. 马八进九　卒1进1　　**6.** 炮八平七　马3进2

7. 车九进一　象3进5　　**8.** 车二进六　车1进3

9. 车九平六　士6进5　　**10.** 马三进四　……

红右车封压黑左翼,左车占领黑肋线,在相持局面下跃马助攻。

10. ……　　炮8平9　　**11.** 车二平三　炮9退1

12. 兵三进一　炮9平7　　**13.** 车三平四　炮7进3

14. 兵五进一　……

图133,三路兵过河被消灭,却取得肋车封锁将门的有利条件,现再冲中兵是攻击卒林车的常见手段。

14. ……　　卒1进1　　**15.** 车四进二　卒1进1

如车8进3,兵五进一,马2退3,兵五平四,黑亦难应付。

16. 马四进三　……

弃子凶着，准备马踏中象入局。如马2退3，车六平八，炮2平1，车八进六，马3进4，兵五进一，马4进5，马三进五，炮1平5，车八平五，亦红优。

16. ……　　　卒1进1

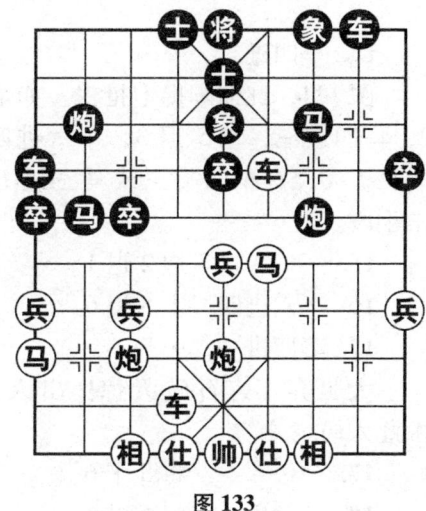

图133

如象5退3逃，则车六进四，炮7进2，车六平七，黑亦难走。

17. 马三进五　炮2平4
18. 兵五进一　车8进6
19. 兵五平四　车8平6
20. 炮七进三　……

弃炮妙手，迫使黑炮离岗，为马跳卧槽创造条件。

20. ……　　　炮7平3

如车1平3，炮七平三，车6退2，车四退三，马7进6，马五进三，将5平6，炮三平八得子大优。

21. 马五进三　炮3退3　　22. 车四平五　将5平6
23. 车五进一　将6进1　　24. 车六进六　车1平4
25. 车六平三　马2进3　　26. 车三平四

妙手弃车成杀，黑认输。因将6进1，车五平四，炮3平6，马三退二杀。

红胜秘诀：第15回合进车塞象眼，再跳马攻象，冲兵突破中路，构成强烈攻势。后来弃炮跳卧槽马入局，着法精彩，一气呵成。

张影富胜侯昭忠

1. 炮二平五　马8进7　　2. 马二进三　车9平8
3. 车一平二　马2进3　　4. 兵三进一　卒3进1
5. 马八进九　卒1进1　　6. 炮八平七　马3进2
7. 车九进一　象3进5　　8. 车九平六　车1进3
9. 车二进六　士6进5　　10. 马三进四　马2进1
11. 炮七退一　车1平2　　12. 车六进三　……

本局马踏边兵，卒林车从二路亮车。红肋车升巡河，双方成相持之势。

12. ……　　　炮8平9　　13. 车二平三　炮9退1
14. 车三平四　炮9平7

如车8进4，炮七平三，车8平6，车四退一，马7进6，车六进一，仍红先手。

15. 车四进二 ……

图 134，红伸车捉炮抢先。如炮 7 平 9，马四进三，象 5 退 3，车六进四，红先手扩大，有车四平三或马三进五等攻击手段。

15. ……　　炮 2 退 1
16. 车六进四　士 5 退 6
17. 车四进一 ……

大胆弃车，石破天惊！出人意料，由此入局。

17. ……　　将 5 平 6
18. 车六进一　将 6 进 1
19. 炮七平四　将 6 平 5
20. 马四进六　象 5 退 3

解救马六进四杀着。如车 8 进 3，马六进七，将 5 平 6，炮五平四杀。

21. 马六进七　将 5 进 1
22. 马七退六　将 5 退 1
23. 马六进四　将 5 进 1
24. 兵五进一　车 8 进 7

准备用车啃炮，以解燃眉之急，无奈。如车 8 进 3，兵五进一，车 8 平 6，兵五进一杀。

25. 兵五进一　车 8 平 5
26. 相七进五　卒 5 进 1

黑吃兵漏着，主动认输。红有车六退二杀。如炮 7 平 9，兵三进一，红再冲兵攻马，稳操胜券。

红胜秘诀：第 15 回合起，双车塞象眼，成两鬼拍门之势。后来弃车换双士，构成必胜局面，令人拍案叫绝。

陈孝坤胜于幼华

1. 炮二平五　马 8 进 7　　2. 马二进三　车 9 平 8
3. 车一平二　马 2 进 3　　4. 兵三进一　卒 3 进 1
5. 马八进九　象 7 进 5　　6. 车九进一　卒 1 进 1
7. 炮八平七　马 3 进 2　　8. 马三进四　……

以上局例黑飞右象，红都有肋车塞象眼的攻着，故本局黑改飞左象，变化不同。此着跃马准备踏中卒。如车九平六，卒 1 进 1，兵九进一，车 1 进 5，车二进四，炮 2 平 1，黑可抗衡。

8. ……　　车 1 进 3　　9. 车九平六　士 6 进 5

10. 马四进三　……

图 135，跃马踩卒先得实惠，双车控制要道，实行稳健战略。

10. ……　　　　卒 1 进 1
11. 兵九进一　车 1 进 2

车先进卒林，再兑兵进骑河，步数有所损失。

12. 车二进四　炮 2 平 1
13. 炮五平三　……

卸炮加强对黑左翼的压力，又便于补相调整阵型，着法灵活。

13. ……　　　　炮 1 进 1
14. 相三进五　……

如马三进一，马 7 进 6，车二退一，车 8 进 1，红马受困反而不利。

14. ……　　　炮 1 平 7　　　15. 炮三进四　马 2 进 1

黑跳边马捉炮，意义不大，不如车 1 平 6 为稳。

16. 炮七平八　车 1 平 2　　　17. 炮八退一　车 2 进 2
18. 车六平三　卒 5 进 1　　　19. 炮八平四　……

红实现运子计划，部署优势兵力于右翼，准备冲兵渡河发起攻势。

19. ……　　　车 2 退 4　　　20. 兵三进一　马 1 进 3
21. 兵三平四　炮 8 平 9　　　22. 车二进五　马 7 退 8
23. 兵四平五　车 2 平 6

如马 3 退 5，炮四平五，马 5 进 3，兵五进一，红有先手攻势。

24. 后兵进一　炮 9 进 4　　　25. 仕四进五　马 8 进 9
26. 炮三退四　马 3 退 5　　　27. 炮三平一

伏车三进二捉双。至此，红有双中兵优势，结果胜。

红胜秘诀：第 8 回合右马盘河，然后踏卒得到实惠，并掌握小先手稳步取胜。

柳大华胜周长林

1. 炮二平五　马 8 进 7　　　2. 马二进三　马 2 进 3
3. 车一平二　车 9 平 8　　　4. 兵三进一　卒 3 进 1
5. 马八进九　卒 1 进 1　　　6. 炮八平七　马 3 进 2
7. 车九进一　象 7 进 5　　　8. 马三进四　车 1 进 3

9. 车九平六　士6进5　　　10. 马四进三　马2进1
11. 炮七退一　车1平2　　　12. 车二进四　车2进2

黑以往冲边卒兑兵构成骑河车结构。本局通过马踏边兵，卒林车曲折运出，同样成骑河车牵制红兵，但多费步数。

13. 车六进二　炮2进1　　　14. 马三进一　车8进1

可马7进6，车二进一，马6退8，车二进一，炮2平8，马一进二，前炮退3，炮五进四，车2平7，黑有较多对攻机会。

15. 兵七进一　……

图136，挺兵捉马，以后再乘机冲兵过河打通七线，为以后攻杀奠定基础。

15. ……　　　　卒1进1
16. 兵七进一　车2平6
17. 仕四进五　马7进6

此时蹬车已晚。可车6退1或炮2进2，争取对攻机会。

18. 车二进一　马6退8

失算，未料到后来红有弃车的棋。应马6退7，车二退一，重新考虑对策。

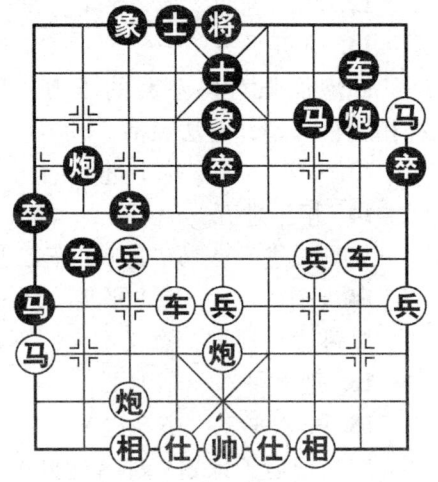

图 136

19. 炮五进四　将5平6

如象3进1，车二平六，将5平6，前车进四，士5退4，车六进六，将6进1，车六退一，将6退1，车六平二，对攻中仍属红优。

20. 炮五进二　……

炮砸士妙手，出人意料，先弃车后取，奠定胜局。

20. ……　　　　炮8进2　　　21. 车六进六　将6进1
22. 炮五平二　车6平7

防马一退三抽车。

23. 相三进五　车7退1　　　24. 炮二退三　车7平8
25. 马一进二

黑认输。因将6平5，马二退三，马8退6，马三退二得车胜定。

红胜秘诀：在右马跳边偷袭的条件下，冲七兵发挥七炮瞄象的作用，左右配合。中局得机，挥炮击卒砸士入局，一气呵成。

朱剑秋胜杨官璘

1. 炮二平五　马8进7　　　2. 马二进三　车9平8
3. 车一平二　卒3进1　　　4. 马八进九　马2进3
5. 炮八平七　……

除五七炮外，还有巡河车攻法，即车二进四，象3进5，兵七进一，士4进5，兵七进一，象5进3，黑可抗衡。

5. ……　　　马3进2　　　6. 车二进六　象7进5
7. 车九进一　卒1进1　　　8. 车九平六　车1进3
9. 兵五进一　……

图137，挺中兵是强劲攻法。如兵三进一，再跃出右马，仍属小先手，但攻势较缓。

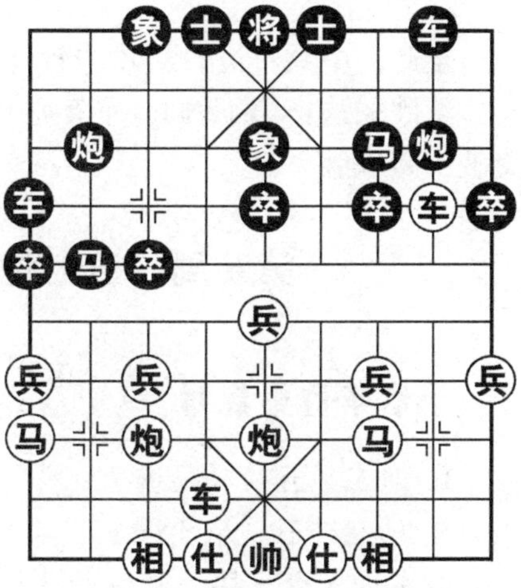

9. ……　　　士6进5
10. 马三进五　……

红跳盘头马含蓄攻势。如车二平三，车8平6，兵五进一，炮8退1，马三进五，炮8平7，车三平二，车6进6，黑反先。

10. ……　　　马2进1
11. 炮七退一　炮8退1

黑先退炮，等待车吃卒时，便平炮打车。如炮8平9，车二平三，炮9退1，兵五进一，炮9平7，黑损失一步棋。

图137

12. 车二平三　炮8平7

平炮打车再跳马咬车，对攻强烈。可车8平6，马五进三，炮8平7，车三平四，炮7进4，车四进三，士5退6，兵三进一，士6进5，局势变化比较单纯。

13. 车三平四　马7进8　　　14. 车六平二　……

红平车牵制马正着。如车四平三，马8退9，车三退二，车8进3，兵五进一，卒5进1，黑打通卒林线，右车活跃，红难掌握先手。

14. ……　　　炮7进8　　　15. 仕四进五　车8进2
16. 车四平一　马8进7　　　17. 车二进六　炮2平8
18. 车一平二　马7退6　　　19. 车二进一　马6进5

20. 车二平三 ……

平车捉炮稳健。如车二退四，马5进7，车二进六，士5退6，仕五进四，马7退6，炮七平四，马6进5，车二平四，将5进1，相七进五，车1平4，仕四退五，车4进2，对攻中黑子活跃易走。

20. ……　　　**炮7退5**

只能退炮。如炮7平9，车三退四，马5进3，车三进三，士5退6，炮五进四，士4进5，仕五进六，红控制局面。如车1平4，炮七平二，将5平4，炮二平六打死车。

21. 车三退一　车1平4　　**22. 兵五进一　车4进2**

23. 兵五进一

至此，中兵直进，对攻中较优，结果胜。

红胜秘诀：第12回合平车吃卒，又移肋车牵马，一直抓住冲中兵的攻势，突破中路取胜。

第6局　五七炮巡河车破屏风马骑河车

于幼华胜梁辉远

1. 炮二平五　马8进7　　**2. 兵三进一　车9平8**

3. 马二进三　卒3进1

红主动先挺三兵，避免黑进7卒，便于红布局的定型。

4. 车一平二　马2进3　　**5. 马八进九　卒1进1**

6. 炮八平七　马3进2　　**7. 车九进一　卒1进1**

8. 兵九进一　车1进5

冲卒兑兵亮出骑河车，控制红右马出入，是目前较流行应法。

9. 车二进四　象7进5

补象巩固阵式，静观其变。如车1平4，车九平四，象7进5，车四进三，车4进2，炮五平四，再飞相打车，黑无趣。

10. 车九平四　卒3进1

驱卒渡河，急于反击，是较少见的应法。通常士6进5固防。

11. 炮七进二　马2进3　　**12. 车四平七　……**

图138，演成兑子局面。如车1平3，车七进二，车3进1，马九进七，红子力活跃，仍持先手。

12. ……　　　**马3进1**　　**13. 相七进九　炮8进2**

如车1进2,炮七进三,炮8平9,炮七平三,车8进5,马三进二,炮2平7,马二进三,炮9进4,炮五进四,士6进5,车七平二,红兵种齐全,形势占优。

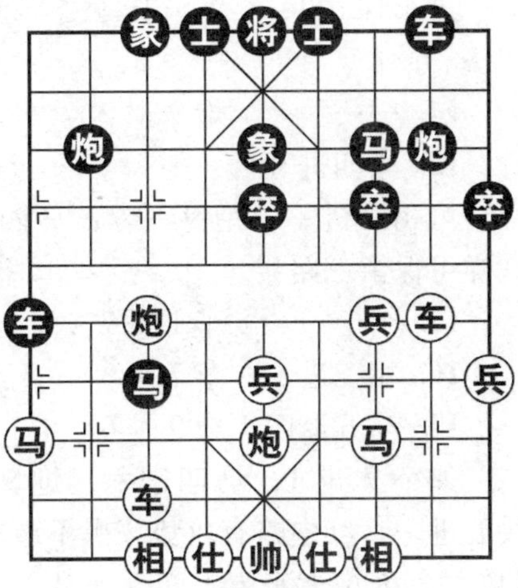

14. 炮七平五　士6进5
15. 兵三进一　……

冲兵巧着,伏炮打象叫将吃车,由此扩先,是占优的关键。

15. ……　　　　象5进7
16. 车七进八　车1进2
17. 前炮平八　车1平4
18. 车七退二　车4退5
19. 车七平六　士5进4
20. 马三进四　……

黑忙于防守,兑车解除捉双之危。红又跃马蹬炮,继续抢先。

20. ……　　　　炮2进2
21. 炮五平九　……

卸炮准备从边线偷袭,战术灵活机动,黑方应接不暇。

21. ……　　　　车8进1
22. 炮九进七　将5进1
23. 马四进六　象7退5
24. 车二平七

红四子归边攻杀,黑难挽回劣势,结果红胜。

红胜秘诀:第15回合冲兵渡河捉炮,出人意料,由此得象,突破黑方防线,进而取胜。

徐天红胜卜凤波

1. 炮二平五　马8进7　　**2.** 马二进三　车9平8
3. 车一平二　马2进3　　**4.** 兵三进一　卒3进1
5. 马八进九　卒1进1　　**6.** 炮八平七　马3进2
7. 车九进一　卒1进1　　**8.** 兵九进一　车1进5
9. 车二进四　象7进5　　**10.** 车九平四　士6进5
11. 炮七退一　……

图139,退炮等一着,是一种新的变化。通常车四进五,马2进1,红仍要退炮。

11. ……　　　　炮8平9　　**12.** 车二进五　马7退8
13. 马三进四　马8进7　　**14.** 车四进二　……

进车保边兵，为下步马踏卒捉炮做准备。

14. ……　　　　炮9退2
15. 马四进五　　……

可相三进一，炮9平7，马四进五，这样可保留三路兵。

15. ……　　　　车1平7
16. 相三进一　　车7平8
17. 马五退四　　炮9平6

如卒7进1，马四进六，炮9平6，兵五进一，红中路有攻势。黑不敢车8平5吃兵，因炮七平五，车5平4，马六进五破象入局。

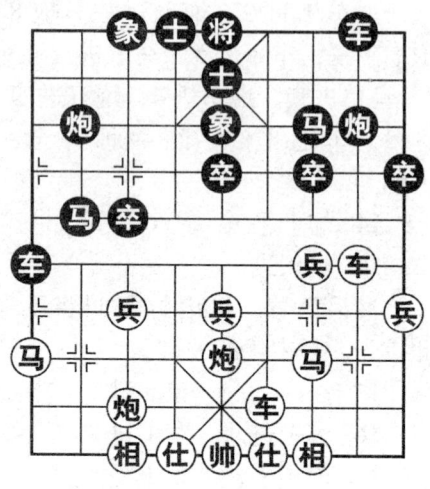

图 139

18. 马四进三　　车8退2　　　　19. 马三退五　　马7进5
20. 马五退三　　马5进7　　　　21. 车四进二　　炮6平7

低估了红骑河车对黑双马的威胁。应炮2平3，削弱红七炮的作用。

22. 兵七进一　　……

佳着。挺兵欺卒，由此打开局面。

22. ……　　　　炮7平5　　　　23. 相一进三　　马2进1
24. 兵七进一　　马1进3

劣着。应马7退6，不致丢子，但亦处下风矣。

25. 车四平六　　炮2平1　　　　26. 马九退八　　马3退2

如炮1平3，车六退三，黑马也难逃厄运。

27. 车六平三　　炮1平3　　　　28. 炮五进五　　象3进5
29. 炮七进六

红得子大优，结果胜。

红胜秘诀：第13回合右马跃出，进退盘旋，占据好位。中局驱七兵渡河，发挥七炮潜力，得子占优而胜。

赵国荣胜郑正伟

1. 炮二平五　　马8进7　　　　2. 马二进三　　车9平8
3. 车一平二　　马2进3　　　　4. 兵三进一　　卒3进1
5. 马八进九　　卒1进1　　　　6. 炮八平七　　马3进2
7. 车九进一　　卒1进1　　　　8. 兵九进一　　车1进5

9. 车二进四　象7进5　　10. 车九平四　士6进5
11. 炮七退一　车1平4

平肋车意义不大。下着红升车兑车，黑损失步数。

12. 车四进三　车4平6　　13. 马三进四　车8平6

如炮8平9，车二进五，马7退8，炮五进四，炮9进4，炮五平一，炮9平3，炮七平二，红易走。

14. 马四进五　马7进5
15. 炮五进四　……

图140，黑有担子炮坚守，局势比较平稳，红靠多兵占优。

15. ……　　　马2退3
16. 炮五平一　马3进4
17. 车二退一　……

退车保兵稳健。如兵五进一，车6进5，兵五进一，车6平5，抽吃兵，黑可抗衡。

17. ……　　　炮8平9
18. 兵五进一　车6进4

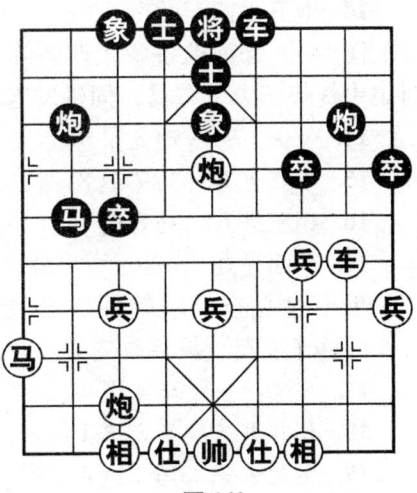

图140

如车6进5，兵五进一，车6平5，炮七平五，车5退1，车二进六，士5退6，车二退四捉串得子。

19. 车二进六　士5退6　　20. 车二退三　炮2进1
21. 车二进一　炮2退1　　22. 车二退一　炮2进1
23. 车二进一　炮2退1　　24. 车二退一　士4进5

黑方长打，故此变着。

25. 炮一平三　炮9平7　　26. 相三进五　炮2进5
27. 炮三平九　车6退1　　28. 车二平四　马4退6
29. 兵五进一

兑车后，红净多三兵进入优势残局，结果胜。

红胜秘诀：第12回合兑车跃马，以后再踏中卒，取得多兵小先手，稳步取胜。

柳大华胜许文学

1. 炮二平五　马8进7　　2. 马二进三　车9平8
3. 车一平二　马2进3　　4. 兵三进一　卒3进1

5. 马八进九　卒1进1　　　6. 炮八平七　马3进2
7. 车九进一　卒1进1　　　8. 兵九进一　车1进5
9. 车二进四　车1平4　　　10. 车九平四　车4进2
11. 炮七退一　象7进5　　　12. 车四进三　车4进1

进车拦炮，防炮七平三再支仕驱车。

13. 仕四进五　士4进5
14. 炮五平四　……

图141，卸炮准备联相调整阵型，同时集中优势子力于右翼，伺机发起攻击。

14. ……　　　炮8平9
15. 车二进五　马7退8
16. 相三进五　马8进7
17. 车四平九　……

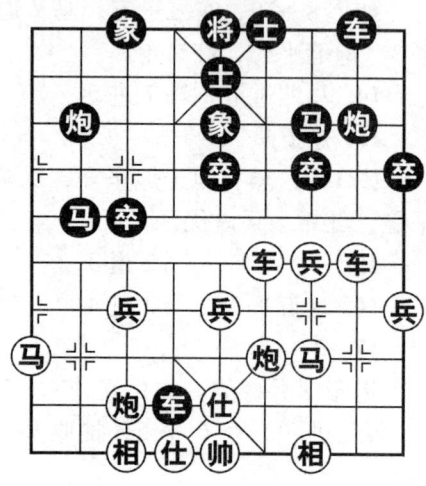

图141

黑通过兑车，减轻左翼所受压力。红及时移车左翼，灵活改变进攻方向。

17. ……　　　车4退4
18. 车九进二　卒3进1
19. 兵七进一　马2进4　　　20. 车九平八　炮2平4
21. 兵五进一　炮4平1　　　22. 炮四进二　……

进炮牵马，伏兵七进一，象5进3，炮七进八，红获得沉底炮优势。

22. ……　　　马4进3　　　23. 车八退四　炮1平3
24. 炮四退二　……

炮一进一退，困捉黑马，获得成功，必得子占优。

24. ……　　　马3进5　　　25. 炮七进六　马5退7
26. 炮七平三

红得子大优，结果胜。

红胜秘诀：开局前段，子力集中右翼进攻，兑车后肋车灵活移左，从边线偷袭，逐步困抓黑马，得子取胜。

蔡福如胜刘忆慈

1. 炮二平五　马8进7　　　2. 马二进三　车9平8
3. 兵三进一　卒3进1　　　4. 车一平二　马2进3
5. 马八进九　卒1进1　　　6. 炮八平七　马3进2
7. 车九进一　象7进5　　　8. 车九平六　卒1进1

9. 兵九进一　车1进5

挺卒兑兵，急于亮车控制红右马跃出并加强反击力。但与卒林车相比，也使红边马消除了障碍，便于中残局发挥作用。

10. 车二进四　士6进5

补士软着，炮2平1可以抗衡。

11. 炮七退一　……

图142，退七炮准备平九打死车，由此展开攻势，是全盘占优的关键。

11. ……　　炮8平9

12. 车二进五　马7退8

13. 相三进一　车1退2

避免红炮打车，顺便保护中卒，黑形势趋向被动。

14. 车六进四　……

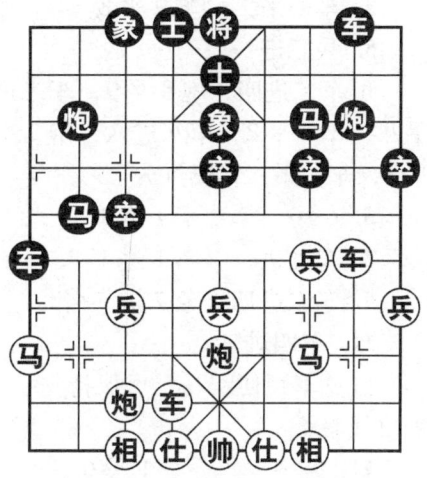

图 142

车骑河佳着，准备挺七兵欺卒。如马三进四，马8进6，车六平二，车1进2，马四进五，车1退2，马五退四，车1平6，黑车路畅通，红难掌握先手。

14. ……　　马2退3	**15. 车六平二　马8进6**
16. 炮七平四　炮2进6	

红平肋炮暗瞄拐脚马，酝酿攻击手段。黑伸炮勉强对攻，不如炮2退1保马为稳。

17. 马九进八　车1平2	**18. 炮五平四　车2进2**
19. 后炮进七　士5退6	**20. 车二进四　士4进5**

21. 前炮平一　……

红抓住黑拐脚马弱点，紧紧追击，兑马后四子集中右翼，准备沉底炮成势，黑难应付。

21. ……　　炮9平7	**22. 炮四进六　车2平4**
23. 炮一进一　炮2进1	**24. 仕四进五　车4退3**
25. 车二平三　炮7平8	**26. 炮一平二　士5退4**
27. 车三退二　将5进1	**28. 炮四平一**

红车双炮配合默契，乘胜追击，着法紧凑，最后叫杀得炮，黑至此认输。

红胜秘诀：第14回合伸车骑河，再平右翼攻马，扩大了先手。同时平双肋炮打马兑子，造成杀势。

李艾东胜李望祥

1. 炮二平五　马8进7　　　　**2.** 马二进三　卒3进1
3. 车一平二　车9平8　　　　**4.** 马八进九　马2进3
5. 兵三进一　……

可车二进四，炮8平9，车二进五，马7退8，炮八平七，马8进7，车九平八，车1平2，车八进六，炮2平1，车八平七，炮1退1，车七退一，炮1平3，车七平二，仍红先。

5. ……　　卒1进1　　　　**6.** 炮八平七　马3进2
7. 车九进一　卒1进1　　　　**8.** 兵九进一　车1进5
9. 车二进四　象7进5　　　　**10.** 车九平四　士6进5
11. 车四进三　……

红兑车顺便跃马，可保持先手。但由于拼掉主力，使变化较为单纯，属于稳攻战略。

11. ……　　车1平6　　　　**12.** 马三进四　车8平6
13. 马四进三　……

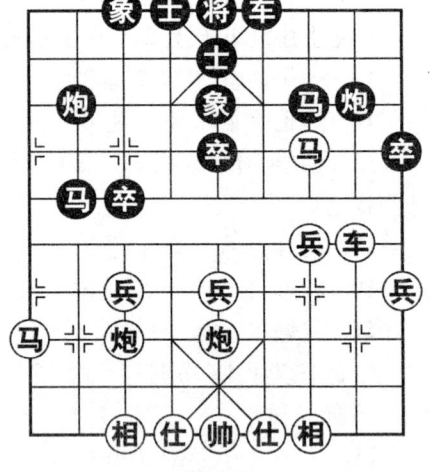

图143，马踏7卒，可保留更多变化。如马四进五，马7进5，炮五进四，则局势较为平淡。

13. ……　　炮8退2
14. 炮五平三　……

卸炮保马，准备飞相成担子炮，稳健。如车二退一，炮8平7，炮五平三，马2进1，炮七平六，卒3进1，黑有对攻机会。

14. ……　　炮8平7
15. 相三进五　炮7进3
16. 炮三进四　车6平8

图143

软着。兑车欲求和，战略上比较消极，可车6进6捉兵较为强劲。

17. 车二进五　马7退8　　　　**18.** 炮三平四　……

细腻。炮塞象眼准备过兵，可控制黑左马进路。

18. ……　　马8进6　　　　**19.** 炮七退一　炮2平3
20. 炮四退三　……

双方进入无车残局阶段，以兵卒为贵，故退炮保兵，再平边炮取卒。

20.	……	马6进7	21.	马九进八	炮3平2
22.	马八退九	卒5进1	23.	炮四进三	马7进6
24.	兵三进一	炮2平1	25.	兵三平四	马6进8
26.	马九进八	炮1平3	27.	炮七平八	炮3平2
28.	炮八进四	炮2进3	29.	炮八平五	

红多双兵进入优势残局，结果胜。

红胜秘诀：第11回合兑车后，红掌握小先手多一兵，以后步步为营，逐步蚕食，积小胜为大胜，以多兵入局。

第7局 五七炮右肋车破屏风马巡河车

徐天红胜刘殿中

1. 炮二平五　马8进7　　2. 马二进三　马2进3
3. 车一平二　车9平8　　4. 兵三进一　卒3进1
5. 马八进九　卒1进1　　6. 炮八平七　马3进2
7. 车九进一　卒1进1　　8. 兵九进一　车1进5
9. 车二进四　象7进5　　10. 车九平四　士6进5
11. 车四进五　……

红右肋车过河，准备吃卒压马，加强对黑左翼的压力，是目前最流行的攻法。

11. ……　　马2进1

如卒3进1，车四平三，马2进4，炮七进二，马4进6，车二退一，马6进7，帅五进一。黑缺乏续攻手段，红升帅有惊无险，对攻中红易走。

12. 炮七退一　炮2进5

图144，伸炮打马正着。如炮2进3，车二退一，炮2进2，车四退二，卒3进1，炮五退一，卒3平4，炮五平三，接有炮七平九牵制黑车马的手段，黑势不容乐观。

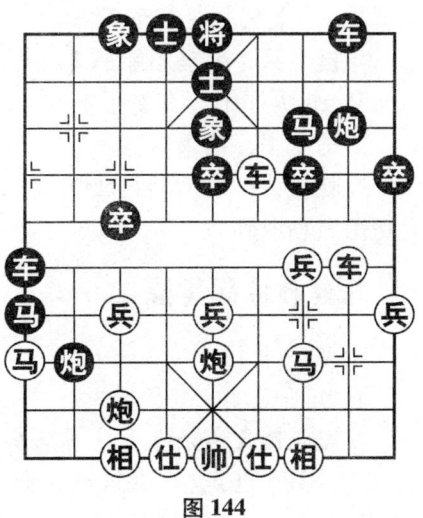

图144

13. 车四退二　……

退车邀兑稳健。如炮五退一，马1进3，炮五进一，炮2退4，车四进二，炮 2 退 2，车四退二，马 3 进 1，车四平三，马 1 进 3，车三进一，炮 2 进 1，车三退一，车 1 进 2，黑右翼有反击手段，红不合算。

13. ……　　　卒 3 进 1　　　14. 炮五退一　炮 2 退 2

如卒 7 进 1，炮七进三，马 1 退 3，车四平七，车 1 退 1，兵三进一，车 1 平 7，车七平三，车 7 进 1，车二平三，炮 2 退 5，仍红先。

15. 车四进二　卒 7 进 1　　　16. 炮五平三　炮 8 进 2

如卒 7 进 1，炮三进三，炮 2 平 7，车二平三，马 7 退 6，车四平二，黑子受牵制难走。

17. 相三进五　炮 2 退 2　　　18. 车四进二　炮 2 退 2
19. 车四退二　炮 2 进 2　　　20. 车四退二　车 1 退 1
21. 兵七进一　……

消灭过河卒，局面渐见明朗。

21. ……　　　卒 7 进 1　　　22. 车四平三　炮 2 进 2
23. 马三进四　……

平车吃卒，不怕黑炮打双。算准用马抵挡，仍能掌握先手。

23. ……　　　炮 2 平 6　　　24. 车三进三　车 1 平 6
25. 车三退四　炮 6 进 2　　　26. 仕四进五　炮 6 平 1
27. 相七进九　车 8 平 6　　　28. 相九退七　后车进 3
29. 炮七平九　前车平 4　　　30. 兵五进一　马 1 进 3

巧挺中兵，黑马不能退 2，因有炮九进四打串。

31. 炮九平七　车 4 平 1　　　32. 车三平七

黑马受困，结果红胜。

红胜秘诀：第 16 回合卸中炮支援三路兵，集中双车于右翼展开攻势，最后巧困黑马取胜。

徐建秒胜陈建国

1. 炮二平五　马 8 进 7　　　2. 马二进三　卒 3 进 1
3. 车一平二　车 9 平 8　　　4. 兵三进一　……

在黑先挺 3 卒条件下，可马八进九，马 2 进 3，炮八平七，马 3 进 2，车二进六，象 3 进 5，车九进一，士 4 进 5，红方攻势更加强劲。

4. ……　　　马 2 进 3　　　5. 马八进九　卒 1 进 1
6. 炮八平七　马 3 进 2　　　7. 车九进一　……

如马三进四，车 1 进 3，车九进一，车 1 平 4，黑车先占肋线。马四进五，马 7 进 5，炮五进四，车 4 平 5，炮七平五，车 5 退 2，炮五进六，炮 8 平 5 抽将得车。

7. ……　　　　卒1进1
8. 兵九进一　车1进5
9. 车二进四　象7进5
10. 车九平四　士6进5
11. 车四进五　马2进1
12. 炮七退一　马1进3

图145，黑马深入腹地，准备马3进1咬相，是一种试验性怪门走法，其效果优劣有待实战检验。

13. 炮七平三　……

平炮暗瞄黑7线，设计一个攻击计划。如车四平三，炮8平9，车二进五，马7退8，炮五平六，马3进1，相三进五，炮2进6，黑有对攻手段。

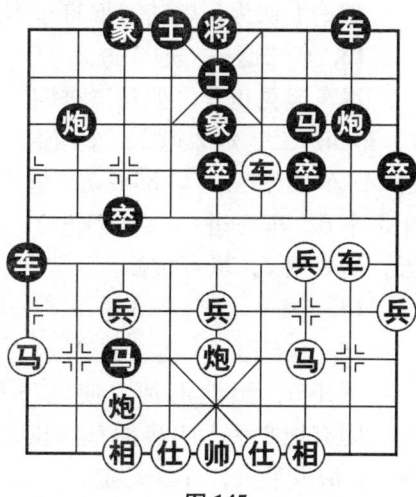

图145

13. ……　　　　马3进1
14. 兵三进一　车1平8
15. 马三进二　卒7进1
16. 炮三进六　炮2平7
17. 车四平三　卒7进1
18. 马二进一　炮7平6
19. 车三平二　……

以上一系列着法，红弃兵兑车兑马，实现了预定计划，牵制黑无根车炮，取得局面优势。

19. ……　　　　马1退3

如车8平9，马一进二，炮8平7，车二平三，炮7平8，炮五进四，炮6退1，马九进八，红全体子力出动，控制局面占优。

20. 炮五平二　马3退5
21. 炮二进五

红得子占优。以后黑奋力挣扎，也难挽回败势，结果红胜。

红胜秘诀：第13回合平炮埋下伏兵，交换子力后，取得牵制优势，得子占优，奠定胜局。

徐天红胜林宏敏

1. 炮二平五　马8进7
2. 马二进三　车9平8
3. 车一平二　马2进3
4. 兵三进一　卒3进1
5. 马八进九　卒1进1
6. 炮八平七　马3进2
7. 车九进一　卒1进1
8. 兵九进一　车1进5
9. 车二进四　象7进5
10. 车九平四　士6进5

11. 车四进五　马2进1

如炮2进1，车四进二，炮2退2，车四退二，炮2进2，车四进二，黑长打须变，红易走。

12. 炮七退一　炮2进3

理论上认为，黑骑河炮打车容易吃亏，还是炮2进5为妥。

13. 车二退一　炮2进2　　14. 车四退二　……

退车邀兑正着。如马三进四，炮2退4，车四进二，炮2退2，车四退二，炮8进1，车四平三，车8平7，炮七平三，车1平6，车三进一，车7进2，炮三进五，炮8退2，黑可抗衡。

14. ……　　　　卒3进1

15. 炮五退一　炮8进2

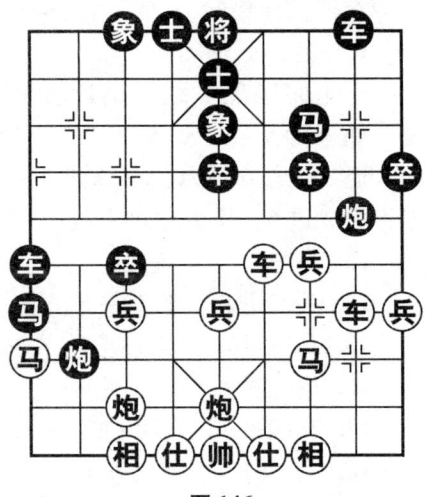

图146

图146，黑炮巡河，使红不便卸中炮，因有炮8平5叫将抽车的棋。如卒3平4，炮五平三，亦红易走。

16. 炮七进三　车1退3

17. 车四进一　卒7进1

18. 车四退三　炮2平7

19. 车四平三　马1退3

如卒7进1，车三进二，炮8平7，车二进六，马7退8，炮五平九牵马或炮五进五去卒，均属红优。

20. 兵三进一　马3进5　　21. 车二平五　炮8进5

22. 炮五平七　车1平4　　23. 仕六进五　炮8平9

24. 兵三平二　……

红方优势在于小兵渡河，此着送兵甚巧。若马7进8，车五平二，伏退车捉死炮。接走马8退9，车二进六，马9退8，车三进七抽马得子。

24. ……　　　　马7进6　　25. 车五平二　车4进6

26. 车二退三　炮9退1　　27. 车三退一

捉死炮，红得子大优，结果胜。

红胜秘诀：第17回合进车捉炮，再退车兑子，取得小兵渡河的先手，以后逐步扩先取胜。

徐天红胜于幼华

1. 炮二平五　马8进7
2. 马二进三　车9平8
3. 车一平二　马2进3
4. 兵三进一　卒3进1
5. 马八进九　卒1进1
6. 炮八平七　马3进2
7. 车九进一　卒1进1
8. 兵九进一　车1进5
9. 车二进四　象7进5
10. 车九平四　士6进5
11. 车四进五　马2进1
12. 炮七退一　炮2进3
13. 兵五进一　……

以往多车二退一，挺中兵是新变着。

13. ……　　　卒7进1

如卒3进1，炮七平五，卒3平4，车四平三，炮2退3，兵三进一，红易走。

14. 炮七平三　……

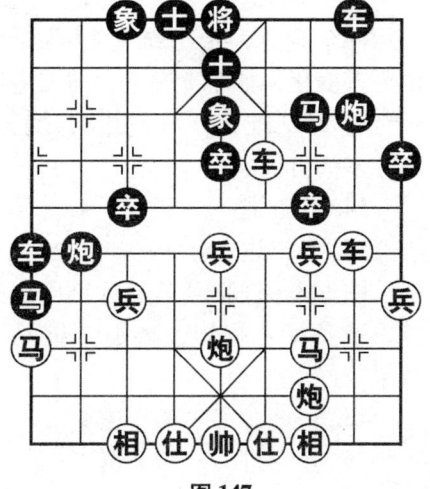

图147

图147，用炮保兵，以维持右翼的攻势。如卒7进1，炮三进三，炮2平7，车二平三，车8平7，车四平二，炮8退2，车二进一，黑方丢子。

14. ……　　　炮8进2
15. 马三进五　卒5进1
16. 炮三平五　……

黑利用骑河炮牵制红方子力，形成四兵相见的对峙局面。红不甘示弱，双重中炮保兵，随时发起攻击。

16. ……　　卒7进1
17. 马五进三　卒5进1
18. 车四平三　炮8平7

平炮兑车兼顶马叫闷，似佳实劣。应炮2平7，车三进一，炮7平6，后炮平二，卒3进1，炮二进四，卒3平4，虽失一子，但有过河卒补偿。

19. 车二进五　马7退8
20. 车三退一　……

妙手舍车啃炮。如象5进7吃车，后炮进三，将5平6，前炮平九得子。

20. ……　　　炮2退1
21. 车三进一

红得子得势，结果胜。

红胜秘诀：右肋车伸卒林伺机攻马，双重中炮盘头马具备潜力，兑车后巧得一炮，多子胜定。

赵国荣胜陶汉明

1. 炮二平五　马8进7
2. 马二进三　车9平8
3. 车一平二　马2进3
4. 兵三进一　卒3进1
5. 马八进九　卒1进1
6. 炮八平七　马3进2
7. 车九进一　卒1进1
8. 兵九进一　车1进5
9. 车二进四　象7进5
10. 车九平四　士6进5
11. 车四进五　马2进1
12. 炮七退一　炮2进5
13. 车四退二　卒3进1

冲卒避兑，希望维持打马先手，保留更多变化。如车1平6，马三进四，炮8平9，车二进五，马7退8，炮五进四，红方多兵占优。

14. 炮五退一　卒3平4
15. 车二进一　……

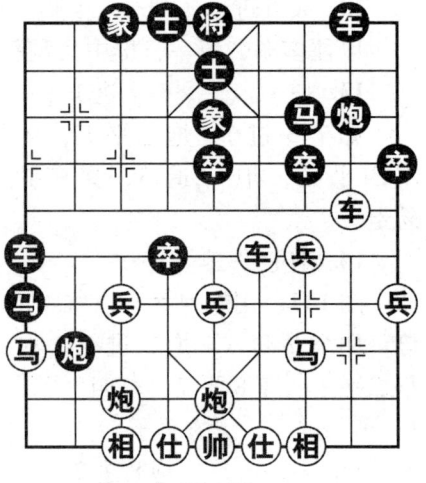

图148

图148，进骑河车是近年出现的新变着，准备平八捉炮，再退二逼马，实战效果较好。

15. ……　　　卒7进1
16. 车二进一　车1退1

如炮2退4，车二退三，卒7进1，车四平三，黑难应付。如炮8平9，车二进六，马7退8，车三进五抽马得子。

17. 车四平六　马1进3

跳马勉强对攻，但亦无其他好着。如炮8平9，车二进三，马7退8，炮五进五，象3进1，马三进四，马8进7，炮五平三，亦红易走。

18. 炮五进一　马7进6
19. 车六进四　卒7进1
20. 车二退一　炮2平5
21. 相三进五　象3进1

如卒7进1，马三退五，活马咬死马，红得子。

22. 相五进三　……

目前形势，红一车牵制黑双车马炮，明显占优。

22. ……　　　车1平5
23. 车六退六　马3退1
24. 炮七平二

红暗伏炮二进六或车二平四得子手段，黑无法解围，遂推枰认负。

红胜秘诀：第15回合进车骑河，迫使黑挺7卒而暴露左翼弱点。利用欺炮瞄象，布下陷阱，配合右车攻势。黑左右为难，难逃劫运。

徐天红胜孙树成

1. 炮二平五　马8进7　　　　2. 马二进三　车9平8
3. 车一平二　马2进3

跳右马成屏风马阵型。另外也可炮8进4，兵三进一，炮2平5，马八进七，马2进3，演成半途列炮阵式，另有对攻变化。

4. 兵三进一　卒3进1　　　　5. 马八进九　卒1进1
6. 炮八平七　……

红摆七炮，准备亮出左车抢先。此外另有炮八进四，卒1进1，兵九进一，车1进5，炮八平七，成五八炮的对攻阵式。

6. ……　　　马3进2　　　　7. 车九进一　卒1进1
8. 兵九进一　车1进5　　　　9. 车二进四　……

红升巡河车保兵，属稳健走法。也可车九平四，车1平7，马三进四，象7进5，马四进五，马7进5，炮五进四，士6进5，车四进四，仍属红先。

9. ……　　　象7进5　　　　10. 车九平四　士6进5
11. 车四进五　马2进1　　　　12. 炮七退一　炮2进5
13. 车四退二　卒3进1　　　　14. 炮五退一　卒3平4
15. 车二进二　……

图149，红进车卒林，准备吃卒压马，是新变着。以往多炮五平三，局势较为平稳。

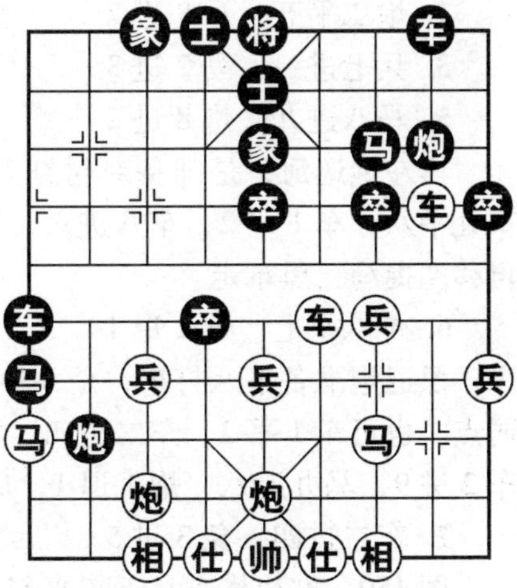

15. ……　　　炮2退2

黑退炮打车，弃卒设下陷阱，但能否成立见下文便知。

16. 车四平六　炮2平7
17. 炮五进五　……

眼看红方要丢车，在这千钧一发之际，炮击中卒解杀还杀，转劣为优，局面顿时改观。

17. ……　　　炮7进4
18. 仕四进五　车1退5　　　　19. 车六平九　车1平2

红以炮打底象闷杀的威胁，献车捉马，取得优势局面。

20. 车九平八　车2平1　　　　21. 炮五退一　马1进3

图149

黑进马拦炮，自找死路，但亦无其他好着。如炮8平9，车二进三，马7退8，车八平九捉双，红得子。

22. 车八退二　炮8平9

如车1进4，兵五进一，车1进1，车八平七，车1平5，车七平五叫闷得车。

23. 车二进三　马7退8　　24. 车八平七　车1进3

25. 马三进四　将5平6

防车七平二双叫杀得子，故先出将避一手。

26. 车七平二　马8进6　　27. 仕五进六

红得子得势大优。如车1平6，炮七平四，车6进2，车二进七，弃马绝杀。结果红胜。

红胜秘诀：第16回合车吃卒，诱炮打兵叫闷，将计就计，发出中炮击卒，解杀还杀，由此占优获胜。

第8局　五七炮进七兵破屏风马左炮巡河

刘星胜黄增光

1. 炮二平五　马8进7　　2. 马二进三　卒7进1
3. 兵七进一　马2进3　　4. 车一平二　车9平8
5. 马八进九　炮8进2

黑左炮巡河，是准备对付红五七炮。如象3进5，炮八平七，炮8进2，车九平八，车1平2，车八进六，炮2平1，车八进三，马3退2，车二进一，再移左捉马，黑难走。

6. 炮八平七　炮2退1

黑退炮准备平八打车，是一种积极反击的下法，但以后容易暴露出右马的弱点。也可车1平2，车二进四，象3进5，兵九进一，炮2平1，车九平八，车2进9，马九退八，炮1退1，局势较为缓和。

7. 车二进四　象3进5　　8. 车九进一　……

图150，红出横车是近年兴起的新攻法。也可车九平八，炮2平6，车八进七，炮6进1，兵九进一，士4进5，马九进八，仍属红先。

8. ……　　　　炮2平8　　9. 车二平四　马7进6

10. 兵七进一　……

及时冲兵攻马，使黑造成卒头象的不利结构。

10. ……　　　象5进3
11. 马九进七　后炮平6
12. 车四平八　炮6进1
13. 马七进六　车1平2
14. 车八进五　马3退2
15. 车九平六　……

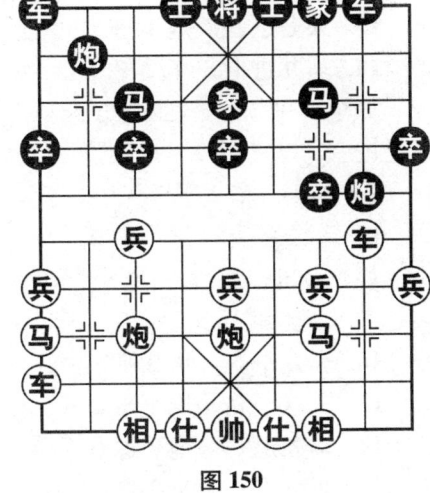

图 150

黑主动兑车，暴露中卒无根弱点。如炮五进四，马6进4，车九平六，马4进3，马六进五，士6进5，马五进七，将5平6，炮五平四，炮6平5，相三进五，马2进1，兑掉红卧槽马，黑得子大优。

15. ……　　　象7进5
16. 炮五进四　士6进5　　17. 炮五平九　马2进1
18. 马六进四　炮8进1　　19. 兵九进一

红炮取边卒准备沉底，黑跳边马顶住。红在控制局面的条件下挺边兵稳步进取，结果胜。

红胜秘诀：第10回合冲兵过河，再跃边马咬马，炮取双卒占优，逐步扩先而胜。

陈军胜车兴国

1. 炮二平五　马8进7　　2. 马二进三　车9平8
3. 车一平二　马2进3　　4. 兵七进一　卒7进1
5. 马八进九　炮8进2　　6. 炮八平七　炮2退1

如炮2进4，车九进一，炮2平7，相三进一，象3进5，车九平四，接有车四进二捉炮的先手，红虽少兵但子力活跃。

7. 车二进四　象3进5　　8. 车九进一　车1平2
9. 车九平四　士4进5　　10. 兵九进一　……

图151，挺边兵防炮2进4打车，又平肋车准备伸卒林攻黑左马。黑退右炮本欲移左攻车，却又补士自塞炮路，前后矛盾。

10. ……　　　炮2平1　　11. 车四进五　车2进8
12. 车四平三　炮1进4

黑在受攻的情况下，飞炮打兵抢攻，以求一搏。如车8进2，兵七进一，象5进3，兵三进一，卒7进1，车二平三，炮1进1，马三进四，车2平4，后车平二，黑炮难逃。

13. 兵七进一　炮1进1
14. 马九进七　车2平3

如炮8平3，车二进五，马7退8，炮七进三，车2退2，炮七进二，炮1平3，炮七退四，车2平3，红多子大优。

15. 车二平九　炮1平2

如车3退1，车九退一，车8进2，兵七进一，红渡兵先手。

16. 车九平八　炮2平1
17. 车八平九　炮1平2
18. 车九退一　炮2退6
19. 车三进一　车3退1
20. 兵七进一　炮2平3
21. 马三退五　车3平4
22. 兵七进一　炮8进4

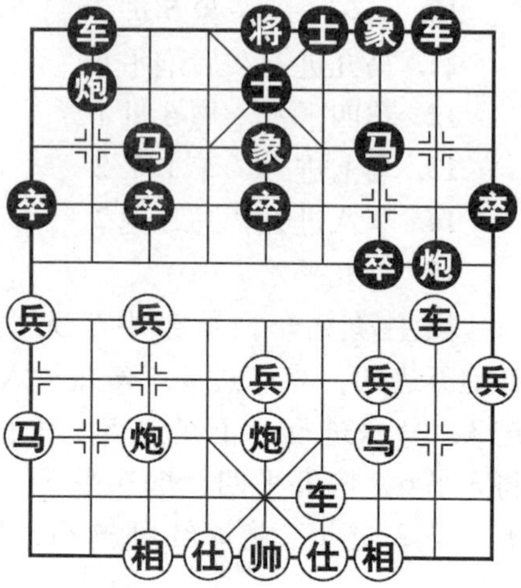

如将5平4，马七退八，车4进1，兵七平六，仍属红方易走。

23. 兵七进一　炮3进6
24. 车九平七　将5平4
25. 兵七进一　将4进1
26. 车七进五　将4进1
27. 马五进七　炮8平3
28. 仕六进五　车4进1
29. 马七进六

红多子大优，黑认输。

红胜秘诀：第8回合起横车，再移右肋伸卒林，平车压马可得先。河车随时移左侧，左右呼应更强劲，七兵趁机渡河界，扩先得子便是胜。

喻之青胜秦劲松

1. 炮二平五　马8进7　　**2.** 马二进三　车9平8
3. 车一平二　马2进3　　**4.** 兵七进一　卒7进1
5. 马八进九　炮8进2　　**6.** 炮八平七　炮2退1
7. 车二进四　象3进5　　**8.** 车九平八　炮2平6
9. 炮五平四　……

卸炮巧着，准备炮四进五打马，又防马7进6，是针对黑平肋炮的好应法。

9. ……　　　　士4进5　　**10.** 相七进五　炮8平9

图152，平炮兑车希望减轻左翼所受的压力。如炮6进1，兵三进一，卒7

图151

进1，车二平三，炮8平7，马三进四，炮6进5，炮七平四，接有马四进六或车八进七攻马的手段，红方易走。

11. 车二进五　马7退8
12. 炮四进四　车1平4
13. 车八进一　车4进7
14. 车八平二　……

黑进肋车捉炮失算。因不能吃炮，红有炮四退四打死车的棋。红移车捉马好着，黑边炮存在危险。

14. ……　　　卒7进1

送卒活炮。如马8进7，仕四进五，车4退3，炮四平三，炮6进1，兵一进一捉死炮。

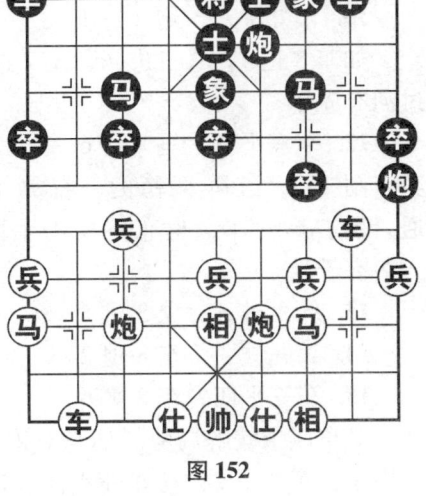

图152

15. 仕四进五　车4退2

可车二进八，卒7进1，马三退二，红多子仍属合算。

16. ……　　　炮9平1
17. 车二进八　炮1进3
18. 车二平三　炮1进2
19. 炮七退二　卒3进1
20. 车三退一　炮6进1
21. 炮四平二　将5平4

如炮6平8，车三退一捉炮得象。

22. 炮二进三　将4进1
23. 兵七进一　象5进3
24. 炮二退五　车4进3
25. 马三进四

红多兵得象，形势略优，结果胜。

红胜秘诀：第9回合卸中炮联相调整阵型，以后左车移右抓马得先，获得中局优势，以优势残局取胜。

郑兴年胜杨国斯

1. 炮二平五　马8进7
2. 马二进三　车9平8
3. 车一平二　马2进3
4. 兵七进一　卒7进1
5. 马八进九　炮8进2
6. 炮八平七　车1平2
7. 车二进四　炮2进3

伸炮骑河打车，迫使红冲七兵，此种下法少见。通常象3进5，车九平八，炮2进4，兵九进一，炮2平7，相三进一，车2进9，马九退八，卒1进1，双方大体均势。

8. 兵七进一　炮8平3　　　　**9.** 车二平六　车8进8
10. 车九平八　炮2进1　　　**11.** 兵三进一　卒7进1

如车8退4，马三进四，卒7进1，马四进六，马7进6，车六平三，红马过河有先手。

12. 车六平三　马7进6

图153，红阵型稳健，右翼子路畅通。黑右炮封车，也有些反击手段，双方各有千秋。

13. 仕六进五　象3进5
14. 兵九进一　车8退2
15. 车三平四　车8平6

兑车以求缓解局势。如马6退7，炮七进一，车8退2，马九进八，炮2平1，炮五平八，黑难走。

16. 车四退一　炮2平6
17. 炮五进四　士4进5
18. 车八进九　马3退2
19. 马三进四　……

跃马争先，避免炮6平7压制。

19. ……　　　炮3进5　　　**20.** 炮五退一　马2进4
21. 马九进八　卒3进1　　　**22.** 马八进九

红进入多兵残局，结果胜。

红胜秘诀：第14回合挺边兵准备跃马，以后兑双车获得多兵优势，以残棋功夫取胜。

杨官璘胜马宽

1. 炮二平五　马8进7　　　**2.** 马二进三　卒7进1
3. 车一平二　炮8进2　　　**4.** 马八进九　……

如炮五进四，马7进5，炮八平五，马2进3，车二进五，象3进5，车二退一，车9进1，马八进七，车9平4，红虽多中兵，但先手不大。

4. ……　　　马2进3　　　**5.** 炮八平七　炮2退1
6. 车二进一　象3进5　　　**7.** 车九平八　炮2平6

如炮2平8，车二平四，马7进6，兵三进一，马6进4，兵三进一，马4进3，车八进七，红必追回一子占优。

8. 兵七进一　　炮6进1
9. 车八进七　　士4进5
10. 兵九进一　　……

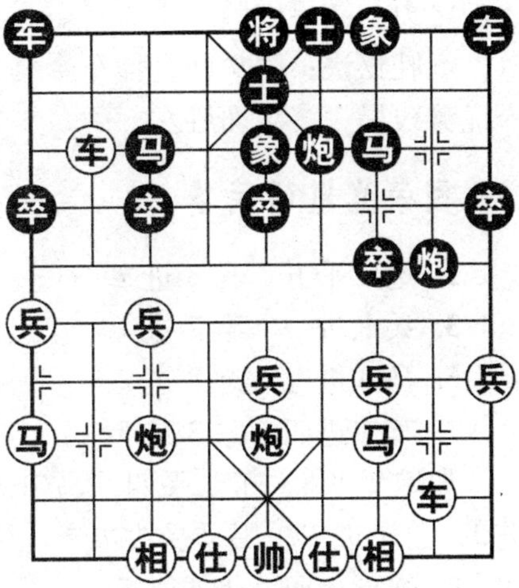

图154，红双车亮出，子力活跃，七路炮威胁黑右马，准备再跃边马进攻。黑方处于守势。

10. ……　　　车9平8
11. 马九进八　　卒3进1
12. 马八进七　　……

跃马抢先正着。如兵七进一，炮8平3，车二进八，炮3进5，仕六进五，马7退8，红难掌握先手。

图154

12. ……　　　炮8退1

如卒3进1，马七进五，象7进5，炮七进五，炮6平3，车八平七，马7进6，车七退三，红得象优。

13. 兵七进一　　炮8平3　　　14. 车二进八　　炮3进4
15. 车二退三　　象5进3

飞象消灭过河兵，比较稳健。如炮3平7，车二平三，马7退8，兵七进一，马3退4，车八退三，车1平3，车三平五，卒9进1，兵五进一，红虽少一子，但有双车控制局面，并多双兵势优，黑难走。

16. 炮五进四　　……

兑子多兵，又避免黑炮打马，是当前最佳走法。

16. ……　　　马3进5　　　17. 车二平五　　象3退5
18. 车八退二　　炮3退1　　　19. 车五平四　　炮3退2

可炮3平7，相三进一，象7进9，车八平五，车1进2，车四退三，马7进8，车五进一，卒7进1，相一进三，车1平3，仍属红优。

20. 车四平三　　马7退8　　　21. 车三平六　　车1平3
22. 兵五进一　　炮6平7　　　23. 马三进五　　炮7进4
24. 兵五进一　　马8进7
26. 车六平七　　……

不怕炮打相，因为兑死车对黑不利。

26. ……　　　炮7平8　　　27. 相七进五　　炮8退2
28. 兵五平六　　卒9进1　　　29. 车八平九

至此，红兵过河，又趁机平车扫卒，控制了局面。黑只有招架之功，而无还击之力。结果红胜。

红胜秘诀：第9回合伸车牵马，再跃出边马配合七炮攻势，由此扩先，进入优势残局，多兵而胜。

戴荣光胜胡荣华

1. 炮二平五　马8进7
2. 马二进三　马2进3
3. 兵七进一　卒7进1
4. 车一平二　车9平8
5. 马八进九　炮8进2
6. 炮八平七　炮2退1
7. 车二进四　象3进5
8. 车九平八　炮2平6

如炮2平8，车二平四，马7进6，兵七进一，后炮平6，车四平八，象5进3，前车进三，黑马受攻难走。

9. 炮五平四　士4进5
10. 相七进五　卒1进1
11. 车八进七　……

图155，红卸炮与黑过宫炮对顶，然后进车捉马。如炮6进1，兵三进一，卒7进1，车二平三，炮8平7，马三进四，炮6进5，炮七平四，马3退4，马四进六，红攻势扩大。

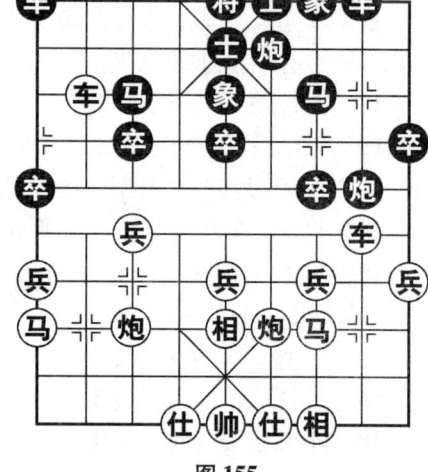

图155

11. ……　　　马3退4
12. 炮四进四　炮6平7
13. 炮四平七　马7进6
14. 马九进七　炮7进1
15. 车八退一　马4进3

如卒7进1，车二平三，炮8平7，车三平四，前炮进3，炮七平三，炮7进5，车四进一，红多兵较优。

16. 兵七进一　车1平4

如象5进3，后炮进三，象7进5，后炮进二，炮7平3，炮七平一，红得象稍优。

17. 马七进六　卒5进1

如卒7进1，马六进四，炮7平6，车二进一，红得子优。

18. 后炮平六　车4平1
19. 炮七平二　马3进4
20. 兵七平六　马6进7
21. 炮六进一　马7退6
22. 马三进四　炮8平9

炮逃边无奈。如卒7进1，车二进一，卒7平6，车二平四，红亦得子。

23. 炮二进一　炮7退1	24. 车二进一　卒7进1
25. 车八平三　卒7平6	26. 车三进二　车1进3
27. 兵一进一　车1平8	28. 车二平四　炮9平7
29. 炮二平四　……	

经过一番较量，黑使尽浑身解数，边炮死里逃生，但红以炮换士，仍然占优。

29. ……　　　士5进6	30. 车三平八　前车平3
31. 车八进一　将5进1	32. 车八平四　车8进2
33. 前车平六　卒5进1	34. 兵六进一　车3退2
35. 兵五进一　炮7进2	36. 炮六平五

黑认输。因卒6平5，车四平三，车8退1，车三进四，卒5进1，车三平五，将5平6，车五平四，将6平5，兵六进一，炮7退6，兵六进一，车3平4，车四平五，将5平6，车六退一，士6退5，车六平五，将6进1，车五平四杀。

红胜秘诀：第11回合左车捉马，再伸右炮卒林，两翼呼应，扩大先手。以后跃出边马，步步紧逼，谋子取势，精彩。

第9局　五七炮左车巡河破屏风马进7卒

邹正伟胜黄勇

1. 炮二平五　马8进7	2. 马二进三　车9平8
3. 车一平二　马2进3	4. 马八进九　卒7进1

旧式屏风马以挺3卒为主。但理论上认为挺7卒更富有反弹力，故近几年比较流行。

5. 炮八平七　车1平2	6. 车九平八　炮2进2

右炮巡河是目前的热门应法。另还可炮2进4，车二进四，炮8平9，车二平四，车8进1，兵九进一，车8平2，双方大体均势。

7. 车二进六　马7进6

如炮8平9，车二平三，车8进2，兵七进一，象3进5，兵七进一，象5进3，车八进四，象7进5，马九进七，黑难走。

8. 车八进四　象3进5　　9. 兵九进一　……

挺边兵车生根，稳健。如卒7进1，车二平四，马6进7，车八平三，马7

进5，相三进五，红阵型协调，稳持先手。

9. ……　　　卒3进1　　10. 车二退三　……

图156，红右车退兵林线，避免黑冲7卒攻击，又保持对黑车炮的牵制。这是目前流行的战术。

10. ……　　　士4进5

11. 炮七退一　马6进7

马踏兵，准备先弃后取，是针对红退炮的较好应法。如炮七平二，马7退8，车二进二，卒3进1，车二退一，卒3平2，炮二进六，卒7进1，车二退四，马3进4，黑过河卒较优。

12. 车二平三　炮8平7

13. 车三平四　炮7进5

14. 兵七进一　炮7平1

15. 兵七进一　……

不吃炮而冲兵是抢先的硬手。如相七进九，卒3进1，车八平七，亦属红先，但局势较为平淡。

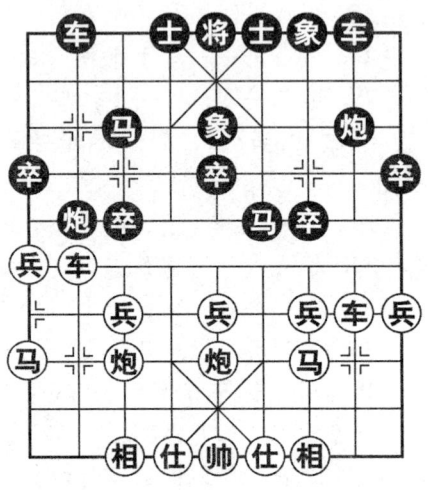

图156

15. ……　　　炮1平3　　16. 炮七平三　……

平炮瞄象巧着，继续贯彻弃子取势的方针。

16. ……　　　卒7进1　　17. 兵七平八　炮3退3

18. 车八平三　车2进4　　19. 兵五进一　……

黑送回一子，似乎缓解局势。但红挺中兵，炮瞄底象，又暗藏攻势。

19. ……　　　车8进4　　20. 兵五进一　车8平5

不能卒5进1吃兵，车四进五捉双象。

21. 车四进五　象7进9　　22. 炮三平二　象5进7

23. 车三平六　车2退3

防炮二进八，象9退7，车六进四成两鬼拍门杀势。

24. 车四平三　象9退7

无奈丢象。如象7退5，炮二平五，车5平4，前炮进五，将5平4，后炮平六打死车。

25. 车三进一　象7退5　　26. 车三退一　象5退7

27. 车三退一　……

不吃象而退车捉马，是抢先的紧着。如车三进一，车5平8，炮二平三，炮3平5，黑有喘息之机。

27. ……　　　马3进2　　　28. 炮二平三　象7进9
29. 车三平一　车5平7　　　30. 车六进一　车7进4
31. 车六平七　车7平4

如车2退1，车一平八，欺车得马。

32. 车七进四　车4退8　　　33. 炮五平二

黑认输。因士5进6，炮二进七抽车胜定。

红胜秘诀：第16回合平炮瞄象埋下伏兵，以后从中路侧翼同时进击，黑防不胜防。

李来群胜赵国荣

1. 炮二平五　马8进7　　　2. 马二进三　车9平8
3. 车一平二　马2进3　　　4. 马八进九　卒7进1
5. 炮八平七　炮2进2　　　6. 车二进六　马7进6
7. 车九平八　车1平2　　　8. 车八进四　象3进5
9. 兵九进一　……

如炮七进四，卒7进1，车二平四，马6进7，炮五退一，炮8进5，车八平三，炮8平1，相七进九，炮2进5，相九退七，车2进6，黑有对攻机会。

9. ……　　　卒3进1　　　10. 车二退三　士4进5
11. 炮七退一　马6进7　　　12. 车二平三　炮8平7
13. 车三平四　炮7进5　　　14. 兵七进一　炮7平1
15. 兵七进一　炮1平3　　　16. 炮七平三　……

红弃子取势。如兵七平八，炮3进2，仕六进五，车2进4，车八进一，马3进2，兵五进一，仍属红先，但局势比较平淡。

16. ……　　　象5进3　　　17. 车四平二　车8平9
18. 车八平七　象7进5

图157，宁可送回一炮以缓和局面。如炮3平4，车七进一，车2进2，车二进四，炮4退5，炮五平四，将5平4，炮三平七，马3退2，炮七平八，红得子占优。

19. 车七退二　车9进2　　　20. 兵五进一　车9平6
21. 炮三平七　车2平4　　　22. 车七平八　象3退1
23. 车二平七　炮2平3

如象1进3，车七平九，象3退1，兵五进一，卒5进1，炮七平二，红有炮打中象及右炮沉底攻势，黑方难走。

24. 兵五进一　炮3进4
25. 车七进四　象1进3
26. 车八平七　炮3平8
27. 兵五进一　炮8退6
28. 后车进三

红破象多兵，中路攻势凶猛，黑方难以招架，结果红胜。

红胜秘诀：第17回合平车欺车，再捉炮吃回一子，以后又在中路与左侧攻击马象弱点，扩先取胜。

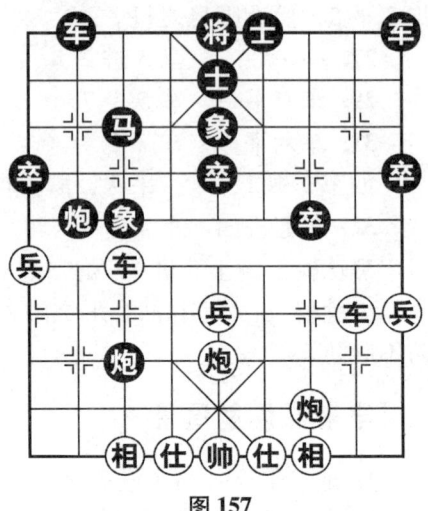

图 157

吕钦胜卜凤波

1. 炮二平五　马8进7
2. 马二进三　车9平8
3. 车一平二　马2进3
4. 马八进九　卒7进1
5. 炮八平七　车1平2
6. 车九平八　炮2进2
7. 车二进六　马7进6
8. 车八进四　象3进5
9. 兵九进一　卒3进1

如士4进5，炮七进四，卒7进1，车二平四，马6进7，炮五平七，炮2平5，相七进五，车2进5，马九进八，红左翼子力集中有攻势。

10. 车二退三　士4进5
11. 炮七退一　马6进7

如马6退7，兵三进一，卒7进1，车八平三，马7进8，车二平四，黑子力难以施展，仍属红先。

12. 车二平三　炮8平7
13. 车三平四　炮7进5
14. 兵七进一　卒3进1

图158，卒吃兵简化局势，是对前两局炮7平1打马的改进。

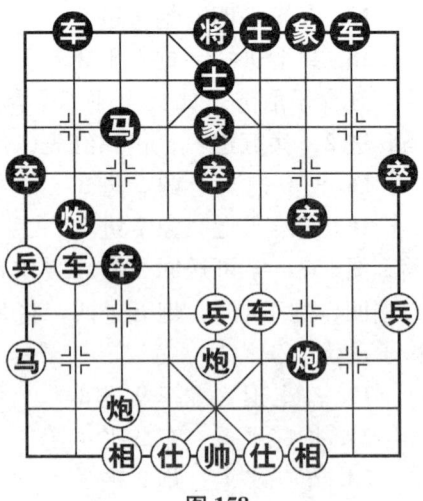

图 158

15. 车八平七　炮7平1　　　　16. 相七进九　……
如车七进三，炮1进2，炮七平八，炮2平5，红反而失先。
16. ……　　马3进4　　　　17. 兵五进一　炮2进5
18. 相九退七　车8进3
进车护卒比较保守。可卒7进1，炮五进四，马4进6，车四平八，车2平4，车八退三，马6退5，黑可求和。
19. 炮七平三　车2平4　　　　20. 车七平六　……
平车顶马，防黑跃马闪开捉仕。
20. ……　　炮2退8
失算，应马4退3兑车求稳。
21. 炮五平六　车4进2
无奈丢子。如炮2平4，炮六平三，象7进9，车六进一得马。
22. 炮六进三　炮2平4　　　　23. 车四进二　车8进3
24. 炮三平六　车4平2　　　　25. 前炮平八　炮4进7
26. 车六退三
红多子优，结果胜。

红胜秘诀：第20回合平肋车顶马，等待机会，再运肋炮牵马得子，进而取胜。

王秉国胜邬正伟

1. 炮二平五　马8进7　　　　2. 马二进三　马2进3
3. 车一平二　车9平8
4. 马八进九　卒7进1
5. 炮八平七　炮2平2
6. 车二进六　马7进6
7. 车九平八　车1平2
8. 车八进四　象3进5
9. 车二平四　……

图159，红平肋车捉马是新变着，开拓了一系列新的攻守变化。以往多兵九进一，卒3进1，车二退二或车二退三，另有不同变化。

9. ……　　马6进7
10. 车四平二　……

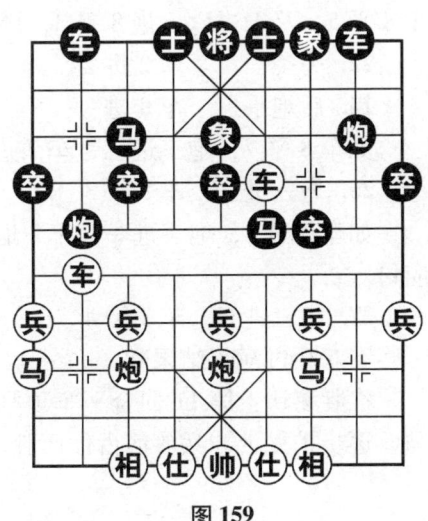

图159

红车又回到二路。虽然损失两步棋，但又牵制黑车炮而得到形势上的优越，理论上认为不吃亏。

10. ……　　马7退6

马退回盘河，保持对红车的威胁，明智。如马7进5，相三进五，炮2平3，车八进五，马3退2，炮七平六，红略优。

11. 车八平四　卒3进1　　12. 车二退三　……

防卒7进1捉双车，又保持牵制车炮的优势。至此局面，由于红肋车有根，黑不存在炮8平6兑车，由此看出第9回合红故意弃兵的用意。

12. ……　　士4进5　　13. 兵七进一　卒7进1
14. 车四平三　马3进4　　15. 炮五进四　炮2进2
16. 兵五进一　……

挺兵准备迎接黑跳中马打车的挑战，局势由此激化。如车二退一软着，炮2进1，相三进五，马6进5，车三平六，马5进3，车六进一，马3退5，车六退三，马5进7，车二平三，炮8进7，红失先。

16. ……　　马4进5　　17. 车二平五　马6进5
18. 马三进五　车2进3　　19. 兵五进一　炮2退2
20. 车三平五　……

红一车换双马之后，有当头炮及中兵渡河，仍能保持一定攻势。

20. ……　　炮8进2　　21. 马九进七　车8进3
22. 炮七平五　……

暗保中炮佳着。如兵七进一，炮2平5，车五进一，车2平5，车五进一，车8平5，马七进六，炮8平3，黑易走。

22. ……　　炮2进2　　23. 马五进三　炮8平7
24. 后炮平三　车8进3

如车8平7，炮三进三，车7进1，兵七进一，亦红优。

25. 炮三进三　车8平3　　26. 兵七进一　炮2进3

如车3进3，炮三进一，车2退1，马三进四，车2平4，炮五平六，黑难应付。

27. 相三进五　车3平4　　28. 仕四进五

红双兵过河，结果胜。

红胜秘诀：第11回合平车顶马，再退右车保持对黑牵制，然后挺七兵攻马，逐步扩先，冲兵渡河占优而胜。

崔岩胜蒋全胜

1. 炮二平五　马2进3　　　2. 马二进三　马8进7
3. 车一平二　车9平8　　　4. 马八进九　卒7进1
5. 炮八平七　车1平2　　　6. 车九平八　炮2进2
7. 车二进六　马7进6　　　8. 车八进四　象3进5
9. 车二平四　马6进7　　　10. 车四平二　马7退6

退马盘河是较有反击力的应法。如炮2退3，兵九进一，车8进1，兵七进一，士4进5，兵七进一，象5进3，马九进七，红先手有扩大之势。

11. 车八平四　……

平车顶马是本局新战术的续着。如炮七进四，卒7进1，车二平四，马6进7，车八平三，马7进5，相三进五，车2进3，车三平八，车2平3，车八进1，双方平稳，容易成和。

11. ……　　卒3进1　　　12. 车二退三　炮8进2

图160，黑左炮巡河，是对上局补士的改进。如兵七进一，车8进3，兵七进一，卒7进1，车四平三，炮8平3，车二进三，炮3进5，仕六进五，马6退8，形成对攻局面，红不合算。

13. 仕四进五　士4进5
14. 兵九进一　车2平4
15. 炮五平四　马6退7

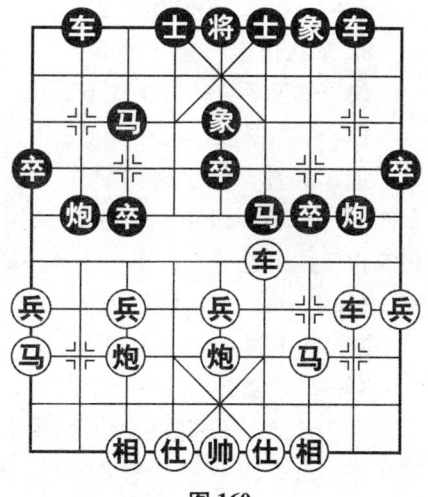

图160

退马使左车生根，着法稳健。如卒7进1，车四平三，车4进5，车三平四，车4平6，马三进四，黑丢卒无趣。

16. 马九进八　马3进4
17. 马八进六　炮2平4
18. 相三进五　……

目前形势，黑多一卒，但子力难以施展。红阵型协调，较有潜力。

18. ……　　炮8退1　　　19. 兵五进一　炮4进1
20. 车四进二　炮4退2　　　21. 车四进二　炮4平2
22. 兵五进一　车4进3

不能卒5进1，因车四退二捉双。

23. 兵五平四　炮8进1　　　24. 炮四退二　卒7进1

25. 相五进三　卒5进1　　　26. 兵四平五

至此，红中兵控制黑马出路，双车占领要道，控制局面优，结果胜。

红胜秘诀：第13回合起补仕卸炮，联相活马，等待时机，以深厚的中局功力控制局面，残局制胜。

梁锟佳胜邹正伟

1. 炮二平五　马8进7　　　2. 马二进三　马2进3
3. 车一平二　车9平8　　　4. 马八进九　卒7进1
5. 炮八平七　……

五七炮是目前较流行的布局。此外另有车二进六，马7进6，车二退二，炮2退1，车九进一，炮2平7，车二平四，车1平2对攻，红无便宜。

5. ……　　　车1平2　　　6. 车九平八　……

也可兵七进一，炮2进4，车二进四，炮2平7，相三进一，车2进4，车九平八，车2进5，马九退八，象7进5，虽然红先，但局势比较缓和。

6. ……　　　炮2进2　　　7. 车二进六　马7进6
8. 车八进四　象3进5　　　9. 车二平四　马6进7
10. 车四平二　马7退6　　　11. 车八平四　卒3进1
12. 车二退三　……

退车兵林，便于掩护中兵。如车二退五，士4进5，兵七进一，卒7进1，车四平三，马3进4，兵七进一，马6进5，马三进五，马4进5，车三平五，马5进3，兵七平八，车2平4，局面简化，双方大体均势。

12. ……　　　炮8进2
13. 兵七进一　车8进3
14. 车二退一　……

图161，退车生根，准备兵七进一，卒7进1，车四平三，炮8平3，炮七进五得子。

14. ……　　　车2进2

进车保马是正确的应法。

15. 兵九进一　卒7进1
16. 车四平三　马3进4
17. 兵七进一　马4进5
18. 马三进五　马6进5
19. 车三平五　马5进3

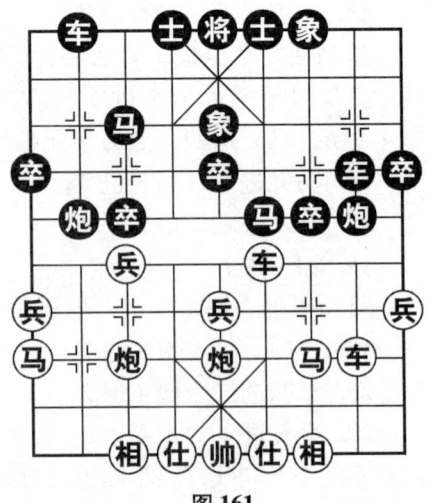

图161

20. 兵七平八　车2进2　　　21. 炮五进四　士4进5

随手漏着，导致丢子。应士6进5，可以抗衡。

22. 车二平七　炮8平5　　　23. 车五平八　……

妙手献车。黑不敢吃，因有沉底车杀。

23. ……　　　车2平4　　　24. 车七进七　车4退4
25. 车七平六　将5平4　　　26. 车八平六　将4平5
27. 车六进二

红得子大优，结果胜。

红胜秘诀：第12回合起，右翼牵制黑车炮，左翼攻击黑右马，配合中路当头炮，抓住黑方漏着胜。

第10局　五八炮跳边马破屏风马飞象

庄玉庭胜李艾东

1. 炮二平五　马8进7　　　2. 兵三进一　……

主动挺三兵，有意避开挺7卒的变化，而采取稳攻战略。

2. ……　　　卒3进1　　　3. 马二进三　马2进3
4. 车一平二　车9平8　　　5. 炮八进四　象7进5

如马3进4，车二进五，马4进3，车二平七，马3进4，车九进一，马4进2，炮八平三，接有车九平八追回一子，红子力位置较优。

6. 马八进九　……

跳边马是较旧的下法。近年又弈出新变化，如炮八平七，炮2进2，车二进六，卒7进1，车二平三，车8平7，马八进七，卒7进1，车九平八，车1平2，车八进四，形成对攻局面。

6. ……　　　卒1进1　　　7. 炮八平七　车1进3
8. 车九平八　……

开车捉炮正着。如炮七平三，卒5进1，炮五进三，车1平5，兵五进一，炮2进2，红难掌握先手。

8. ……　　　车1平3　　　9. 车八进七　炮8平9
10. 车二进九　马7退8

黑平炮兑车，损失一步棋，但使右马生根，卒林车获得行动自由。

11. 车八退六　……

退车正着，准备移右攻马，迫使黑跳出拐脚马不利位置，战术灵活机动。

11. ……　　　马 8 进 6
12. 车八平二　卒 3 进 1
13. 车二进七　马 6 进 4
14. 马三进二　……

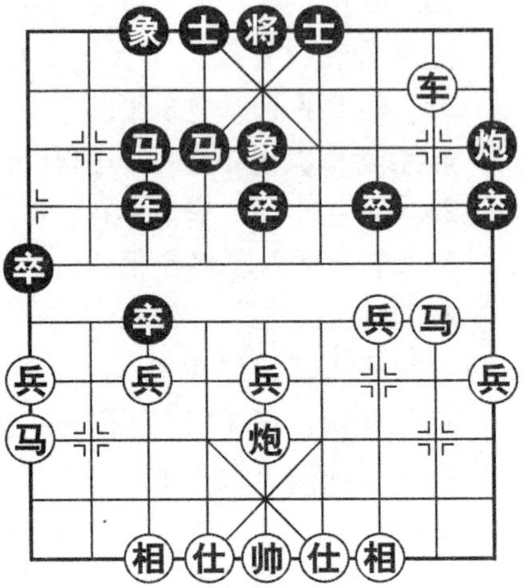

图 162，跳外肋马是新变着。如炮五平七，车 3 平 4，炮七进二，车 4 进 2，相三进五，马 3 进 2，双方大体均势。

14. ……　　　卒 5 进 1

如卒 3 进 1，马二进三，炮 9 进 4，车二退五，炮 9 退 2，兵五进一对攻，局势比较激烈。

15. 炮五平一　卒 7 进 1
16. 兵三进一　象 5 进 7
17. 车二退一　士 4 进 5
18. 兵七进一　车 3 进 2
19. 相三进五　车 3 退 2
20. 炮一进四　象 3 进 5
21. 炮一平三　……

在双方大子相等的情况下，红以多一只边兵的微优，以后过河成为黑之后患。

21. ……　　　车 3 平 4
22. 炮三进二　炮 9 退 2
23. 兵一进一　炮 9 平 7
24. 兵一进一

红兵渡河略优，稳步进取，结果胜。

红胜秘诀：第 14 回合起，跃马卸炮，从右翼袭击，得先驱边兵渡河助攻，积小胜为大胜。

图 162

廖二平胜张影富

1. 炮二平五　马 8 进 7
2. 马二进三　车 9 平 8
3. 车一平二　马 2 进 3
4. 兵三进一　卒 3 进 1
5. 炮八进四　象 7 进 5
6. 炮八平七　卒 1 进 1

挺边卒准备升卒林车捉炮。如车 1 平 2，马八进七，炮 2 平 1，车二进六，车 2 进 3，炮七平三，车 2 进 3，炮五平四，车 2 平 3，车九进二，仍红先。

7. 马八进九　车 1 进 3
8. 车九平八　车 1 平 3
9. 车八进七　炮 8 平 9
10. 车二进九　马 7 退 8
11. 车八退六　……

也可车八进一，士 6 进 5，车八退七，马 8 进 6，车八平二，卒 5 进 1，炮五进三，车3平6，红多兵黑子活，各有千秋。

11. ……　　　卒3进1　　　**12.** 车八平二　马8进6

13. 马三进四　……

红跃马抢攻，不怕丢七兵，胸有成竹。

13. ……　　　卒3进1　　　**14.** 车二进七　马6进4

15. 马四进三　炮9进4

如炮9平6，炮五平一，卒5进1，车二平三，再飞炮打卒瞄车，沉底攻杀，黑难应付。

16. 车二退五　炮9退2　　**17.** 兵五进一　卒3进1

18. 车二平七　……

图163，红邀兑车以解边马之困，是预定计划的必然走法。

18. ……　　　炮9平3

避免兑车，又能保留3卒。如车3进3，炮五进四，士6进5，马九进七，马4进3，炮五平七，炮9进2，马七进六，红易走。

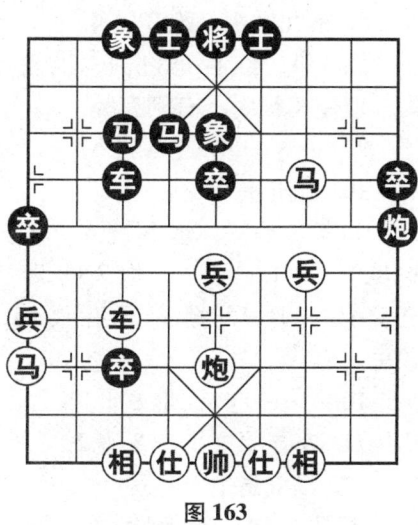

图163

19. 马三进一　……

抓住机会，运马准备入槽攻杀。如卒3平2，马一进三，将5进1，炮五平二，将5平4，车七平八，马3进1，车八退一，红优。

19. ……　　　士4进5　　　**20.** 马一进三　将5平4

21. 仕六进五　马3进1

如卒3平2，炮五平六，车3平4，车七进二，车4进4，车七进二，车4退2，红马必死，黑可求和。

22. 兵三进一　车3平4

可卒3平2，车七平六，卒2平1，炮五平六对攻，各有顾忌。

23. 车七退一　车4进2　　**24.** 兵三平四　炮3进1

25. 炮五平六　炮3平5　　**26.** 帅五平六　马1进3

27. 车七进一　卒9进1　　**28.** 马九退七　卒9进1

29. 相七进五　卒9平8　　**30.** 相五进七

伏马七进六打车，红有攻势，结果胜。

红胜秘诀：第10回合兑车后，红运左车移右攻马，同时兼顾左马的安危，伺机运卧槽马攻杀,取势得胜。

廖二平胜潘振波

1. 炮二平五　马8进7
2. 马二进三　车9平8
3. 车一平二　马2进3
4. 兵三进一　卒3进1
5. 马八进九　卒1进1
6. 炮八进四　象7进5
7. 炮八平七　车1平2

传统应法是进卒林车捉炮,则红开左车形成兑炮局面。本局黑先出右直车,是近年兴起的新战术。

8. 车九平八　炮2进4　　9. 车二进六　……

图164,红右车过河,准备吃卒压马,但左车被封,有利有弊。

9. ……　　士4进5
10. 炮五平六　……

如车二平三,炮8进4,车三进一,炮8平7,车三平一,炮7进3,仕四进五,炮7平9,黑弃子有攻势,红有顾忌。

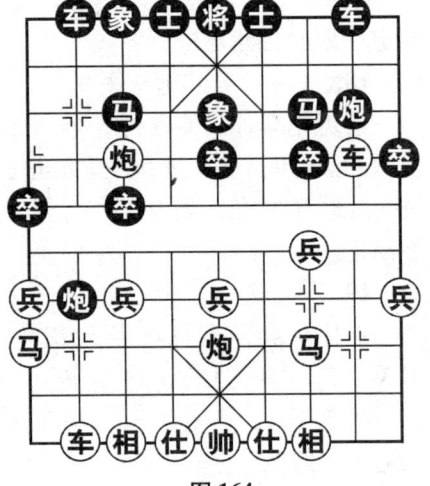

图164

10. ……　　炮8平9
11. 车二平三　车8进2
12. 马九退七　……

退马捉炮,欲解除中兵所受威胁。也可兵三进一,炮9退2,车三平四,炮9平7,兵三进一,马7退8,相七进五,炮7进7,炮六平三,炮2平5,仕六进五,车2进9,马九退八,红兵过河较有力。

12. ……　　炮2进1　　13. 马三进四　炮9退2
14. 炮六平三　车8进6　　15. 车三进一　炮9进6

黑决定炮打兵对攻。如车8平3,马四进六,马3退1,相三进五,炮2进1,仕四进五,红阵式稳固,黑缺乏对攻手段。

16. 炮七平一　炮9平7　　17. 炮一进三　车8退8
18. 车三平一　……

红以沉底炮牵制黑车,多得一子占优。

18. ……　　炮7进3　　19. 仕四进五　炮2平5
20. 相七进五　车2进9　　21. 马四进三　……

进马老练。如相五退三，车 2 退 4，兵五进一，车 2 平 5，马七进五，马 3 进 4，马四进三，车 5 平 7，马三进四，车 7 退 4，红反而吃亏。

21. ……　　　炮 7 平 4

如炮 7 退 1，马七进九，车 2 退 4，马三进四捉死车，红大优。

22. 仕五退六　将 5 平 4

如象 5 退 7，炮一平三，车 8 平 7，马三进四打死车，亦红优。

23. 马三进四　车 2 平 4　　24. 帅五进一

黑车已死，红多子大优，结果胜。

红胜秘诀：第 9 回合起右车过河，重点攻击黑弱马，由此扩先得子取胜。

李艾东胜林宏敏

1. 炮二平五　马 8 进 7　　2. 马二进三　车 9 平 8
3. 车一平二　马 2 进 3　　4. 兵三进一　卒 3 进 1
5. 炮八进四　象 7 进 5　　6. 马八进九　卒 1 进 1
7. 炮八平七　车 1 平 2　　8. 车二进六　炮 2 进 6

提前进炮，封锁红左车出路。如炮 2 平 1，车九平八，车 2 进 9，马九退八，黑双马受制，红易走。

9. 车九平八　士 4 进 5　　10. 仕六进五　……

补仕似缓，可马三进四展开攻势。如炮 8 平 9，车二平三，炮 2 平 7，炮五平三，车 2 进 9，马九退八，车 8 进 2，马四进六，黑马受攻难走。

10. ……　　　炮 8 平 9　　11. 车二平三　车 8 进 2

12. 马三进四　……

图 165，红跃马起攻，接有马四进六咬马或兵三进一等手段。

12. ……　　　炮 9 退 2
13. 炮五平三　炮 9 进 6
14. 炮三进一　……

防炮 9 平 7 打车叫闷，但却丢掉中兵不妥。可相七进五，炮 9 平 7，车三平四，马 7 进 8，兵三进一，马 8 进 9，炮三平一，红子力位置较佳。

14. ……　　　炮 9 平 5
15. 相七进五　车 8 进 4
16. 车三进一　……

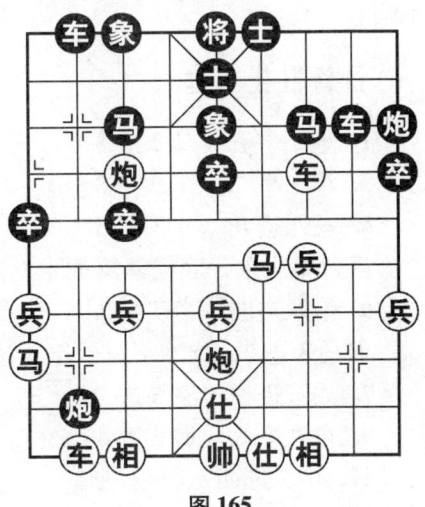

图 165

准备以活炮换呆马，不合棋理。可炮三退一，仍然掌握先手。

16. ……　　　车8平7　　　17. 马四进六　车2进7
18. 马六进七　车2平1

应车7进3吃相，有许多对攻手段。

19. 炮七平九　车1进1

如车7进3，炮九进三，士5退4，车八平六，士6进5，马七进五，炮2退8，马五退七，车1平5，车三平五，炮5退4，炮九平七，士4进5，车六进九杀。

20. 炮九进三　士5退4　　　21. 车三进一　炮2平4
22. 车三平六　炮5平4　　　23. 车六平四　卒5进1
24. 炮九平六　……

红炮砸士妙手，攻破黑防线，由此入局。

24. ……　　　前炮退8　　　25. 车四平六　士6进5
26. 车六平五　将5平6　　　27. 马七进六　炮4平5

暗伏车1平5，仕四进五，车7进3，大胆穿心杀。

28. 车五平四　将6平5　　　29. 马六退七　象5进7

如车7进3，帅五平六，车7平8，车八进八，象5进7，车八平六，再沉车绝杀。

30. 车八平六

伏车六进九杀，黑认输。如炮5平4，车四平六叫杀得子，亦红胜定。

红胜秘诀：右车过河吃卒压马，再跃出快马咬马，左右攻击，使黑应接不暇。

吕钦胜庄玉庭

1. 炮二平五　马2进3　　　2. 马二进三　马8进7
3. 车一平二　车9平8　　　4. 兵三进一　卒3进1
5. 马八进九　象3进5

黑过早飞象，容易暴露战术意图。可卒1进1，静观其变。

6. 炮八进四　卒7进1

如马3进2，炮八平三，士4进5，车二进五，炮瞄底象，暗藏威胁。

7. 兵三进一　象5进7　　　8. 炮八平七　车1平2
9. 车九平八　炮2进4　　　10. 兵七进一　卒3进1
11. 车二进四　……

图166，挺七兵再升车巡河，准备先弃后取。既解除中兵所受的威胁，又

移车左翼集中力量攻击,是本布局的惯用战术。

11. ……　　马7进6

准备车吃卒则平7炮攻马。如卒3进1,马九进七,黑不能炮2平5打兵,因马三进五,车2进9,马五退七抽车得子。

12. 马九退七　卒3进1

如炮2进1,马三进四,炮2退2,马七进六,红仍先手。

13. 车二平七　炮2平5

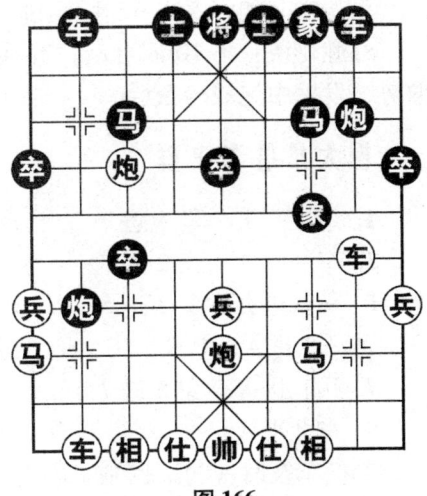

图166

炮打兵抽车对攻,将引起激烈变化。如象7进5,炮七退三,炮2平5,炮五进四,马3进5,车八进九,炮8平7,车八退七,炮7进5,车八平三,马5进4,车三平六,准备用车换双马,红得子优。

14. 马三进五　车2进9　　15. 马五进四　炮8平5
16. 炮七退三　马3进2　　17. 炮七平五　士6进5
18. 后炮进四　车8进3　　19. 后炮进四　象7进5
20. 马四进三　马2退3

黑子力位置欠佳。如车8平7,车七平二绝杀。又如车8退1,马三进五,有大胆穿心之势,红有攻势。

21. 炮五退四　……

红退炮稳健。如车七进三,车8平7,黑追回一子,大体和势。

21. ……　　　车2退7　　22. 马七进六　车8退1
23. 马六进七　车2退1　　24. 马三退四　将5平6
25. 马四进六　士5进6

防车七平四,将6平5,马六进四,将5平6,马四进二,将6平5,车四进五杀。

26. 炮五平四　将6平5　　27. 马七进六　车2平4
28. 车七进三　士6退5　　29. 炮四平五　将5平6
30. 车七退四　士5进4

如士5进4,车七平四,车4平6,炮五平四,车8退1,仕四进五,士4进5,帅五平四,红得车胜定。

31. 炮五平四　将6平5　　32. 炮四平六

黑认输。如将5平6，后马进四，车8平6，炮六进六，红多子胜定。

红胜秘诀：第10回合起，弃兵升车移左，集中子力攻击，以后一车换双取势，发挥中炮威力获胜。

柳大华胜李来群

1. 炮二平五　马8进7　　2. 马二进三　车9平8
3. 车一平二　马2进3　　4. 兵三进一　卒3进1
5. 马八进九　象3进5　　6. 炮八进四　卒7进1

可马3进4，炮八平三，炮2进5对攻，另有不同变化。

7. 兵三进一　象5进7　　8. 车九进一　士4进5
9. 车九平六　……

起横车及时占肋，控制了黑右车的出路，是一种较新的攻法。

9. ……　　　车1平4　　10. 车六进九　士5退4
11. 车二进四　炮8平9

图167，平炮兑车有可能损失边卒。如卒9进1，炮八平七，炮8平9，车二平三，仍红先。

12. 车二平三　象7进5
13. 兵九进一　车8进8

黑进车加强反击力。如士6进5，炮八平七，马7进6，车三平四，炮2进2，马三进二，炮9平6，车四平八，马6进7，炮五平二，炮6平8，马二进四，马7退8，炮二进五，车8进2，车八进一，红得子优。

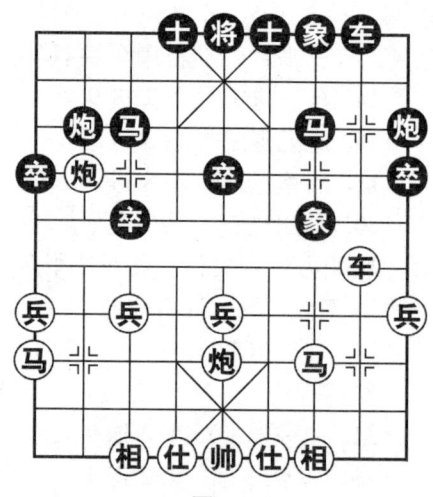

图167

14. 仕六进五　马7进8

伏炮9平7打车得子。

15. 车三平二　车8退3　　16. 马三进二　卒9进1

兑子后双方子力实力相等，但红子力较活略优。

17. 马二进四　马8进7　　18. 马四退三　炮9平7
19. 炮八退五　炮7进4　　20. 炮八平七　士4进5
21. 兵七进一　……

黑主动兑马，希望局势走向平稳。但红及时运炮攻马，抓住了黑方的唯一弱点。

21. …… 马3进4	22. 兵七进一 马4进6
23. 兵七进一 炮2平1	24. 兵七平六 炮1进3
25. 炮五进四 马6进4	26. 炮五平九

在无车残棋阶段，双方展开兵卒争夺战。至此，红多两兵占优，结果胜。

红胜秘诀：第8回合起横车占肋，控制局面掌握小先手，兑双车后以多兵取胜。

第11局　五八炮左正马破屏风马飞左象

熊学元胜王国富

1. 炮二平五 马8进7	2. 马二进三 车9平8
3. 车一平二 马2进3	4. 兵三进一 卒3进1
5. 炮八进四 ……	

炮先过河，保留跳左马的选择，战术上比较灵活。

| 5. ……   象7进5 | 6. 炮八平七   车1平2 |
| 7. 马八进七   …… | |

挺三兵平七炮，压制黑双马，这是五八炮布局的特色。

| 7. ……   炮2进2 | 8. 车九平八   …… |

可车二进六，加强对黑左马的攻击力，然后再亮左车更好。

8. ……　　卒7进1

挺卒兑兵准备活马，稳健。如车2进3，车二进六，车2平3，车八进五，卒3进1，马七退五，卒3进1，车二平三，车8平7，车八平二，马7退5，兵三进一对攻，红易走。

9. 车二进四　……

图168，升车巡河稳健。也可兵三进一，炮2平7，车八进九，马3退2，马三进四，炮7平8，车二平一，双方大体均势。

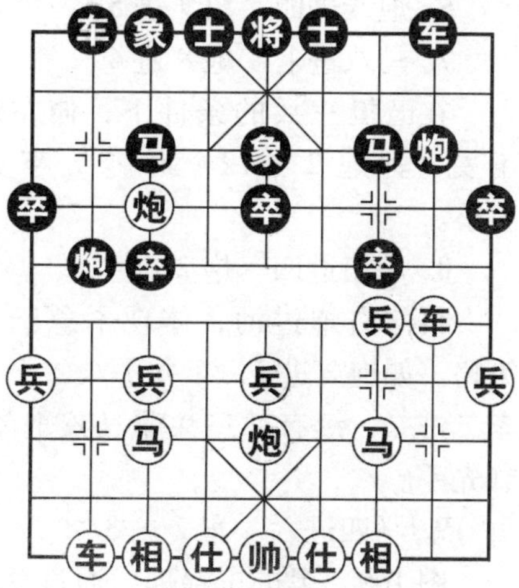

9. ……　　炮8平9

平炮兑车较软。可卒7进1，车二平三，马7进6，车八进四，炮8平6，兵七进一，卒3进1，车八平七，卒9进

图168

1,亦红先。

10. 车二进五　马7退8　　11. 兵三进一　炮2平7

炮打兵导致丢中卒。如象5进7,车八进四,象3进5,兵七进一,卒3进1,车八平七,红子力活跃易走。

12. 炮五进四　士4进5　　13. 车八进九　炮7进5
14. 仕四进五　马3退2　　15. 兵五进一　马2进3
16. 炮五平四　马8进7　　17. 兵五进一　……

兑双车后,红虽丢相,但有中兵过河,控制黑马出路,红势较优。

17. ……　　马7进8　　18. 炮四平二　炮9平8

如马8进9,马三进四,黑子力难发挥作用。

19. 马七进五　卒9进1　　20. 兵七进一　马8进7
21. 兵七进一　象5进3　　22. 炮七进三　象3退5
23. 炮七平九　炮7平9　　24. 炮二退三

伏马五退四咬马的手段,红优,结果胜。

红胜秘诀:第6回合平炮压马,再亮出左车牵制黑车炮。兑车后多中兵进入优势残局,以残局功夫取胜。

蒋全胜胜陶汉明

1. 炮二平五　马8进7　　2. 兵三进一　卒3进1
3. 马二进三　马2进3　　4. 车一平二　车9平8
5. 炮八进四　象7进5　　6. 炮八平七　车1平2
7. 马八进七　炮8进4

在已挺三兵的条件下,伸左炮封车不妥。宜炮2进2,再挺7卒兑兵较工整。

8. 马三进四　炮2进4

再伸右炮过河,体现了急于反击的策略。如炮2进2,车九平八,士4进5,车二进二,续有冲三兵露马咬炮的手段,红先手。

9. 马四进六　车2进3

图169,黑进车捉炮,通过兑子以解右马之困。

10. 炮七平三　卒5进1

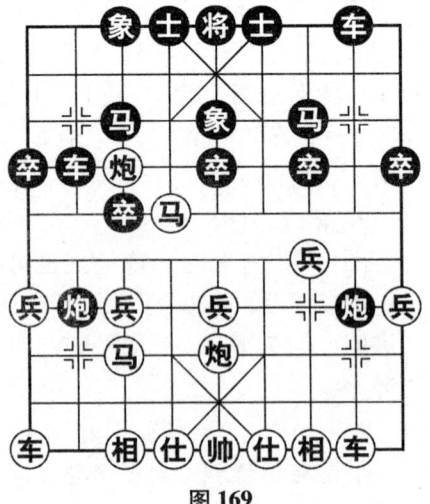

图169

11. 马六进七　车2平7　　　12. 车九平八　车7平2
13. 兵三进一　士6进5　　　14. 炮五进三　……

红双车被封，但对黑车炮亦有反牵制力，同时红多两兵，为中残局打下基础。

14. ……　　　卒3进1　　　15. 兵七进一　车2平3
16. 前马进九　车3进2　　　17. 车二进二　炮8平7

如车3平7，马九退八，车7退1，兵五进一，仍红先。

18. 车二进七　马7退8　　　19. 马七退九　马8进6
20. 相七进五　……

如后马进八，车3进1，兵五进一，炮7平2，红未能得子。

20. ……　　　车3进1　　　21. 车八进三　车3平2
22. 后马进八　炮7平2　　　23. 马九退八　……

兑车后红多双兵，进入优势残局。

23. ……　　　炮2平9　　　24. 马八进七　将5平6
25. 炮五平四　马6进8　　　26. 兵三进一　炮9平1
27. 兵五进一　炮1平4　　　28. 兵三平四　马8退6

黑马被牵，红继续冲中兵进攻，结果红胜。

红胜秘诀：第6回合平炮压马，以后跃出右马过河咬马，扩大了先手，残棋胜。

尚威胜陈孝坤

1. 炮二平五　马8进7　　　2. 兵三进一　卒3进1
3. 马二进三　马2进3　　　4. 炮八进四　象7进5
5. 炮八平七　车1平2　　　6. 马八进七　炮2进4

在红未开左车的情况下，伸炮过河缺乏针对性，可炮2进2或炮2平1。

7. 车一平二　车9平8　　　8. 车二进六　……

急进过河车，准备吃卒压马，攻击黑左翼弱点，左车保留横出的机会，符合棋理。

8. ……　　　车2进3　　　9. 炮七平三　车2进2
10. 兵五进一　……

图170，黑车一进再进，损失了步数。红挺中兵拦车，又展开中路攻势，一着两用。

10. ……　　　卒3进1　　　11. 兵七进一　车2平3
12. 车九平八　车3进1　　　13. 兵五进一　士6进5

补士固防。如卒 5 进 1，马七退九，炮 2 平 9，炮三平七，士 4 进 5，马三进一，车 3 平 9，车八进七，红有攻势。

14. 兵五平四　炮 8 平 9
15. 车二进三　马 7 退 8
16. 车八进二　马 8 进 6
17. 炮三进二　马 3 进 2
18. 炮五进一　马 2 进 4
19. 炮五平八　马 4 进 2
20. 马七进五　马 6 进 7

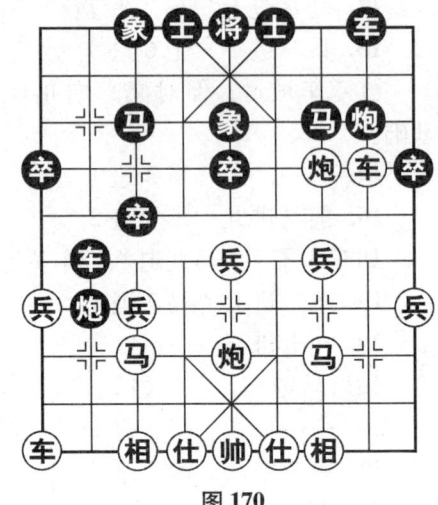

图 170

急于出马，不如炮 9 平 7 牵制马，伺机象 5 进 3，再炮 7 平 2 打车，黑有一些对攻手段。

21. 兵四进一　马 7 进 6

跳马过河导致丢子。但如马 7 退 6，兵三进一，亦红优势。

22. 马五退六　车 3 平 6　　23. 马三进四　车 6 退 1
24. 车八进一

红得子优，结果胜。

红胜秘诀：第 8 回合右车过河，给黑左翼施加压力，以后再冲中兵发展攻势，以多子取胜。

张晓平胜陈孝坤

1. 炮二平五　马 8 进 7　　2. 兵三进一　卒 3 进 1
3. 炮八进四　马 2 进 3　　4. 炮八平七　车 1 平 2

如炮 2 进 2，马二进三，卒 7 进 1，兵七进一，卒 7 进 1，兵七进一，炮 2 退 3，形成对攻局面，各有顾忌。

5. 马二进三　象 7 进 5　　6. 车一平二　车 9 平 8
7. 马八进七　炮 2 平 1

本布局着法次序与平常不同，但殊途同归，仍然演成五八炮对屏风马典型阵式。

8. 车九平八　……

图 171，红主动开车邀兑，会损失一步棋，但能压制黑双马，也算满意。

8. ……　　　　车 2 进 9　　9. 马七退八　炮 8 平 9

黑平炮兑车，准备较量无车残棋功夫。如炮 8 进 6，马三进四，炮 8 平 2，车二进九，马7退8，马四进六，马3退1，炮五进四，士6进5，相七进五，红底马有出路，多兵势优。

10. 车二进九　马7退8
11. 马八进七　马8进6
12. 兵五进一　……

双方子力相等。黑炮牵制红边兵，红冲兵准备跳盘头马，从中路突破，是正确的选择。

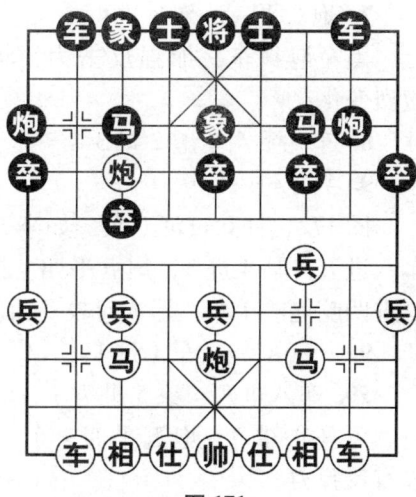

图171

12. ……　　　　士4进5
13. 马三进五　炮9进4
14. 兵七进一　卒9进1
15. 兵五进一　卒5进1
16. 炮五进三　马3进5
17. 炮七平六　卒3进1
18. 马五进七　……

红实现了兑兵跳出河头马的计划，子力活跃，暗藏攻势。

18. ……　　　　炮9退1
19. 前马进八　炮1平2
20. 马七进五　炮9平8
21. 马五进四　卒9进1
22. 炮六平九　马5退3
23. 炮五退三　象3进1
24. 仕六进五　炮8进1
25. 马四进五

红得象优。如炮2平5，马八进六，将5平4，炮九平六杀。
红突破黑防线，结果胜。

红胜秘诀：第8回合主动兑车，以三兵七炮抑制黑双马，子力活跃控制局面。兑双车后以残棋功夫取胜。

邬正伟胜李智平

1. 炮二平五　马8进7
2. 马二进三　车9平8
3. 车一平二　马2进3
4. 兵三进一　卒3进1
5. 炮八进四　象7进5
6. 马八进七　……

跳左正马，可加强中心区域的攻防力量，但走子次序有讲究。如炮八平七，车1平2早亮出，现在红先跳马则黑马可跃出。

6. ……　　　　马3进4

如马3进2可起到封车作用。炮八平三，车1进1，车二进五，马2进3，车九平八，炮2平3，炮五平四，仍红先。

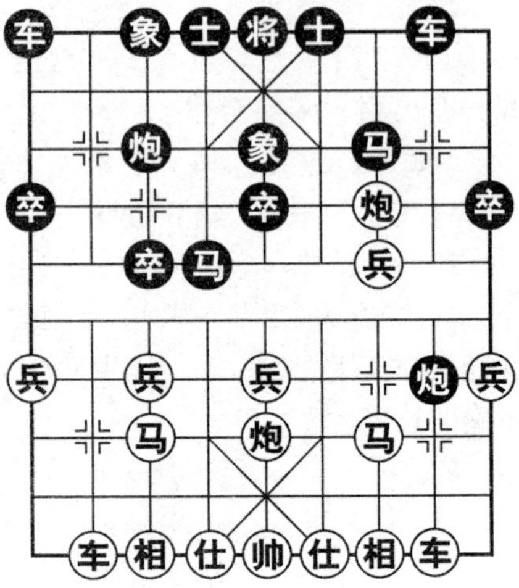

7. 炮八平三　　炮 8 进 4

黑左炮封车，加强反击力，将引起激烈变化。

8. 车九平八　　炮 2 平 3

9. 兵三进一　　……

图 172，冲兵过河对攻。如卒 3 进 1，车八进五，马 4 进 3，炮五平四，接有马三进四咬炮的手段，形成对攻局面。

9. ……　　　车 1 进 1

10. 车八进四　　象 5 进 7

可马 4 进 3，炮五平四，车 1 平 8，较有反弹力。

图 172

11. 车八平六　　马 4 退 5

12. 炮三平四　　车 1 平 6

13. 炮四平九　　士 6 进 5

14. 车六平三　　……

黑拿马当象，阵型不整。红抓住机会，平车抓象，扩大先手。

14. ……　　　象 7 退 9

15. 兵七进一　　车 8 进 4

如卒 3 进 1，车三平七，炮 3 进 5，车七退二，黑右翼空虚，受攻难走。

16. 兵九进一　　车 6 进 7

17. 仕六进五　　卒 3 进 1

黑局面受牵制，无好棋可走，红局势发展有潜力。

18. 车三平七　　炮 3 退 1

19. 马三进四　　车 8 进 1

20. 车二进三　　车 8 平 6

21. 兵五进一　　……

好棋。既避免兑车，又打通右车横向通路，并潜伏中路攻势。

21. ……　　　前车退 2

22. 车二平四　　车 6 进 1

23. 兵五进一　　炮 3 进 6

不能卒 5 进 1 吃兵。炮五进五，象 3 进 5，车七进四得子。

24. 车七退二　　卒 5 进 1

25. 车七进七　　马 5 进 6

26. 车七退四

伏沉炮闷杀。黑缺象怕炮，难以应付，结果红胜。

红胜秘诀：第 9 回合起送三兵升河车，顶黑马后撤，扩大了先手。以后抓住黑右翼弱点，乘虚而入，运炮取胜。

廖二平胜邬正伟

1. 炮二平五　　马 2 进 3

2. 马二进三　　马 8 进 7

3. 车一平二　　车9平8　　　　4. 兵三进一　　卒3进1
5. 炮八进四　　象7进5　　　　6. 马八进七　　卒1进1

挺边卒本来是对付红跳边马。本局红跳正马变化就不一样了。

7. 炮八平七　　车1进3　　　　8. 炮七平三　　……

炮打卒正着。如车九平八，车1平3，车八进七，卒3进1，兵七进一，车3进2，黑反先。

8. ……　　　　炮2进1

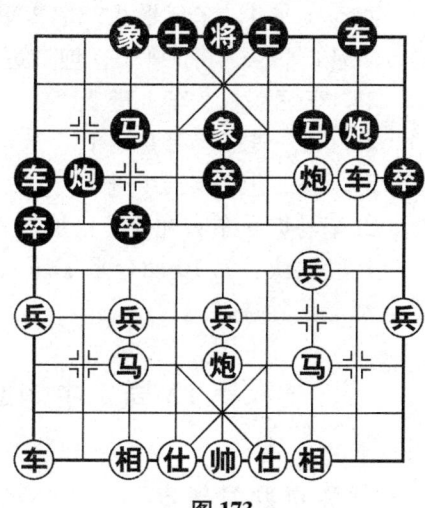

图173

兑炮较软，可卒5进1对攻。

9. 车二进六　　……

图173，黑如何对攻，影响到以后局势的优劣。可炮8平9，炮三平八，车1平2，车二平三，车8进2，兵三进一，炮9退2，车三平四，炮9平7，兵三进一，马7退8对攻，各有顾忌。

9. ……　　　　炮2平7
10. 车二平三　　炮8进4
11. 马三进四　　……

红不愿冒险。如车三进一，炮8平7，车三平四，炮7进3，仕四进五，炮7平9，黑有沉底炮及抽将之势。红虽多一子，但左车晚出，对攻速度较慢，有所顾忌。

11. ……　　　　炮8平7　　　12. 车三平四　　车8进4
13. 车九进一　　炮7平3　　　14. 相七进九　　车1平4
15. 车九平三　　……

抓住黑无7卒的弱点，平车支援三兵渡河，是正确的进攻方向。

15. ……　　　　车8平6　　　16. 车四退一　　马7进6
17. 兵三进一　　车4进4

如马6进4，车三平六，马3进2，车六进二，卒3进1，相九进七，黑子力受牵制。

18. 兵三平四　　车4平3　　　19. 马四进二　　车3平1
20. 马二进一　　……

估计黑车炮不成势，红快马欲跳卧槽，加快进攻速度。

20. ……　　　　炮3进3　　　21. 仕六进五　　炮3退1
22. 仕五退六　　炮3进1　　　23. 仕六进五　　炮3退1

如车1进2，马一进三，将5进1，炮五平二，将5平4，车三进三，红有攻杀手段。

24. 仕五退六　炮3进1　　　25. 仕六进五　炮3平2
26. 仕五进六　炮2退2

如车1平4，车三平八，炮2平1，马一进三，将5进1，车八进七，车4退6，炮五平二，将5平6，炮二进六，将6进1，兵四进一杀。

27. 车三平八　车1进2　　　28. 帅五进一　炮2退3
29. 马一进三　将5进1　　　30. 炮五平二　将5平4
31. 炮二进六　士4进5　　　32. 车八进三

红车马炮兵左右配合，已成攻杀之势，结果胜。

红胜秘诀：第10回合平车压马，由此占先。以后再出横车助战，中局得优，奠定获胜基础。

第12局　中炮巡河炮破屏风马象位车

刘殿中胜刘剑青

1. 炮二平五　马8进7　　　2. 马二进三　车9平8
3. 车一平二　卒7进1　　　4. 兵七进一　马2进3

通常认为炮8进4封车较好。马八进七，象3进5，炮八平九，马2进4，车九平八，卒3进1，兵七进一，车1平3，马七进六，车3进4，炮五平六，车3进1，黑可抗衡。

5. 马八进七　象3进5

飞象稳健。如要破坏巡河炮计划，可炮2进4。

6. 炮八进二　车1平3

针对红左马无根的弱点，黑出象位车暗藏反击手段。如兵三进一，卒3进1，兵七进一，马3退5，兵三进一，车3进4，兵三进一，车3进3，兵三进一，马5进7，红无先手。

7. 车九进二　……

图174，升车保马生根，准备续挺三兵活跃右马，发挥巡河炮的作用，此着

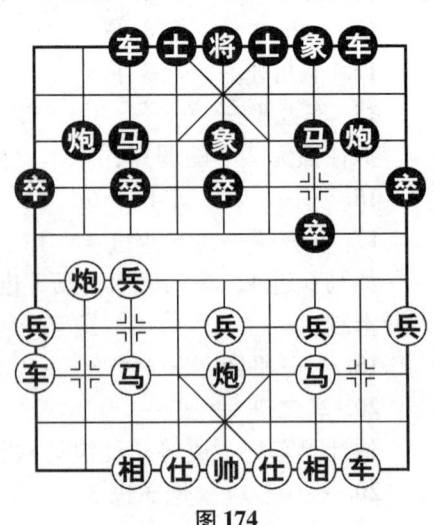

图174

是对付象位车的最新战术。

7. ……   马3退5   8. 车二进四   卒3进1
9. 兵七进一   车3进4   10. 炮八退三   ……

黑退窝心马,实现了兑兵通车的预定计划。红退炮下二路准备平七打车,暗藏攻击手段。

10. ……   炮2平3   11. 车二平六   炮3退2

如炮3进5,炮八进八,马5退3,车六进五,将5进1,车九平八,红有强烈攻势。

12. 炮八平七 车3平2   13. 车九平八   ……

针对黑右翼空虚,红兑车准备弃炮取势。如车2进3,炮五平八,炮3进8,车六进四,再沉底炮绝杀。

13. ……   炮8进2   14. 车六进四   炮3进8
15. 车八进三 炮8平2   16. 仕六进五   象7进9
17. 帅五平六 马5退7   18. 车六进一   将5进1
19. 车六退八 炮2平5

如炮2平3,马七进八,车8进5,黑有些对攻手段。

20. 兵五进一 炮5进3   21. 相三进五

红捉死黑炮,又破一士占优,结果胜。

红胜秘诀:第7回合升左车保马,以后调右车移左,抓住黑右翼空虚而攻,破士占优,进而取胜。

刘殿中胜庄玉庭

1. 炮二平五   马8进7
2. 马二进三   车9平8
3. 兵七进一   卒7进1
4. 马八进七   马2进3
5. 炮八进二   象3进5

飞右象是传统应法。对于红缓开车的巡河阵式来说,黑目前流行车1进1或象7进5。

6. 车一平二   车1平3
7. 车九进二   炮2退1

图175,针对挺三兵活马,退右炮准备平7保卒,是目前最新应法。

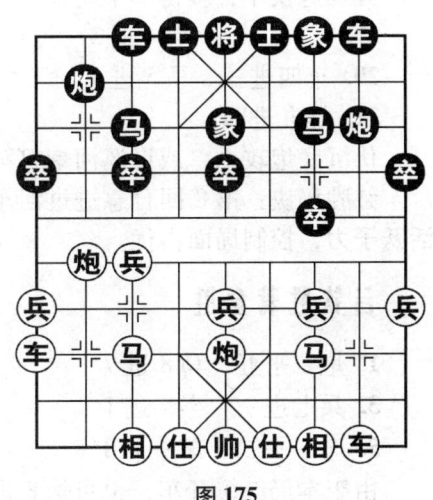

图175

8. 车二进六　炮8平9　　　9. 车二平三　……

如车二进三，马7退8，马七进六，马8进7，黑可抗衡。

9. ……　　　车8进2　　　10. 马七进六　炮2平7
11. 车三平四　车3平2　　　12. 车九平八　炮7平4
13. 炮五平七　……

红卸炮暗威胁黑马，又可联相调整阵型，是维持先手的好棋。

13. ……　　　士4进5

补士固防较软。可马7进8，较有反弹力。

14. 兵七进一　象5进3　　　15. 兵三进一　……

及时挺兵活马，发挥巡河炮的作用。如卒7进1，炮八平三，象7进5，车八进七，马3退2，马六进五，红子力活跃占优。

15. ……　　　炮4进2　　　16. 车四进二　车8进2
17. 车四平三　车8退2　　　18. 兵三进一　象7进5
19. 车三平四　……

防炮4退2打死车。

19. ……　　　象5进7　　　20. 炮八进三　车8退2
21. 车八进一　……

进车生根，准备炮八平三打马。

21. ……　　　马7进8　　　22. 炮七平八　马8进9
23. 马三进一　炮9进4　　　24. 车四退五　炮9进3
25. 马六进五　马3进5　　　26. 前炮平五　象7退5
27. 车八进六　……

红马炮换车，多得一卒略优。

27. ……　　　炮4退3　　　28. 车八退五　车8进7
29. 车四进三　马5进4　　　30. 炮八平九　士5进4
31. 炮九进四

伏沉底炮攻杀，或退巡河炮打马，红略优，结果胜。

红胜秘诀：第8回合急进过河车压马，以后又卸中炮平七，送七兵挺三兵活跃子力，控制局面占优。

吕钦胜蒋全胜

1. 炮二平五　马8进7　　　2. 马二进三　马2进3
3. 兵七进一　卒7进1　　　4. 马八进七　象3进5
5. 车一平二　车9平8

由于本局红缓开车，也可炮8进2，炮八进二，炮2退1，车二进四，卒3

进 1，黑可抗衡。

6. 炮八进二　车 1 平 3　　　7. 车九进二　……

如马七进六，炮 8 进 4，炮五平七，士 4 进 5，车九进一，卒 3 进 1，兵七进一，车 3 平 4，黑反先。

7. ……　　　炮 2 退 1　　　8. 马七进六　炮 8 进 2

可炮 8 进 4 封车，较有反击力。

9. 车二进四　炮 2 平 3　　　10. 车九平八　车 3 平 2

11. 炮八进二　……

图 176，伸左炮封车嫌急。可炮五平七，车 2 进 4，兵七进一，车 2 平 3，相七进五，伏炮八平七打车，黑难应付。

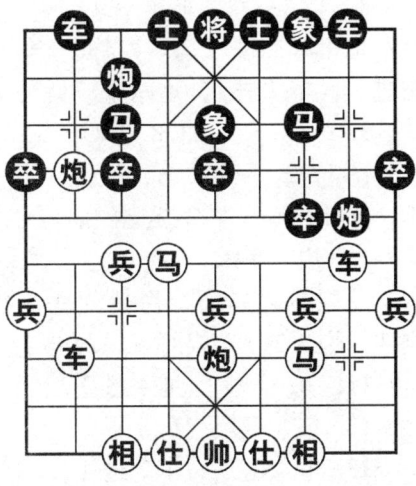

图 176

11. ……　　　卒 3 进 1

12. 兵七进一　炮 8 平 3

兑车会损失中卒，可炮 3 进 3 为稳。

13. 车二进五　马 7 退 8

14. 马六进五　马 3 进 5

15. 炮五进四　士 4 进 5

16. 兵五进一　马 8 进 7

17. 炮五平三　……

挺中兵与平炮，都是为了控制黑马出路。如为了保相，炮五平七，马 7 进 6，兵五进一，马 6 进 7，黑马得以施展。

17. ……　　　后炮进 8　　　18. 仕六进五　马 7 进 5

19. 兵五进一　马 5 退 3　　　20. 马三进五　车 2 平 4

21. 相三进五　前炮退 3　　　22. 车八进一　车 4 进 6

23. 马五退三　车 4 退 3　　　24. 炮三进一　马 3 退 1

25. 炮八进一　前炮进 2　　　26. 马三进五　车 4 平 2

27. 车八进三　马 1 进 2

至此，红中兵渡河略优，结果胜。

红胜秘诀：第 9 回合起，右车巡河左炮过河，以求控制局面。兑车后，以中兵过河之微优，靠残棋功力取胜。

刘幼治胜陈鱼

1. 炮二平五　马 8 进 7　　　2. 马二进三　车 9 平 8

3. 车一平二　马 2 进 3　　　4. 兵七进一　卒 7 进 1

5. 炮八进二　象3进5

如炮2进2，车二进六，马7进6，马八进七，卒7进1，车二平四，马6进7，炮五平六，接有炮打卒困马，红易走。

6. 马八进七　……

如兵三进一，卒3进1，兵七进一，卒7进1，兵七进一，马3退5，马八进七，卒7进1，马三退一，形成对攻局面，各有顾忌。

| **6. ……** | 车1平3 | **7. 车九进二** | 炮2进2 |
| **8. 车二进六** | 炮8平9 | **9. 车二平三** | …… |

也可车二进三，马7退8，车九退一，士4进5，车九平二，马8进7，兵三进一，卒7进1，炮八平三，马7进6，车二进六，仍属红先。

9. ……　　　车8进2

图177，平炮顶马，伏炮4退1打死车，又让出车3平2捉炮的路。

11. 炮五平六　……

兑炮简化局面，稳持先手。如马六进四，炮4退3，成对攻局面。

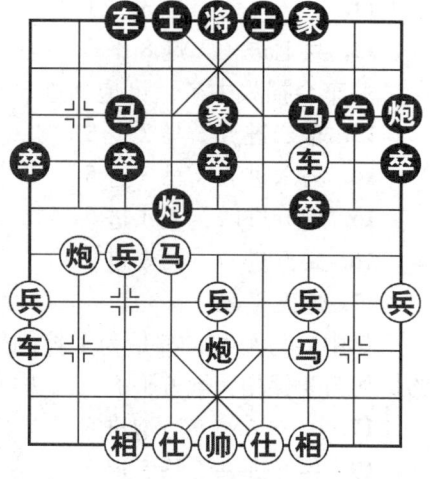

图177

11. ……	炮4进3
12. 车九平六	车3平2
13. 炮八退二	车2进4
14. 马六进七	炮9退1
15. 炮八平七	炮9平7
16. 车三平四	马7进8
17. 车四进二	炮7进5
18. 相三进五	士4进5

防车四平七捉马。

| **19. 兵九进一** | 车2进3 | **20. 仕四进五** | 车8平6 |
| **21. 车四平二** | …… | | |

如车四退一，士5进6，马七进五，象7进5，炮七进五，车2平4，仕五进六，红虽多相，但右马受压不利，双方大体均势。

21. ……	马8退7	**22. 车二退四**	马3退2
23. 马七退六	马7进6	**24. 马六进五**	车6进1
25. 马五退四	车6平7	**26. 马四进六**	车7平4

27. 兵七进一

至此，红多兵渡河，初呈优势，结果胜。

红胜秘诀：第11回合卸炮兑炮，消除黑反击手段，以后稳步进取，中局得子而胜。

丁同轩胜崔伟平

1. 炮二平五　马8进7　　　　2. 马二进三　车9平8
3. 兵七进一　卒7进1

可炮8平9，马八进七，象3进5，兵三进一，卒3进1，兵七进一，车8进4，马七进六，车8平3，马六退八，车3退2，炮八进五，车3平2，马八进六，卒7进1，兵三进一，车2进3，红多兵黑子活，各有千秋。

4. 马八进七　马2进3　　　　5. 车一平二　象3进5
6. 炮八进二　车1平3

如炮8进2，兵三进一，炮2退1，车二进三，炮2平7，兵三进一，炮7进3，马三进四，仍属红先。

7. 车九进二　炮2进2　　　　8. 车二进六　炮2平4

图178，平肋炮是一步试验手，可进3打双，或退1逐车。

9. 炮五平六　炮4退1
10. 车二退二　炮4进1

如炮8平9，车二进五，马7退8，兵三进一，炮9平7，相七进五，卒7进1，炮八平三，红子力活跃，占先手。

11. 车二进二　炮4退1
12. 车二退五　炮4进1
13. 马七进六　……

卸中炮邀兑，是本布局的新变着，对付黑肋炮有一定效果。

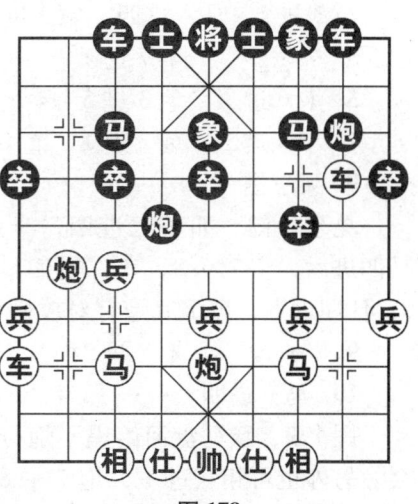

图178

13. ……　　　　　炮4进3
14. 车九平六　车3平2　　　15. 炮八退二　炮8进3

虚着。应炮8平9，车二平四，车8进3，黑无大碍。

16. 相三进五　卒7进1

弃卒以为能得子，弄巧成拙。应士4进5，再冲卒才能成立。

17. 兵三进一　炮8平4　　　18. 车二进八　马7退8
19. 炮八平九　炮4进4　　　20. 车六退二　车2进6
21. 车六进八　马8进7　　　22. 兵三进一　象5进7

23. 车六退一　马7退5　　　24. 帅五平六　……

红弃兵巧着，退车捉双马抢先，出帅准备炮打边卒，由此控制局面。

24. ……　　　车2退4　　　25. 炮九平七　马5退3
26. 车六退一　后马进1　　　27. 炮七进四　车2进2
28. 炮七平五　马3进5　　　29. 车六平五　象7退5
30. 车五平九

红多三兵进入优势残局，结果胜。

红胜秘诀：第9回合卸炮仕角，防炮4进3打双，并为以后兑炮准备条件。中局子力活跃控制局面，以残局多兵取胜。

卜凤波胜冯明光

1. 炮二平五　马8进7　　　2. 马二进三　车9平8
3. 兵七进一　……

先挺七兵是一步多变的应着。如炮2平3，马八进七，卒3进1，马七进六，卒3进1，马六进四，象3进5，炮八进五，黑马受攻难走。

3. ……　　　卒7进1　　　4. 马八进七　马2进3
5. 炮八进二　象3进5　　　6. 车一平二　车1平3
7. 车九进二　炮2退1　　　8. 兵三进一　炮2平7
9. 兵三进一　……

兑卒稳健。如马三进四，卒7进1，马四进六，卒7平8，车二进四，炮7进8，仕四进五，黑沉底炮有对攻机会。

9. ……　　　炮7进3
10. 马三进四　……

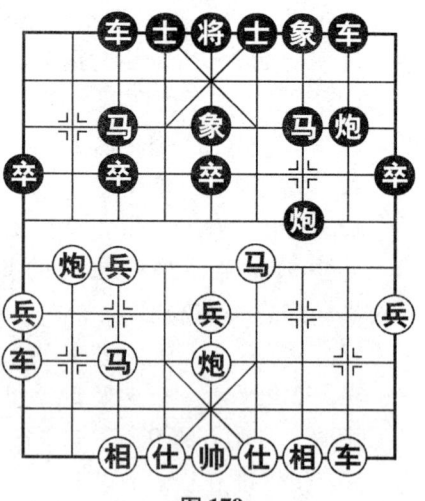

图179

图179，跃马盘河给黑平炮打车的机会。另外也可相三进一，炮7平8，车二平三，马7进6，马七进六，马6进4，炮八平六，士4进5，马三进四，车3平4，车九平六，仍红先手。

10. ……　　　炮7平8
11. 车二平一　前炮进3
12. 车一进一　车3平2

准备前炮平3，车九平七，车2进5得子。

13. 马四进六　马7进8　　　14. 炮八退三　前炮平3

15. 车九平七　车2进4　　　　16. 车七平六　卒3进1

如士6进5，炮八平二，炮8进6，车一平二，马3退1，炮五进四，亦红优。

17. 兵七进一　车2平3　　　　18. 马六进七　车3退2

如炮8平3，炮五进四，士4进5，车一平六，炮3进7，仕六进五，车3退4，帅五平六，成三把手绝杀。

19. 炮五进四　士4进5　　　　20. 炮八进八　马8进6
21. 车一平六　车3平4　　　　22. 炮五平七　将5平4
23. 仕六进五　炮8平7　　　　24. 前车进五　士5进4

败着。应炮7平4，尚可支撑一阵。

黑认输。因车六平八，炮7退1，车八进七，再沉底炮杀。

红胜秘诀：第10回合起，跃出红马再过河，配合车炮攻势取胜。

第13局　中炮七路马破屏风马双炮过河

胡荣华胜杨官璘

1. 炮二平五　马8进7　　　　2. 马二进三　马2进3
3. 车一平二　车9平8　　　　4. 兵七进一　卒7进1
5. 马八进七　炮2进4

右炮过河，破坏红巡河炮的计划。

6. 兵五进一　……

挺中兵打破黑取兵的计划，并从中路进取。如马七进六，炮2平7，马六进五，马3进5，炮五进四，炮8进5，炮八平五，炮8平5，炮五退四，象7进5，相三进一，车8进9，马三退二，车1进1，红失先。

6. ……　　　炮8进4　　　　7. 车九进一　……

由于右车被封，红尽快起左横车是符合棋理的。如兵五进一，象3进5，兵五平六，士4进5，黑控制局面。

7. ……　　　象3进5

补象稳健。可炮2平3，相七进九，车1平2，黑反击力较强。

8. 车九平六　马7进6

马盘河是对攻性较强的应法。如士4进5，兵三进一，车1平4，车六进八，马3退4，兵三进一，象5进7，兵五进一，卒5进1，马七进五，象7进5，双方局势平稳。

9. 兵五进一　卒 5 进 1
10. 车六进四　马 6 进 7
11. 车六平五　士 4 进 5

图 180，通过弃兵取卒，打通中路。车占棋盘中心，利于发挥中炮作用。

12. 车五平三　马 7 退 5

如炮 2 平 5，炮五进五，象 7 进 5，车三退二，炮 5 退 3，车二进三，车 8 进 6，车三平二，车 1 平 2，炮八进二，车 2 进 4，马三进四，红多子优。

13. 车三平五　……

稳健着法是车三平四，炮 2 平 3，相七进九，马 5 进 7，红先手不大。本局红平中车捉马是新变着，不怕马 5 进 6 挂角将，帅五进一，以后有炮打中象兑马，红优。

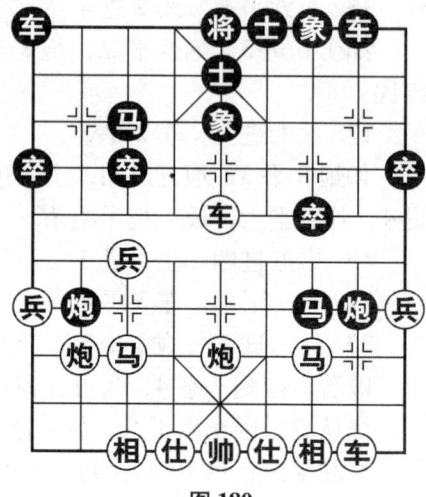

图 180

13. ……　　　　马 5 进 7　　　14. 仕四进五　车 1 平 4
15. 马七进五　车 4 进 6　　　　16. 马五进三　马 7 进 5
17. 相三进五　车 4 平 7

黑马兑炮减轻中路压力，并维持担子炮封车之势。红马跳到河头佳位，随时跃马入槽，各有千秋。

18. 前马进四　车 8 进 3　　　　19. 马四退六　马 3 退 1
20. 马六退五　车 8 平 7　　　　21. 马五进四　……

红马绕圈回到中路，就是为了进四赶走黑车，以便跃出三路马。

21. ……　　　　前车平 3　　　22. 马三进四　车 7 平 6

如车 7 进 1，车五平八，车 3 平 6，前马进六，车 7 平 2，炮八进三，仍属红优。

23. 后马进二　车 6 平 7　　　　24. 马二退四　车 7 平 6
25. 车五平八　车 3 平 6

如车 3 平 7，后马进二，车 7 退 2，车二进三，车 6 进 1，车八平四，车 7 平 6，车二平八，车 6 平 8，车八进五，红必得子占优。

26. 前马退二　前车退 1　　　　27. 车二进三　炮 2 平 5
28. 车二平五　前车平 8　　　　29. 相五退三　马 1 进 3

经过一番子力交换，局势有所缓解，但黑马位置不佳，容易受到攻击。此着进马不如马 1 退 3，车八平六，马 3 进 2，车五平八，车 6 平 4，车六平五，马 2 退 3，黑可抗衡。

30. 车八进二　车6平5

如马3退4，车八平九，象5退3，炮八进七，车8平4，车九平七，红捉死象占优。

31. 车五平六　马3退4　　　**32.** 车八平九　象5退3

可车8进4，车六平三，象5退3，车九退一，象7进5，可分散红方进攻力量。

33. 车九平三　象7进5　　　**34.** 车六进五　车8平3

35. 炮八平五　车3进1

黑被迫丢象。如象5进3，车六平五，士6进5，车三进二杀。

36. 炮五进五　士5进4　　　**37.** 车三平四

红破象占优，结果胜。

红胜秘诀：第21回合起，跃马赶走黑车，开通右马出路，双马盘旋展开攻势。经过子力交换，以小先手控制黑马，巧得中象突破防线，进而取胜。

杨官璘胜刘忆慈

1. 炮二平五　马8进7　　　**2.** 马二进三　马2进3

3. 车一平二　车9平8　　　**4.** 兵七进一　卒7进1

5. 马八进七　象3进5　　　**6.** 车九进一　……

如马七进六，炮8进4，仕四进五，士4进5，炮八平七，车1平2，车九平八，车8进5，马六进七，车8平3，马七进九，车2进1，炮七进五，车3退3，车二进三，炮2进4，车二进一，车3平1，局势平淡，红无先手。

6. ……　　炮2进4　　　**7.** 兵五进一　炮8进4

8. 车九平四　……

车平右肋而不平左肋，以避免兑车，并暗伏兵三进一，卒7进1，车四进二提双的攻着。

8. ……　　士4进5　　　**9.** 兵三进一　炮8平3

10. 车二进九　马7退8

如炮3进3，仕六进五，马7退8，车四进二，炮2退2，兵三进一，红车占要道易走。

11. 兵三进一　车1平4　　　**12.** 相七进九　车4进6

图181，兵过河右马活跃，但黑车双炮封锁兵林线，双方对攻，各有利弊。

13. 车四进四　炮3平9

如炮3平1，车四平八，车4平7，车八进二，车7进1，车八退四，炮1退2，兵三平四，黑右马无根，容易受攻。

14. 车四平八　炮9平7
15. 仕四进五　……

补仕避免黑炮打相叫将。如相三进一，车4平3，相九退七，卒3进1，车八进二，卒3进1，车八平七，车3进1，黑易走。

15. ……　　　车4平3
16. 车八进二　……

如马三进一，炮7平8，马一退二，炮8进1，黑反先。

16. ……　　　炮7进3
17. 马三进四　炮7平8

如炮7退4，兵五进一，卒5进1，马四进六，车3进1，车八退四，车3平5，马六进八，马3退2，马八进七，马2进4，炮八平六，士5退4，车八平六，红必追回一子并占优。

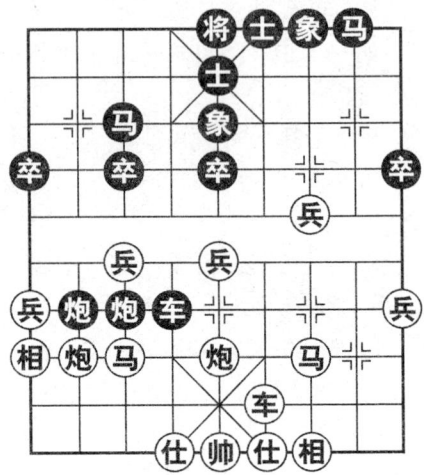

图181

| 18. 仕五进四　炮8退4 | 19. 车八平七　车3进1 |
| 20. 炮五进四　将5平4 | 21. 车七退一　炮8平5 |

红准备弃炮抢攻。如车3平2，车七平六，将4平5，车六平八，将5平4，兵五进一，马8进7，车八进三，将4进1，炮五平四，红牵制黑车炮，暗伏马四进六的杀着，又有双兵过河的优势，黑难应付。

22. 车七平六　将4平5　　23. 车六退二　……

防炮2平5，帅五平四，车3平6杀。

23. ……　　　车3平2　　24. 车六平五　炮2退1
25. 车五退二　……

巧兑车。如兵七进一，炮2平6，车五平四，车2平5抽吃红炮，黑优胜。

| 25. ……　　　车2平5 | 26. 马四退五　将5平4 |
| 27. 兵三平四　马8进7 | 28. 炮五平三 |

红多兵优，结果胜。

红胜秘诀：第13回合起，红升车骑河移左，攻击黑弱马占优，最后以优势残局取胜。

蒋志梁胜蔡忠诚

| 1. 炮二平五　马8进7 | 2. 马二进三　马2进3 |
| 3. 车一平二　车9平8 | 4. 兵七进一　卒7进1 |

5. 马八进七　炮2进4

黑左炮封车加强反击力。如象3进5，车二进六，炮8平9，车二平三，车8进2，马七进六，炮2退1，马六进七，炮2平5，马三进五，炮9进4，炮五进二，炮9平5，兵九进一，卒5进1，车九进三，卒5进1，炮八进二，马7进5，炮八平五，车1平2，车九平五，红兵种齐全较优。

7. 马七进八　……

红跳外肋马，是近年来出现的新战术，可避免炮2平3压马。此变着尚在发展之中，对其优劣的评价有待于实践检验。传统走法是车九进一，炮2平3，相七进九，车1平2，车九平六，这样左车亮出，加强了反弹力。

7. ……　　车1进1

黑不顾中防空虚而起横车，改变了传统补士象的下法，反击力较强。如象3进5，车九进一，士4进5，车九平六，车1平4，车二进一，炮2平5，炮五平七，红左翼子力集中，潜伏攻势。

8. 相七进九　象7进5　9. 车九平七　……

飞边相开相位车，与上着跳外肋马呼应，构成了一套新的作战方案，暗伏送三路兵再升车捉双炮，或者马踏3卒再挺七兵渡河。

9. ……　　马7进6

10. 马八进七　……

图182，红按预定计划跃马踏卒。如兵三进一，卒7进1，车七进三，卒7进1，车七平八，炮8平2，车二进九，卒7进1，炮八平三，车1平7，红不但未能得子，反而失先。

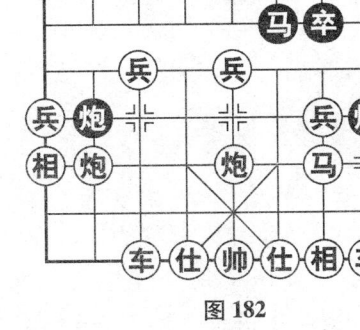

图182

10. ……　　马6进7

11. 仕六进五　车1平6

12. 兵七进一　……

红实现了七兵强渡的计划，左翼有一定攻势，但右车被封不舒服，有利有弊。

12. ……　　车6进4　13. 车七进四　车6平5

14. 车七平五　马7退5　15. 马三进五　车8进5

如马5退3，马五进六，前马进4，炮八平六，马3退1，双方对攻各有顾忌。

16. 兵七平八　马5进3　17. 马五进四　前马进2

18. 马四退五　……

防炮8平5，车二进四，马2退4，帅五平六，炮2平4，弃车妙杀。

18. ……   士4进5   19. 车二进二   象5进3
20. 炮五平四   车8平5   21. 马五退七   炮8平3
22. 兵八进一   ……

黑双炮马集中右翼，但不成势。红车亮出后，形势渐渐明朗。

22. ……   车5平6   23. 车二进五   象3进5
24. 炮四平一   车6进1   25. 兵一进一   车6平9

平车拦炮，防炮一进四吃卒再沉底攻杀。

26. 车二退三   马3退1   27. 车二平八   炮3平5

红针对黑双炮拥挤和边马弱点，运车左翼攻击。黑摆中炮叫将，希望兑子缓解局势。

28. 马七进五   车9平5   29. 炮八平五   车5平3
30. 仕五退六   ……

防车3进3叫将再破仕。

30. ……   车3平9   31. 兵八平九   马1退3
32. 炮一平二   车9平8   33. 仕六进五   炮2平5
34. 车八退一   ……

红退车牵制黑车炮，又困住黑马，已潜伏优势。

34. ……   炮5平6   35. 炮二平四   卒7进1
36. 炮四退一   卒7进1   37. 炮四平八

红多子大优，结果胜。

红胜秘诀：第7回合起跳外肋马，再开相位车，开辟了一个新战术。中局阶段运子取势，谋子占优，奠定胜局。

袁国良胜汤卓光

1. 炮二平五   马2进3   2. 兵七进一   ……

由于黑跳右马，有可能走成反宫马布局，故先挺七兵制马。如炮8平6，马八进七，炮6进5，车九进二，炮6平3，炮八进二，炮3退1，车九平七，炮3平7，兵七进一，卒3进1，炮八平一，马8进9，车七进三，象3进5，车七进二，炮2进7，炮五进四，士4进5，红先手扩大。

2. ……   卒7进1   3. 马八进七   马8进7
4. 马二进三   车9平8

如马7进8，马七进六，象3进5，车九进一，士4进5，炮八进二，车9进1，炮五平七，仍红略先。

5. 车一平二　炮2进4　　6. 兵五进一　炮8进4

黑左炮过河封锁兵林线，是控制红盘头马的惯用手段。如炮8进3，马七进五，炮2平7，车九平八，车1平2，炮八进四，象3进5，仕四进五，炮8进1，兵五进一，卒5进1，炮五进三，士4进5，马五进六，红有攻势。

7. 马七进八　象3进5

8. 车九进一　士4进5

9. 车九平七　……

图183，红车不平左肋，是为了避免兑车而保留更多变化。目前形势与上局相比，红不飞边相，阵型较协调。

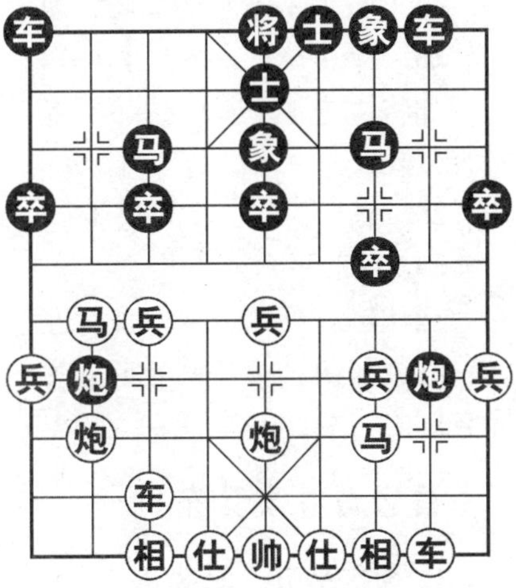

9. ……　　炮2平6

防兵三进一，卒7进1，车七进二捉双。也可马7进6，马八进七，车1平4，兵七进一，马6进7，对攻比较激烈。

10. 马八进七　车1平2

11. 炮八平六　炮8退2

退炮防七兵渡河，自行取消封车架势，不如车2进4为妥。

12. 车二进一　炮6退3　　13. 炮六平七　炮6平8

14. 车二平六　后炮平3　　15. 炮七进四　炮8进3

16. 车六平二　炮8退2

如炮8平5，车二进九，马7退8，相三进五，车2进6，兵七进一，车2平7，马三退五，马8进7，炮七平八，红兵种齐全，又有过河兵攻马，略优。

17. 车七平八　车2平4　　18. 车二平六　车4进8

19. 车八平六　马7进6

如炮8平3，车六平七，炮3平2，炮七平八，马3进4，炮八进三，红沉底炮乘虚而入，左翼有强烈攻势。

20. 兵七进一　……

及时渡兵是夺优的关键。如象5进3，车六进四，马6进7，车六平七得象优。

20. ……　　马6进7　　21. 炮七平六　炮8平7

22. 兵七进一　炮7进2

如马3退4，炮六平九，炮7进2，车六进七，马7进5，相七进五，车8进6，炮九进三，马4进2，车六平八，车8平1，车八进一，士5退4，炮九平六，车炮兵攻杀，黑难应付。

图183

23. 兵七进一　……

子力交换后，兵长驱直进，逼进九宫。黑右翼空虚，已有危机之感。

23. ……　　　马7退5　　　**24.** 炮五进四　车8进6

25. 仕六进五　车8平3　　　**26.** 车六平八　……

平车叫杀是制胜的关键。如车3进3，炮六退六，亦红成杀。

26. ……　　　将5平4　　　**27.** 车八进八　象5退3

如将4进1，车八退一，将4退1，兵七平六，马5退4，兵六进一，将4平5，车八进一杀。

28. 车八平七　将4进1　　　**29.** 车七退一　将4退1

30. 兵七平六

黑认输。马5退4，兵六进一杀。

红胜秘诀：第9回合起，平七路车再进马踏卒，然后伺机冲七兵渡河，攻黑空虚之右翼，一举成功。

蔡忠诚胜李艾东

1. 炮二平五　马8进7　　　**2.** 兵七进一　卒7进1

3. 马二进三　马2进3　　　**4.** 车一平二　车9平8

5. 马八进七　炮2进4　　　**6.** 兵五进一　炮8进4

7. 车九进一　炮2平3

平炮瞄相，是对传统着法象3进5的突破，便于加快开出右车反击。

8. 相七进九　车1平2　　　**9.** 车九平六　……

如车九平四，炮3平5，仕四进五，车2进7，车四进六，车2平3，车四平三，象3进5，马三进五，车3退1，马五退三，车3平7，黑反先。

9. ……　　　炮3平6

如车2进6，车六进六，象7进5，车六平七，士6进5，黑弃马取势，红车闭塞，各有顾忌。

10. 兵五进一　……

图184，冲兵突破中路。如车六进六，象3进5，车六平七，炮6进1，炮八进五，炮6平3，马三退五，炮3退1，炮五平八，车2平3，车七平六，马7进6，黑易走。

10. ……　　　炮6进1　　　**11.** 车六进六　炮6平3

只能炮打马兑子。如象7进5，炮五进四，马7进5，炮八平四，士6进5，车六退一，马5退7，车六平七，红先手扩大。

12. 兵五进一　士4进5

补右士正着。如士6进5，车六平三，炮3退1，炮八平六，红兵渡河较优。

13. 车六平七　马7进6
14. 车二进一　炮8退1

如马6进7，兵五平六，象3进5，炮五进四，车8进3，炮八进四，炮8退1，炮八退二，炮8进1，炮八进二，如双方不变作和。

15. 车二平六　炮8平5
16. 仕六进五　车8进6

车过河嫌急。可车8进3，形成互缠局面。

17. 车六进七　车8平7
18. 炮八进二　……

红献炮妙手，是制胜的关键。如炮5平2，兵五平四，马6进5，帅五平六，象3进1，车七平三，象7进5，炮五进五，士5退4，车三进一，再车三平五绝杀。

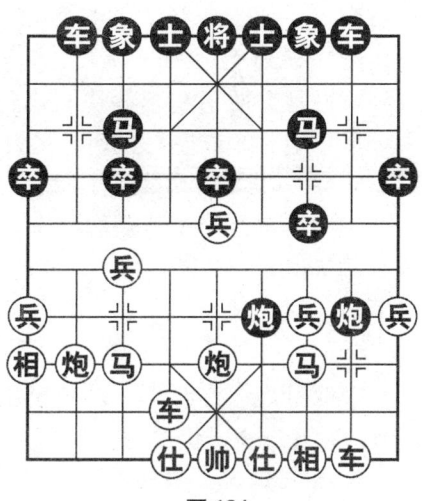

图184

18. ……　　　炮5退1
19. 车六退三　炮3平7
20. 车六平五　马6进5
21. 炮五平八　车2进5

速败之着。应车2平1，虽属下风仍可支撑。

22. 车七进二　士5退4
23. 兵五平四　士6进5
24. 炮八平五　车2退4
25. 车五进三　车2平5
26. 帅五平六　车5进3

如将5平6，车七平六，将6进1，炮五平四，车7平6，兵四进一杀。

27. 车七平六　将5进1
28. 兵四进一

黑认输。因车7平6，车六退一，将5退1，兵四进一，车6退5，车六平四，打死黑车，红胜定。

红胜秘诀：第18回合起，红进炮献炮，然后控制中路，弃车出帅妙杀。

第14局　中炮直横车破屏风马四兵相见

徐建秒胜任占国

1. 炮二平五　马8进7
2. 马二进三　车9平8

3. 车一平二　卒7进1　　　　4. 车二进六　马2进3

5. 马八进七　……

跳左马，便于左车尽快亮出，是当前最热门的布局之一。以往多兵七进一，黑平炮兑车或左马盘河，另有不同变化。

5. ……　　卒3进1　　　　6. 车九进一　……

红出横车，针对黑平炮兑车。如炮2进1，车二退二，炮8平9，车二进五，马7退8，车九平二，马8进7，车二进六，炮2退1，兵五进一，红仍持先手。

6. ……　　炮2进1

及时升炮驱逐红车，以减轻左翼所受压力。如象3进5，车九平六，马7进6，兵五进一，仍红先。

7. 车二退二　象3进5　　　　8. 兵三进一　炮2进1

进炮保卒成相持之势。如卒7进1，车二平三，马7进6，车九平四，黑左翼受制。

9. 兵七进一　炮8进2

图185，双方弈出四兵相见的复杂局面，进入对攻状态。

10. 车九平六　士4进5

补士固防。如卒3进1，兵三进一，卒3进1，马七退五，象5进7，车六进六捉双马，黑难走。

11. 炮八退一　卒3进1

黑贪吃兵亏，应卒7进1，见以下局例说明。

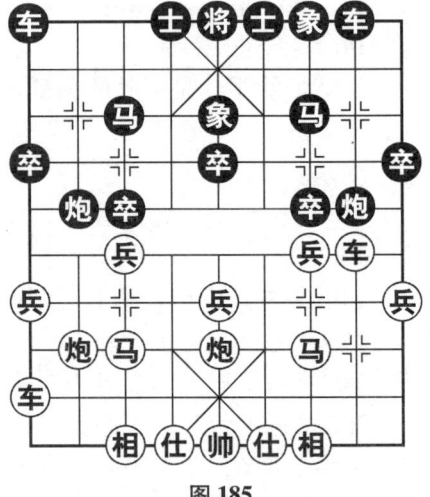

图185

12. 兵三进一　卒3进1　　　　13. 兵三平二　卒3进1

14. 车二平七　……

平车捉马卒，扩大了先手。由此也看出红提前退左炮的作用。

14. ……　　炮2平3　　　　15. 兵二平三　马3进2

红兵虎口余生，威胁黑马占优。如卒3平2，炮八平七，炮3进4，车六平七，马3退4，兵三进一，红大优。

16. 车六进二　车1平3　　　　17. 仕六进五　车8进6

18. 马三进四　车8退1　　　　19. 兵三进一　炮3平5

20. 车七进五　象5退3　　　　21. 马四进六　马7退8

22. 马六进八　车8平3　　　23. 炮五进三　卒5进1
24. 车六进二　卒3进1　　　25. 炮八进一　车3退2
26. 车六平八

红得子大优，结果胜。

红胜秘诀：第14回合起平车捉马，再移兵象口，由此扩大先手。以后跃出右马，直奔卧槽，借势谋子，奠定胜局。

韩松龄胜丁传华

1. 炮二平五　马8进7　　　2. 马二进三　卒7进1
3. 车一平二　车9平8　　　4. 车二进六　马2进3
5. 马八进七　卒3进1　　　6. 车九进一　炮2进1
7. 车二退二　象3进5　　　8. 兵七进一　炮8进2

升巡河炮保卒稳健。如卒3进1，车二平七，马3进4，车九平六，炮8进2，兵三进一，炮2平4，车六平八，车1平2，兵三进一，红优。

9. 兵三进一　炮2进1　　　10. 车九平六　士4进5
11. 炮八退一　卒7进1　　　12. 车二平三　卒3进1

图186，卒渡河准备弃马。如车三进三，炮8平3，马七退九，炮3进5，仕六进五，车1平2，黑弃子取势，双方各有顾忌。

13. 车三平七　炮2平3

右炮挡车，不利于左车的开展，应炮8平3为妥。

14. 马七进八　车1平3
15. 马三进二　炮8平5
16. 车六进三　车8进3

防炮五进三，卒5进1，炮八平二打车得先。

17. 马八进七　炮5进3
18. 相三进五　车3平4

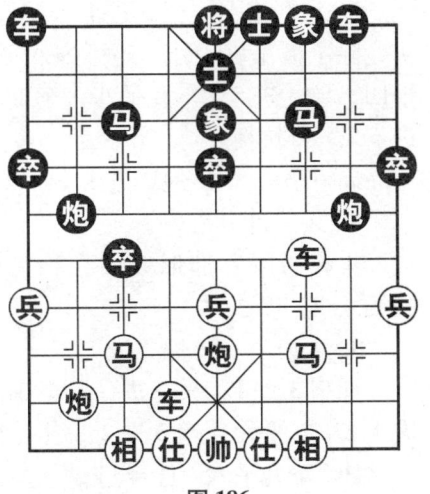

图186

黑主动兑子，希望消除红方攻势。

19. 车六进五　士5退4　　　20. 车七平四　……

平肋车佳着，伏有平炮打车及进车塞象眼手段。

20. ……　　　车8进1　　　21. 炮八平二　车8平7
22. 车四进四　象5退3　　　23. 车四平三　象3进5

24. 马二退四　……

巧退马咬车，闪出右炮有沉底之势。如车7平8，炮二平八，马7进6，车三平四，黑盘河马保象不能离开，红有炮八进四或平四等手段，仍红易走。

24. ……　　　车7进2　　　**25.** 炮二进八　马7进8
26. 马七进五　车7平6

贪吃马会丢士。不如士4进5，车三平四，车7退4，马五进三，将5平4，车四退三，炮3平4，车四平二，车7退1，虽然红优，黑尚可支撑一阵。

27. 马五进四　车6退4　　　**28.** 马四退三　象7进5
29. 车三进一　将5进1　　　**30.** 车三退一　将5退1
31. 马三退二

红破士象占优，结果胜。

红胜秘诀：第14回合起，双车巡河双马盘河，摆好架势，下二路炮可左右袭击。中局阶段，马踏象破士，奠定胜局。

许银川胜王秉国

1. 炮二平五　马8进7　　　**2.** 马二进三　卒7进1
3. 车一平二　车9平8　　　**4.** 车二进六　马2进3
5. 马八进七　卒3进1　　　**6.** 车九进一　……

除了横车攻法外，还可炮八平九，炮2进1，车二退二，炮8平9，车二平四，象3进5，车九平八，车1平2，兵七进一，卒3进1，车四平七，马7进6，黑可抗衡。

6. ……　　　炮2进1　　　**7.** 车二退二　象3进5
8. 兵三进一　……

本布局以后都形成四兵相见的局面，但先挺三兵或七兵，其变化是不同的。

8. ……　　　炮2进1　　　**9.** 兵七进一　炮8进2

如卒3进1，兵三进一，卒3进1，马七退五，象5进7，车九平七，马3进4，车二平六，炮8进2，炮八平六，红优。

10. 车九平六　士4进5　　　**11.** 炮八退一　卒7进1
12. 车二平三　卒3进1　　　**13.** 车三平七　炮8平3
14. 车六进七　……

图187，进车象眼，留出左炮移右攻马的通路，是近年出现的新战术。

14. ……　　　炮2退4

如马7进6，马七进六，马6进4，车七平六，炮3平7，马三进二，炮2

平5，前车平七，马3进2，车六平八，红处处得先占优。

15. 炮八平三　马7进6
16. 马七进八　炮2平3

伏前炮进5打相抽车的手段。

17. 车七平四　车8进4

劣着，由此陷入困境。应车8进8，炮三进八，象5退7，车四进一，车1平2，车四退一，车8平2，车六退四，象7进5，黑炮暗威胁红底相，有一定对攻机会。

18. 马八进六　马3进4

只能兑马。如马6退4，马六进四叫杀得车。

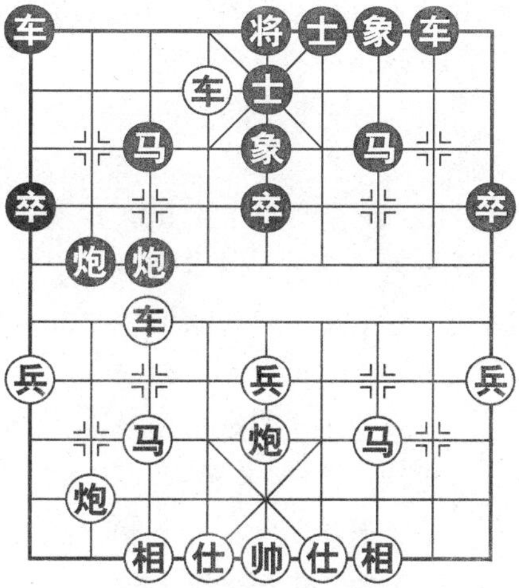

19. 车六退三　后炮进9　　20. 仕六进五　后炮进2
21. 炮五进四　马6退7　　22. 车六平二

黑马不敢吃车，因红炮打象闷杀。至此，红得子大优，结果胜。

红胜秘诀：第18回合跳马兑马，牵制黑盘河马，以后得子胜定。

图187

殷广顺胜张申宏

1. 炮二平五　马8进7　　2. 马二进三　车9平8
3. 车一平二　卒7进1　　4. 车二进六　马2进3
5. 马八进七　卒3进1
6. 车九进一　炮2进1
7. 车二退二　象3进5
8. 兵三进一　炮2平1
9. 兵七进一　炮8进2
10. 车九平六　士4进5
11. 炮八退一　卒7进1
12. 车二平三　卒3进1
13. 车三平七　炮8平3
14. 车六进七　炮2退4
15. 炮八平三　马7进6
16. 马七退五　……

图188，退窝心马别出心裁。可保住

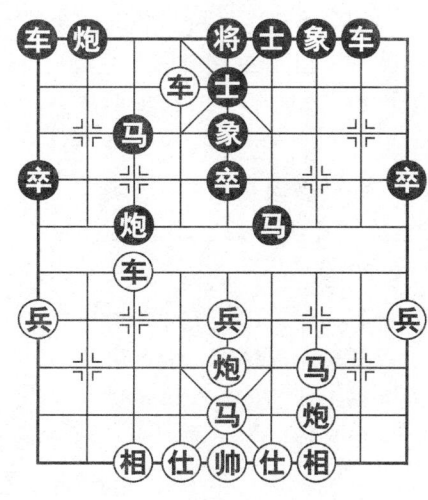

图188

底相，又与右马连环，以后从右翼跃出，展开攻势。

16. ……　　　炮2平3　　　17. 车七平四　车8进4

如车8进8，炮三进八，象5退7，车四进一，象7进5，车六平八，红得象略优。

18. 炮五平四　马6退8

退马无奈。如车8进4，炮三进八，象5退7，车四进一，车8平6，马三进二，车1平2，炮四平三，车6退4，马二进四，红优。

19. 马三进二　马8退6

防炮四平二打串。如车8平5，炮四平五，车5平4，车六退三，马3进4，车四平六，马4退3，马二进三，前炮平5，炮五进三，卒5进1，车六平二，马8退9，黑左马受制，红右翼有攻势。

20. 相三进五　车1进1　　　21. 车六平九　马3退1

22. 马五进三　……

通过调整阵型，全部强子调到右翼集中。双马连环，炮瞄底象，伺机展开攻势。

22. ……　　　马6进5　　　23. 车四平六　马1进3

24. 车六进二　前炮进4　　25. 兵五进一　马5退3

26. 兵五进一　卒5进1

弃兵巧着，切断黑车移右通路。不敢车8平5吃兵，炮四进六，象7进9，马二进三蹬车踏象，黑难应付。

27. 炮四进六　象7进9　　　28. 炮四退五　象9退7

如卒5进1，炮四平二，车8平3，马二进三，象9退7，马三进五，红势如破竹。黑不能象7进5吃马，炮二进六，象5退7，炮三进八杀。

29. 炮四平二　车8平9　　　30. 兵一进一　车9进1

31. 马二进三　士5进4　　　32. 前马进五　……

弃马破象有魄力。如象7进5，炮二进六，士6进5，炮二平七，象5退3，车六平七捉双，黑必丢子。

32. ……　　　车9平4　　　33. 炮三进八　将5进1

34. 马五进三　将5平4　　　35. 炮二进五　士6进5

36. 前马进五　士5进6　　　37. 马五退四　将4平5

38. 炮三退一　将5进1

黑认输。车六平五，将5平6，车五平一，再进车杀。

红胜秘诀：第16回合起运子右翼，车马炮联攻，连连夺先，使黑难以招架，最后以马破象入局。

王斌胜肖革联

1. 炮二平五　马8进7
2. 马二进三　车9平8
3. 车一平二　卒7进1
4. 车二进六　马2进3
5. 马八进七　卒3进1
6. 车九进一　炮2进1
7. 车二退二　象3进5
8. 兵三进一　炮2进1
9. 兵七进一　炮8进2
10. 车九平六　士4进5
11. 炮八退一　车1平4

图189，出贴身车，希望兑车削弱红攻势。如炮8平9，车二进五，马7退8，兵三进一，炮2平7，马三进四，卒3进1，兵一进一，炮7平3，兵一进一，炮3进3，兵一平二，仍红略好。

12. 车六进八　士5退4
13. 炮八平七　士4进5

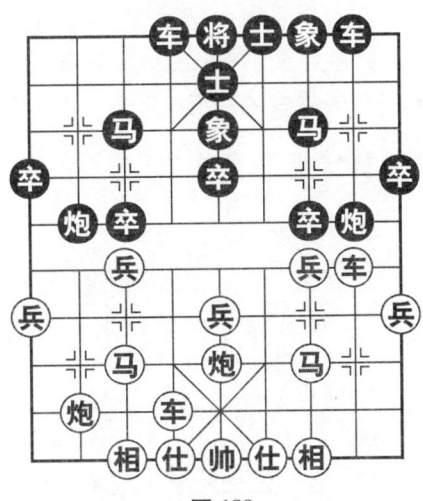

图189

补士固防。如卒7进1，车二平三，马7进6，马七进八，卒3进1，炮七进六，卒3平2，炮五进四，士4进5，车三平四，马6退4，车四平八，炮2平5，相七进五，马4进2，炮七退一，马2退3，炮五平六，炮8进2，兵五进一，炮5平3，兵五进一，红兵渡河优势。

14. 马七进八　马3进4

弃炮换卒，算准以后能追回一子。如象5进3，兵七进一，卒7进1，车二平三，炮8平3，车三进三，红优。

15. 炮七进四　……
15. ……　　　卒7进1
16. 车二平三　炮8平7
17. 炮七平三　炮2平7
18. 马八进七　炮7进3
19. 车三退二　马7进6
20. 车三退一　……

退车寻找移左肋的通路，暗伏马七进九再入卧槽的攻势。

20. ……　　　车8进5
21. 相七进九　马4进3
22. 车三平七　马3进5
23. 相三进五　士5退4
24. 车七平六　士6进5
25. 马七进九　车8平6

平车守肋，防马九进七，将5平6，车六平四捉马得先。

26. 仕六进五　车6进1
27. 兵五进一　车6平1

28. 兵五进一 ……

红兵巧渡，黑不敢卒5进1吃兵。马九进七，将5平6，车六进五，士5进6，车六平四叫杀得马。

28. …… 马6退7 　　　29. 车六进三 车1平6

30. 车六平三 马7进8 　　　31. 兵五进一

红多兵有势，结果胜。

红胜秘诀：第13回合兑车后平七炮保兵，并暗瞄黑右马，始终掌握小先手，以多兵残局制胜。

黄宝琮胜郑文宁

1. 炮二平五　马8进7 　　　2. 马二进三　车9平8
3. 车一平二　卒7进1 　　　4. 车二进六　马2进3
5. 马八进七　卒3进1 　　　6. 车九进一　炮2进1
7. 车二退二　象3进5 　　　8. 兵三进一　炮2进1
9. 兵七进一　炮8进2
10. 车九平六　士4进5
11. 炮八退一　卒7进1
12. 车二平三　卒3进1
13. 车三平七　……

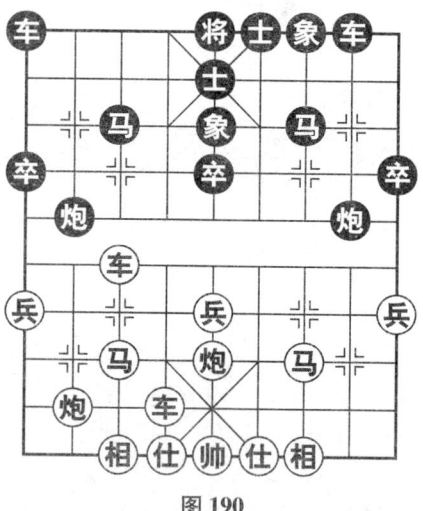

图190

图190，平车吃卒稳健。如车三进三，炮8平3，车三退三，炮3进3，车六进一，炮3平5，相七进五，车1平4，车六进七，士5退4，车三平七，马3进4，车七平六，车8进4，双方兑子过多，局势平淡易和。

13. …… 炮8平3
14. 车六进七 车8进4

黑升左车而不退右炮，与上述局例变化不同。

15. 炮八平三 马7退9

退马保象无奈。不能马7进6，车七进一吃炮。

16. 马七进六　车8平4 　　　17. 车六退三　炮2平4
18. 马三进四　车1平3

开象位车暗保中卒。如马四进五，马3进5，炮五进四，炮3进5叫将抽车。

19. 车七平八　炮 4 平 5
20. 马六进五　炮 5 进 3
21. 马五退七　象 5 进 3
22. 相三进五　……

经过一番子力交换，红取得兵种优势，并多一中兵，为进入优势残局打下基础。

22. ……　　　车 3 平 2
23. 车八平七　象 7 进 5
24. 兵五进一　车 2 进 6
25. 兵五进一　马 9 进 7
26. 炮三进五　卒 1 进 1
27. 马四进二　车 2 退 3
28. 车七平三　马 7 退 8
29. 兵五平四　车 2 平 4
30. 马二进四

至此，红车马炮兵配合默契，构成一定攻势，结果胜。

红胜秘诀：第 15 回合平炮攻马，再跃马盘河掌握先手，取得多兵优势，以残局功夫制胜。

韩松龄胜周长林

1. 炮二平五　马 8 进 7
2. 马二进三　卒 7 进 1
3. 车一平二　车 9 平 8
4. 车二进六　马 2 进 3
5. 马八进七　卒 3 进 1
6. 车九进一　炮 2 进 1
7. 车二退二　象 3 进 5
8. 兵三进一　炮 2 进 1
9. 兵七进一　炮 8 进 2
10. 车九平六　士 4 进 5
11. 炮八退一　卒 7 进 1
12. 车二平三　卒 3 进 1
13. 车三平七　炮 8 平 3
14. 车六进七　车 8 进 8

伸车捉炮是一步试验性变着，目的是阻止红炮移右攻马，但被红下着退马打车，黑车被迫撤退丢先。

15. 马七退五　车 8 退 5
16. 马三进四　车 1 平 4
17. 车六进一　士 5 退 4
18. 马五进三　……

图 191，红窝心马跃出连环，阵型巩固有力，仍持先手。

18. ……　　　炮 2 退 3
19. 炮八平三　车 8 退 1

红仍然实现移右炮攻马的计划，黑退车保马陷入被动。如马 7 进 6，炮五平

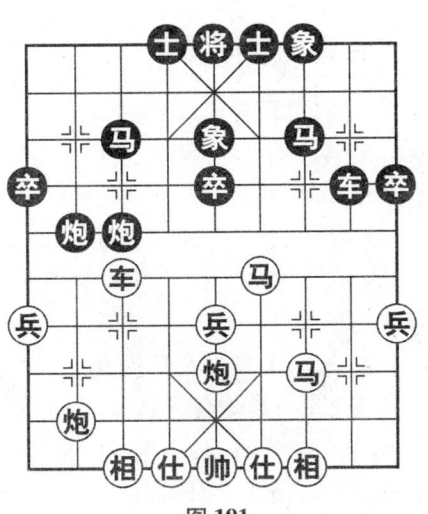

图 191

四,黑马难逃。

20. 炮五平七　炮 3 进 3　　21. 车七退二　马 7 退 5

回窝心马连环无奈。如马 3 进 2,车七进六,炮 2 进 1,车七平八,马 2 退 4,炮三平六,仍属红先。

22. 炮三平七　马 3 进 2

如炮 2 平 3,炮七进六,炮 3 进 6,炮七平二得子。

23. 车七进六　炮 2 进 1　　24. 马四进六　象 5 退 3

落象通车路,并防车七平六,炮 2 平 3,炮七平六的攻着。

25. 车七退三　马 2 进 1　　26. 炮七平五　车 8 进 1
27. 车七退二　马 1 退 2　　28. 马六进八　车 8 退 1
29. 车七进二　……

伏车七平八硬吃马。不敢炮 2 进 2 打车,红有卧槽马杀。

29. ……　　马 5 进 3　　30. 马三进四　士 4 进 5
31. 炮五平七　车 8 平 6　　32. 马四退五　马 3 退 4
33. 车七平八

红得子大优,结果胜。

红胜秘诀:第 15 回合退窝心马打车,以后双马连环跃出,配合车炮攻势,中局得子胜定。

第 15 局　中炮直横车破屏风马两头蛇

许银川胜闫文清

1. 炮二平五　马 8 进 7　　2. 马二进三　车 9 平 8
3. 车一平二　卒 7 进 1　　4. 车二进六　马 2 进 3
5. 马八进七　卒 3 进 1　　6. 车九进一　炮 2 进 1
7. 车二退二　象 3 进 5　　8. 兵三进一　卒 7 进 1

如炮 2 进 1,兵七进一,炮 8 进 2,则成四兵相见之势。本局 7 卒兑兵,形成另外变化。

9. 车二平三　马 7 进 6　　10. 车九平四　炮 2 进 1

图 192,黑炮保马成坚固防御。如兵七进一,炮 8 平 6,炮五平四,马 6 退 8,车三平四,马 3 进 4,前车退一,炮 2 进 2,兵五进一,卒 3 进 1,炮四进五,卒 3 进 1,前车退一,士 4 进 5,炮四退四,马 8 进 7,前车平六,卒 3 进 1,车六平七,车 8 进 6,黑方反先。

11. 车四平二　士4进5
12. 兵七进一　卒3进1
13. 车三平七　车1平4

红用右车牵制车炮,左车攻击黑马。黑开贴身车准备弃子抢攻。如车七进三,炮8平3,车二进八,炮3进7,仕六进五,车4平3,仕五进六,车3进6,接有马6进4或炮2平3等手段,红无便宜。

14. 炮八退一　炮2退3
15. 车七平四　炮8平6

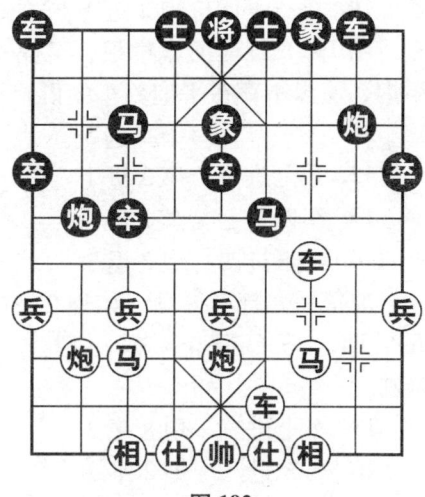

图192

黑通过兑车摆脱牵制,并有先弃后取的手段。如马6退7,炮八平三,炮8平9,车二进八,马7退8,车四平二,车4进7,马七进八,红优。

16. 车二进八　炮6进3
17. 马三进四　车4进7
18. 车二退四　马6退4
19. 车二平七　马4进2
20. 车七退一　炮2进7
21. 马四进五　……

经过一番子力交换,红取得多中兵之微优,仍掌握小先手。

21. ……　　　马3进4
22. 仕四进五　车4退1
23. 炮五平一　炮2退2
24. 兵五进一　炮2平9
25. 兵五进一

红中兵过河,呈优势,结果胜。

红胜秘诀:第12回合挺兵兑卒活马,但不急于吃黑右马,在交换子力过程中冲兵得势,奠定胜局。

冯明光胜陈建民

1. 炮二平五　马8进7
2. 马二进三　车9平8
3. 车一平二　卒7进1
4. 车二进六　马2进3
5. 马八进七　卒3进1
6. 车九进一　炮2进1
7. 车二退二　象3进5
8. 兵三进一　卒7进1
9. 车二平三　马7进6

黑跳肋马正着。如马7进8,兵七进一,卒3进1,车三平七,炮2退2,马七进六,炮2平3,车七平八,炮8平7,马三进二,马8进6,马六进四,炮3进8,仕六进五,马3进4,车八平七,对攻中红略优。

10. 车三平四　炮2进1

图193，红巡河车生根，二路车牵制车炮，使黑不存在平炮兑车的棋。

11. ……　　　　士4进5
12. 兵七进一　卒3进1
13. 车四平七　车1平4
14. 马三进四　炮2退3

准备平炮打车得马。如炮2平3，炮五平四，马6退7，车二平三，黑马难逃。

15. 车七进三　炮8平3
16. 车二进八　炮2平3

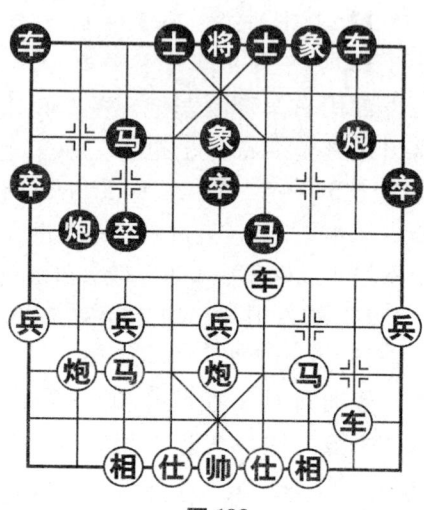

图193

如炮3进7，仕六进五，车4平3，仕五进六，车3进6，马四进六，车3退2，马七进八，对攻中红多子易走。

17. 车二退四　马6退7
18. 车二平六　后炮进6
19. 车六进四　将5平4
20. 炮五进四　……

红丢回一子，但得中卒，有利于残局。

20. ……　　　　后炮进7
21. 帅五进一　马7进6
22. 相三进五　前炮平6
23. 炮五退一　炮6退3
24. 兵九进一　马6进8
25. 马四进六　马8进7
26. 帅五退一　马7退9
27. 仕六进五　炮6退4

防马六进七叫将抽卒。

28. 炮八进一　炮3退1

退炮拦炮。如马9退8，炮八平六，将4平5，马六进八，炮6退1，马八进六杀。

29. 炮八平九　……

取卒为上策。如马六退七，炮6进4，马七进六，炮6平2，马六退八，炮2平1，黑尚有对攻机会。

29. ……　　　　炮3平4
30. 炮九进三

红多兵势优，结果胜。

红胜秘诀：第14回合右马盘河引起新的变化。以后进车吃马对攻，经过子力交换，以多兵残局取胜。

李林胜臧如意

1. 炮二平五　马8进7
2. 马二进三　车9平8
3. 车一平二　卒7进1
4. 车二进六　马2进3
5. 马八进七　卒3进1
6. 车九进一　炮2进1
7. 车二退二　象3进5
8. 兵三进一　卒7进1
9. 车二平三　马7进6
10. 车九平四　炮2进1
11. 车四平二　士4进5
12. 兵七进一　炮2退1

图194，不兑兵而退炮，暗伏马6退8捉双车的棋，这是一步试验性的变着。

13. 车三平四　马6退8
14. 车二平六　卒3进1
15. 车四平七　……

以上几个回合的变化使双方攻守重点发生转移。红双车移到左翼，双马活跃仍持先手。

15. ……　　　车8进1
16. 车六进五　炮2进1
17. 炮五进四　马3进5
18. 车六平五　……

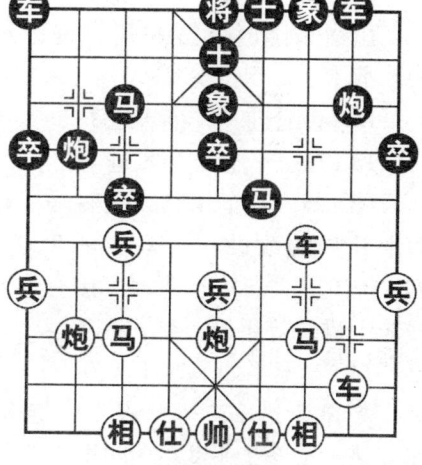

图194

在平淡局势下，红采取谋卒策略，并以双车占领要道控制局面。

18. ……　　　马8退6
19. 车五平四　车8平7
20. 兵五进一　炮8进5
21. 相七进五　车7进6
22. 马七进六　车7退1
23. 炮八平二　……

先弃后取，吃回一炮，仍持先手。

23. ……　　　炮2进5
24. 车七退四　车1平2
25. 仕四进五　车7平4
26. 马六进七　车2进3
27. 兵五进一

红中兵过河略优，结果胜。

红胜秘诀：第14回合起，双车移到左翼，战术灵活机动。在掌握先手控制局面的条件下，谋取多兵制胜。

陈孝坤胜何爱文

1. 炮二平五　马8进7
2. 马二进三　卒7进1
3. 车一平二　车9平8
4. 车二进六　马2进3
5. 马八进七　卒3进1
6. 车九进一　炮2进1
7. 车二退二　象3进5
8. 兵三进一　卒7进1
9. 车二平三　马7进6
10. 车九平四　炮2进1
11. 车四平二　车1进1

出横车随时支援左翼，是近年出现的新战术。

12. 兵七进一　卒3进1
13. 车三平七　车8进1

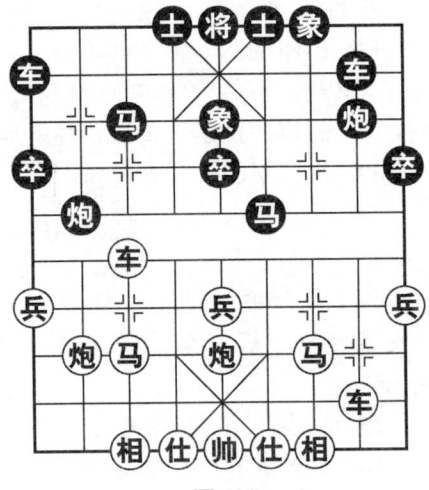

图195

图195，双车相联，使右马生根，是对上几局的改进。如车1平8，车二平四，马6进7，马七进六，接有炮八平七或车七进二等手段，红仍先手。

14. 车七平四　车1平6

如象5进3，马七进六，炮8平6，车二进七，车1平8，车四平三，马6进4，车三平六，红子力位置较好。

15. 兵五进一　……

挺中兵准备跳盘头马，加强中路攻势及对黑马的压力。如炮五平四，马3进4，车四退一，炮8平6，车二进七，车6平8，马三进四，车8进4，红马难逃。

15. ……　　　炮8平6

平炮兑车嫌早。应士4进5巩固中防，等待时机再走此着。

16. 车二进七　炮6进3　　17. 车二退五　炮6平7

如炮6进2，车二平七，马3进4，炮五进四，士6进5，车七进二，炮6平2，车七平八，炮2平7，车八平六，炮7退3，车六退二，红多中兵略优。

18. 车二平四　……

平肋车，弃相牵马，由此争夺主动。

18. ……　　　炮7进4　　19. 仕四进五　炮7平9
20. 帅五平四　士4进5　　21. 马三进二　……

抓住黑马弱点，红抓紧攻击。

248

下篇 实战秘诀

21. ……　　马3进4　　22. 炮五进四　车6进2
23. 兵五进一　马4退3

如炮2平5，车四进二，车6平5，马七进六，接有炮八平五打车的手段，黑难应付。

24. 马七进六　车6平5

黑舍车啃炮，无奈之着，否则也要丢马。

25. 马六进五　马6进8　　26. 车四平二　马3进5
27. 兵五进一　马8退6

至此，红有车对无车，并多过河兵占优，结果胜。

红胜秘诀：第18回合平肋车牵制黑马，由此展开一系列攻击，迫使黑车换马炮，有车胜无车。

吕钦胜于幼华

1. 炮二平五　马8进7　　2. 马二进三　车9平8
3. 车一平二　卒7进1　　4. 车二进六　马2进3
5. 马八进七　卒3进1　　6. 车九进一　炮2进1
7. 车二退二　象3进5　　8. 兵三进一　卒7进1
9. 车二平三　马7进6　　10. 车九平四　炮2进1
11. 车四平二　车1进1　　12. 兵七进一　卒3进1

兑兵是正常着法。如车1平8，兵七进一，象5进3，炮五平四，象7进5，马三进四，炮8平6，车二进七，车8进1，炮四进三，炮2平6，马七进六，红子力活跃仍持先手。

13. 车三平七　车8进1
14. 车七平四　车1平6
15. 兵五进一　士4进5
16. 马七进五　炮8平6

图196，黑及时通过兑车解脱被牵制状态。也可马3进4，兵五进一，马4进5，马三进五，炮8平6，车二进七，车6平8，车四平八，马6进5，炮八进三，卒5进1，炮八进四，车8进2，炮八平九，将5平4，各有千秋。

17. 车二进七　炮6进3
18. 车二退五　炮6进2

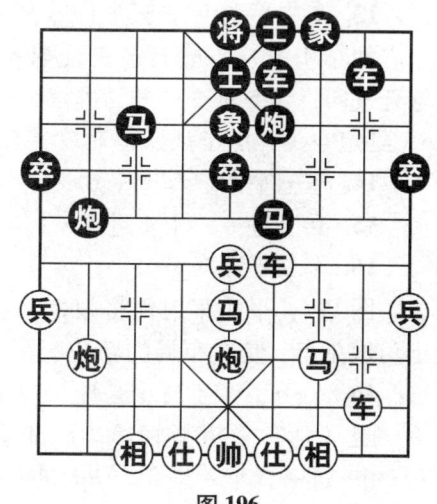

图196

249

黑献炮准备先弃后取。如炮八平四,马6进5,车二平五,车6进6,局势平淡,黑可抗衡。

如马6进4,车二平四,马4进5,相三进五,炮6退3,马五进七,红子力位置较好,仍持先手。

19. 炮八退一　马6进5　　　20. 车二平五　炮6进1

防炮八平四,车6平7,车五平四困炮。

21. 车五平七　炮2平3　　　22. 兵五进一　车6平7
23. 马三进四　卒5进1　　　24. 炮八平五　车7进4
25. 前炮进五　象7进5　　　26. 炮五进六　士5退4
27. 车七进二　车7平6　　　28. 车七进二

至此,红得双象略优,结果胜。

红胜秘诀:第15回合起,挺中兵跃盘头马,对黑加强压力。兑车后利用黑中线弱点,破象兑子占优,以残棋功夫制胜。

宋国强胜郑兴年

1. 炮二平五　马8进7　　　2. 马二进三　车9平8
3. 车一平二　卒7进1　　　4. 车二进六　马2进3
5. 马八进七　卒3进1　　　6. 车九进一　炮2进1
7. 车二退二　象3进5　　　8. 兵三进一　卒7进1
9. 车二平三　马7进6　　　10. 车九平四　炮2进1
11. 车四平二　车1进1　　　12. 兵七进一　卒3进1
13. 车三平七　车8进1

如车1平7,车七进三,炮8平3,炮五进四,象5进3,车二进八,炮3进5,红炮空头,黑子活跃,对攻各有顾忌。

14. 车七平四　车1平6
15. 兵五进一　士4进5
16. 车二平六　……

图197,平肋车封锁将门,又避免黑士角炮兑车,是本布局的新变着。

16. ……　　　马6退8

退马兑车希望减轻压力。如炮8平7,相三进一,车8进3,马七进五,炮7平6,车四平三,车8进2,马五进七,

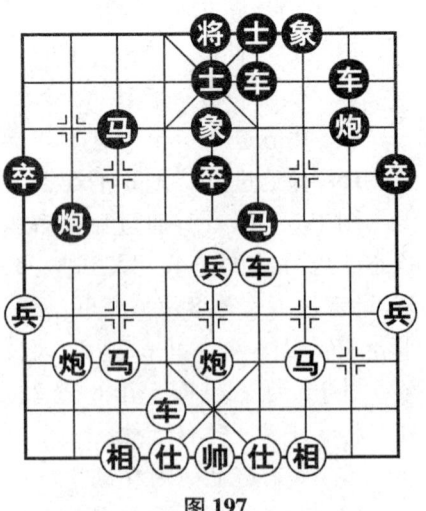

图197

炮2平3，相七进九，黑肋车闭塞，红有冲中兵的攻击手段，黑难走。

17. 兵五进一　车6进4　　18. 马三进四　卒5进1
19. 马四进三　车8平7　　20. 马三退五　……

通过兑车，连连跳马，咬车踏卒，占据棋盘中心的优越位置，形势占优。

如车六进五，马8进7，炮五平三，车7进1，仕六进五，车7平6，车六平七，车6进1，兑车缓解局面。

20. ……　　　马8进7　　21. 车六平三　马7退6

如马7进6，车三平四，马6退5，马七进五，马5进3，后马进七，马3进5，相七进五，红子力位置较优。

22. 车三进七　马6退7　　23. 马七进六　炮2平4
24. 炮八进四　马7进6　　25. 炮八平一

红多一兵略优。以后在互缠局势中又吃一卒，结果胜。

红胜秘诀：第16回合平车左肋，弈出新着。以后跃马纵横，八面威风，配合中炮攻势，奠定胜局。

邓颂宏胜陈孝坤

1. 炮二平五　马8进7　　2. 马二进三　卒7进1
3. 车一平二　车9平8　　4. 车二进六　马2进3
5. 马八进七　卒3进1　　6. 车九进一　炮2进1
7. 车二退二　象3进5　　8. 兵三进一　卒7进1
9. 车二平三　马7进6　　10. 车九平四　……

除平肋车捉马之外，红另有挺兵攻法。即兵七进一，卒3进1，车三平七，炮8平7，车九平四，车8进4，马三进四，车8平7，马四退二，车7平8，炮八进一，士4进5，炮五平二，马6进7，炮二进三，马7进6，帅五进一，炮2退2，双方对攻，各有千秋。

10. ……　　　炮2进1　　11. 车四平二　……

车平肋捉马再平二路，损失一步棋，但可避免马6退8打车，并牵制黑无根车炮，仍然合算。

11. ……　　　士4进5　　12. 兵七进一　卒3进1
13. 车三平七　车1平4

红通过挺兵兑卒，活通双马待命出击。黑开贴身车，准备弃马抢攻，局势趋于激烈。

14. 炮八退一　……

图198，如炮五平四，马3进4，马三进四，炮8进3，马四进六，炮8平

5，车七平五，车 8 进 8，马六进四，车 8 平 7，车五平四，马 6 退 8，相七进五，红势略好，黑有双车，双方各有千秋。

14. ……　　炮 2 退 3

退炮准备平 3 打串。如炮 2 平 3，炮八平三，炮 3 进 3，车七退二，马 6 进 4，车七进二，黑车炮被牵难走。

15. 车七平四　车 4 进 7

可炮 2 平 3，车四进一，炮 3 进 6，马三进四，炮 8 进 5，黑尚可抗衡。

16. 马七进八　炮 2 平 3

如炮 2 进 7，车二平八，马 6 退 7，仕六进五，车 4 退 4，车八平七，仍属红先。

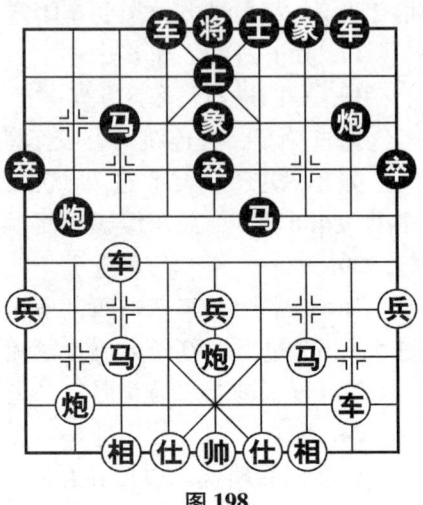

图 198

17. 炮八平七　马 3 进 4

如马八进六，炮 3 进 8，仕六进五，车 4 退 3，炮五平四，炮 8 平 7，相三进五，车 8 进 8，炮八平二，炮 7 平 6，车四平八，红无便宜。

18. 车四进一　……

18. ……　　马 4 进 2　　　19. 车四平八　炮 3 进 8

20. 仕六进五　车 4 进 1　　　21. 马三进四　……

防炮 8 平 7 打闷吃车，红跃马是关键要着。

21. ……　　马 2 进 1

跳边马易受困。可炮 8 进 3，马四进三，将 5 平 4，炮五平六，炮 8 平 5，车八平六，将 4 平 5，车二进八，马 2 退 4，兵五进一，车 4 平 3，黑优。

22. 车八退三　车 4 平 3　　　23. 炮五进四　车 3 退 8

经过以上几回合的较量，黑右翼空虚，而左翼车炮又被牵制，局势陷入被动。

24. 车二进一　炮 3 平 1　　　25. 车八平九　车 3 进 9

26. 仕五退六　炮 8 进 3　　　27. 车二平八　将 5 平 4

防车九退二硬吃炮，再沉底车杀。如炮 1 平 4，车八平七，车 3 平 2，车九平八，车 2 退 2，车七平八，炮 4 退 9，车八进七，炮 8 退 1，马四进六，车 8 进 3，马六进八，炮 8 平 4，马八进六杀。

28. 马四进六　车 3 退 2　　　29. 仕六进五　车 3 进 2

30. 仕五退六　炮 8 退 3

退炮守住钓鱼马位置，以防红马攻杀。如车 8 进 4，车九退二，车 3 平 1，马六进七,将4进1,车八平六,士5进4,马七进八,将4退1,车六进五杀。

31. 炮五退二　　象5退3

如车3退5,车九退二,车3平4,车八进七,将4进1,车九平八,黑亦难应付。

32. 车九退二　车3平1　　33. 马六进七　将4进1

34. 炮五平六　……

红弃子取势,暗伏车八进六,将4进1,马七退六杀。

34. ……　　　　炮8平5　　35. 相三进五　车8进5

36. 车八进六　将4进1　　37. 马七退六

黑认输。车8平4,马六进八杀。

红胜秘诀:第12回合挺兵兑卒移车左翼,与二路车呼应,牵制黑子力。第21回合起,右马盘河再炮打中卒,形成一面倒优势,中盘胜。

第16局　中炮高左炮破屏风马左马盘河

何顺安胜王嘉良

1. 炮二平五　马8进7　　2. 马二进三　卒7进1

3. 车一平二　车9平8　　4. 车二进六　马2进3

5. 兵七进一　马7进6

跃马盘河,准备冲7卒露马咬车,是一种反击性较强的战术。它与平炮兑车相比,构成另一套防御体系。

6. 马八进七　象3进5　　7. 炮八进一　……

高左炮是进攻左马盘河的较好方案。以往曾流行冲中兵攻法,即兵五进一,卒7进1,车二平四,马6进7,兵五进一,士4进5,马三进五,炮8进5,兵五进一,炮2进1,兵七进一,炮8平3,兵七进一,马7退5,炮五进二,炮2平5,兵七进一,炮5进3,车四退三,炮3退3,车四平五,炮3平5,车五退二,炮5进4,仕六进五,卒7平6,黑反先略优。

7. ……　　　　卒7进1

冲卒对攻是正常着法。如士4进5,车二平四,炮8进2,兵三进一,炮2进2,兵三进一,炮2平7,马三进四,炮8进5,车四退一,车8进7,黑弃马取势。接有车8平6,仕六进五,车6平7的攻杀手段,变化较为复杂。

8. 车二退一　……

图199，红退车反捉马，又保持对黑车炮的牵制，被认为是最佳走法。

8. ……　　　马6退7
9. 车二退二　卒7进1

如卒7平6，兵三进一，卒6平7，炮八进一，炮8平9，车二进六，马7退8，炮八平三，车1平2，马三进四，炮2平1，车九进一，红子力活跃，仍持先手。

10. 车二平三　马7进8
11. 车三进三　炮8平7

暗伏炮2退1再平7打车等手段，或炮7进5兑马，再马8进6咬车兑炮，简化局面。

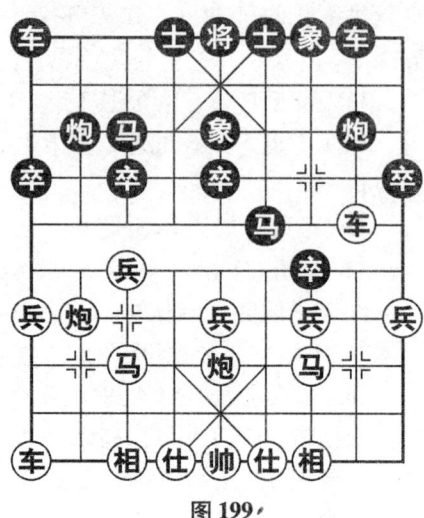

图199

12. 马三进二　马8退9

防炮五平二牵制，因而退马兑子。如炮2退1，马二进四，炮2平7，马四进三，炮7进2，马三进二，车1进1，车九进一，车1平8，车九平二，车8退1，炮八进四，红炮打中卒后略优。

13. 车三进一　车8进5　　14. 炮五平三　……

面临黑骑河车扫兵捉马的威胁，卸中炮准备飞相保马，又有炮轰底象的攻着。

14. ……　　　车1平3　　15. 炮八进一　车8退2

如车8平3，相七进五，前车进1，炮八平四，接有车九平八及炮四进四等手段，红方易走。

16. 车三退三　卒3进1　　17. 兵七进一　马3退5
18. 兵七平八　……

挺卒以为先弃后取，不料红此着兑炮保留了过河兵，成为黑方后患。

18. ……　　　车3进7　　19. 炮八进三　马5退3
20. 相七进五　车3退5　　21. 炮八退一　车8进3
22. 兵五进一　卒9进1　　23. 兵五进一　……

红中兵渡河奇袭，由此占优。不敢卒5进1吃兵，因炮八平五叫将，黑难应付。

23. ……　　　车8平5　　24. 兵五平六　车5平4
25. 兵八平七　马9进8　　26. 车三平二　马8退9
27. 车九平七　……

下篇 实战秘诀

红双兵联手，再出相位车，准备冲兵起攻。

27. ……　　　象5进3　　　28. 兵六平七　车3平7
29. 相五进三　车4平7　　　30. 炮三平五　士6进5

红借飞相打车之机，巧立中炮，取得攻势。

31. 车二进二　前车平5　　　32. 车七进四

红控制局面占优，结果胜。

红胜秘诀：第8回合起，红车保持对黑左翼子力的牵制，一直掌握小先手。以后又卸中炮调整阵型，埋下伏兵，第23回合冲中兵突然袭击，奠定胜局。

胡荣华胜金启昌

1. 炮二平五　马8进7　　　2. 马二进三　车9平8
3. 车一平二　卒7进1　　　4. 车二进六　马2进3
5. 兵七进一　……

挺兵制马，为左马开路。如要快出左车，可马八进七或马八进九，则变化不同。

5. ……　　　马7进6　　　6. 马八进七　象3进5

飞象稳健。如卒7进1，车二平四，马6进7，车四平三，马7进5，炮八平五，炮8平6，车三退二，象3进5，车九平八，红子力位置较佳，明车活马好炮位。

7. 炮八进一　……

高左炮保兵，准备平肋车捉马。早期人们多炮八进二，卒7进1，车二平四，卒7进1，马三退五，马6退4，相七进九，炮2进1，对攻中黑易走。

7. ……　　　卒7进1
8. 车二退一　……

另一种走法是车二平四，马6进7，炮五平四，炮8进5，对攻中双方各有顾忌。

8. ……　　　马6退7
9. 车二退二　卒7平6
10. 兵三进一　卒6平7
11. 炮八进一　……

图200，升巡河炮，准备平三吃卒，构成协调阵型。

11. ……　　　卒7进1

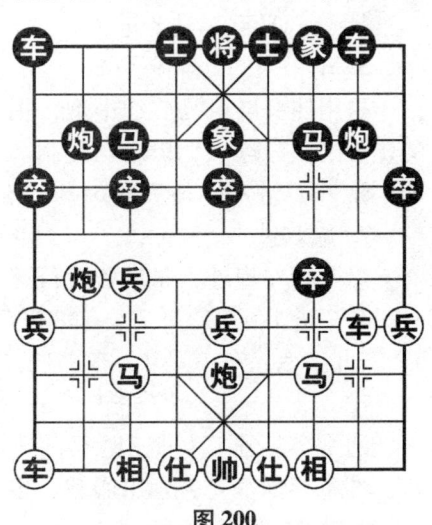

图200

12. 车二平三　马7进8　　　　13. 车三进三　炮8平7
14. 马三进四　马8进6　　　　15. 炮八平四　……

兑马使黑炮失根，又便于亮出左车，仍保持较大先手。

15. ……　　　车8进5　　　　16. 炮四进三　士4进5
17. 车九平八　车1平2　　　　18. 炮四平七　炮7平3
19. 车八进六　车8平3　　　　20. 马七进八　……

红通过以炮兑马，拴住了黑无根车炮，取得初步优势。

20. ……　　　车3进4　　　　21. 仕四进五　……

补仕固防，避免车2平4叫杀脱身。

21. ……　　　车3平2　　　　22. 车三平五　后车进1
23. 车五平七　炮3退2　　　　24. 车七进一　炮3平2
25. 马八进六　前车退6　　　　26. 马六进八　……

以上几个回合，红车扫通卒林线，迫使黑车双炮龟缩一团，扩大了优势。

26. ……　　　后炮平3　　　　27. 炮五平六　士5退4
28. 相三进五　炮2平1　　　　29. 车七平五　象7进5
30. 马八进六　车2平4　　　　31. 炮六进六

红兵种优势，破象多兵，以残局功夫制胜。

红胜秘诀：第16回合伸炮士角，兑马取势，以后用牵制战术控制局面，扩优而胜。

王嘉良胜朱剑秋

1. 炮二平五　马8进7　　　　2. 马二进三　马2进3
3. 车一平二　车9平8　　　　4. 兵七进一　卒7进1

黑用屈头屏风马应红中炮，把挺三七兵的选择权交给红方。挺7卒是必然的，否则兵三进一，黑双马受制。

5. 车二进六　马7进6　　　　6. 马八进七　象3进5
7. 炮八进一　……

除了高左炮外，早期曾流行巡河车的下法：车二退二，炮2退1，车九进一，卒7进1，车二平三，炮8平7，马七进六，马6进4，车三进三，士4进5，车九平六，车1平4，车六进二，车8进4，红无先手。

7. ……　　　卒7进1　　　　8. 车二退一　炮2进2

通常卒7进1，马三退五，马6退7，形成对攻局面。本局黑升巡河炮打车，准备弃马争先，别出心裁，也是一步试验性着法。

9. 车二平四　卒3进1

图201，挺卒打车，再过河吃兵，可争夺先手，是原定弃马计划的必然续着。

10. 车四进一　卒3进1
11. 兵三进一　……

兵吃卒，准备弃回一子缓和局面。另可车四平二，炮2平3，马七退九，炮3平7，马三退五，卒3进1，兵三进一，炮7平1，兵九进一，炮1进4，车九进一，卒3平2，车九平七，红优。

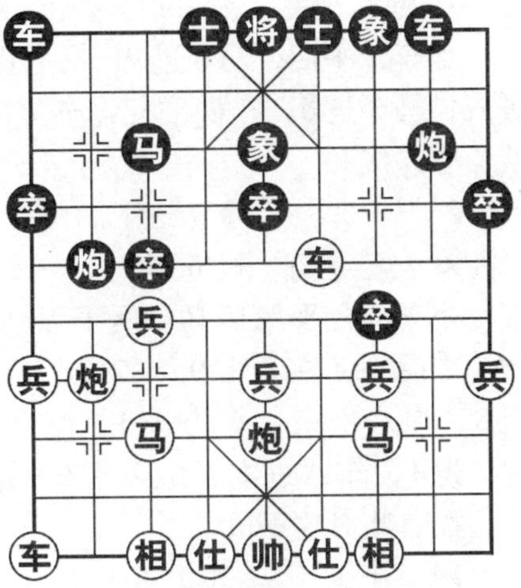

11. ……　　　卒3进1
12. 车四平二　卒3进1

黑追回一子，并有小卒过河，但左车炮被牵，双方各有利弊。

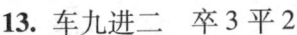

图201

13. 车九进二　卒3平2

退炮打车无用，不如炮2退3为好。

14. 车九退一　炮2退1
15. 车二退一　炮2退2
16. 炮八平七　……

防炮2平3打相及车1平2捉炮等手段。

16. ……　　　车8进1
17. 车九平六　炮2平7
18. 马三退一　车1进1
19. 兵三进一　……

及时冲兵过河，是正确的决策。如炮五平二，炮8进5，车二进三，炮7进8，马一退三，车1平8，红无趣。

19. ……　　　炮7平3
20. 炮七进五　车1平3
21. 兵三进一

双方子力相等，但红炮镇中，双车占领要道，过河兵有威胁力，结果红胜。

红胜秘诀：第13回合起，红送回一子换取对黑车炮的牵制，终于继续掌握先手。以后伺机渡兵，加强攻击力，控制局面占优，最后以残棋功夫取胜。

胡荣华胜周顺发

1. 炮二平五　马8进7
2. 马二进三　卒7进1
3. 兵七进一　车9平8
4. 马八进七　马2进3
5. 车一平二　象3进5
6. 车二进六　马7进6

本局红缓开右车，先挺七兵跳左马，最后仍然演变成中炮过河车对屏风马左马盘河阵式。

7. 炮八进一 ……

如车二平四,马6进7,马七进六,炮8平7,马六进五,马7进5,相七进五,马3进5,车四平五,卒7进1,车五平三,虽仍属红略优,但局势平淡,容易成和。

7. ……　　　卒7进1　　　8. 车二退一　卒7进1

9. 马三退五　马6退7　　　10. 车二进一　……

进车准备平三压马,属于强劲攻法。如车二退一,炮8平9,车二进五,马7退8,炮八平三,车1进1,车九平八,炮2退1,车八进七,炮2平9,炮五平三,黑有些对攻手段。

10. ……　　　车1进1

图202,起横车对攻,不怕红平车压马。如炮8平9,车二平三,车8进2,炮五平四,炮2退1,炮四进六,红略优。

11. 马七进六　车1平6

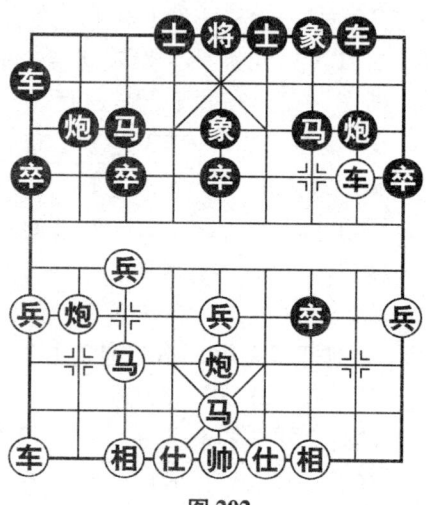

图202

如车1平4,马五进七,卒7进1,炮八平六,车4平2,车九平八,卒7平6,炮五平六,炮2进6,仕六进五,车2进5,相七进五,卒6进1,后炮退一,红子力位置较好。

12. 炮八平三 ……

如马五进七,卒7进1,仕六进五,马7进6,马六进四,车6进3,黑卒过河,并暗伏炮8平7等反击手段,红难掌握先手。

12. ……　　　车6进4

如炮2进3,马五进七,炮2平4,马七进六,车6进4,炮五平三,炮8平9,车二平三,车6平4,前炮进四,车8进6,黑可抗衡。

13. 马五进七　炮2进2　　14. 车九平八　炮2平4

15. 炮五平三 ……

红双马连环有力,重炮攻马,左车亮出,已有扩先之势。

15. ……　　　炮8平9　　　16. 车二平三　马7退5

17. 车八进八　马5退3　　　18. 车八平七　……

黑马节节败退。红伸左车进袭,准备飞炮轰象,展开攻势。

18. ……　　　士6进5　　　19. 仕六进五　卒9进1

20. 相七进五　……

攻不忘守。补仕相固防，徐图进取。

20. ……　　炮9平6	21. 前炮进六　象5退7
22. 车七进一　象7进5	23. 车七退一　车8进4
24. 炮三平四　炮4退1	25. 车三退三　车6平8

黑不宜兑炮，因右马难逃。

26. 车三平四　炮4退1

无奈。如炮6平9，马六进四咬车吃炮，黑亦难逃劫运。

27. 车七退一　后车平4	28. 马六进四　象5进7
29. 马四进五　象7退5	30. 炮四进五　炮4平6
31. 车七平五　炮6退2	32. 车五退一

红破双象，又有过河车扫卒占优，结果胜。

红胜秘诀：第13回合跃马连环，以后亮出左车，又卸炮攻马，左右呼应，使黑防不胜防。最后进入优势残局，多兵取胜。

王晓华胜朱贵森

1. 炮二平五　马8进7	2. 马二进三　卒7进1
3. 车一平二　车9平8	4. 车二进六　马2进3
5. 兵七进一　马7进6	6. 马八进七　象3进5
7. 炮八进一　卒7进1	8. 车二退一　……

如车二平四，马6进7，炮五平六，炮8进5，相七进五，炮2进2，马七进六，成对攻局势，各有顾忌。

8. ……　　卒7进1
9. 马三退五　马6退7
10. 车二进一　车1进1
11. 车二平三　车1平6

图203，红决心平车压马发起攻击，黑弃马平肋车，准备沉底炮攻杀。目前形势，黑双马受制，但集中子力于左翼反击。红持先手，但存在窝心马弊病需要及时化解。双方对攻，各有顾忌。

12. 炮八平三　车6进7

13. 炮五平二　……

卸炮打车，兼拦黑炮沉底，是正确

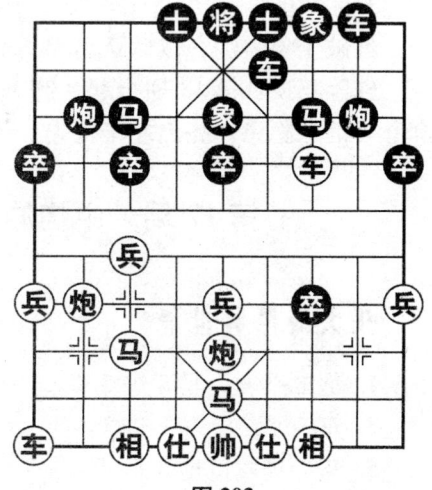

图203

的选择。

13. ……　　炮8平9　　　14. 炮二进四　……

进炮封车，继续保持对黑左马的压力，是公认的最佳着法。如炮二平六，马3退5，炮六退一，车6退1，炮六进六，车8进8，炮三进四，马5进7，马五进三，马7退8，车九平八，炮9平4，车八进七，炮4进1，车三平五，车6平3，车五平六，车3平7，黑得子优。

14. ……　　马3退5　　　15. 炮三平二　……

红平炮打车正着。如车九平八，炮9进4，马五进六，炮9进3，仕六进五，马7退9，车八进七，马9进8，黑左翼有攻势。

15. ……　　车8平9　　　16. 马七进六　炮9退1
17. 前炮进二　炮9进5　　　18. 马五进七　……

红化解窝心马隐患，跃出双马连环，攻守两利。

18. ……　　卒9进1　　　19. 车九平八　马5退3
20. 前炮平八　车9平8　　　21. 炮二进三　炮2平4
22. 炮八进一　炮9进3　　　23. 仕六进五　炮4进1
24. 车三进一　炮4平8　　　25. 车八进八　炮8进6

红双车过河起攻，黑双炮沉底反击，局势变得激烈起来。如车八平六，士6进5，车三进一，车6退7，黑献车解杀。

26. 车八平六　士6进5　　　27. 马六进五　象7进9
28. 车六进一　士5退4　　　29. 车三平五　将5平6
30. 马五进三　将6进1　　　31. 马三进二　象9退7
32. 车五平三

红破士象占优，以后跃出左马取胜。

红胜秘诀：第13回合起，卸炮打车封车，减缓了黑方反击速度。再跃出窝心马消除隐患，亮出左车抢先，最后破士象获胜。

第17局　中炮冲中兵破屏风马平炮兑车

乐天海胜黄世清

1. 炮二平五　马8进7　　　2. 马二进三　车9平8
3. 车一平二　马2进3　　　4. 兵七进一　卒7进1
5. 车二进六　炮8平9

平炮兑车是此类布局的常见应法。

6. 车二平三　炮9退1　　　　**7.** 兵五进一　士4进5

8. 兵五进一　……

直冲中兵，希望打通中路及卒林线，属于急攻战略。如炮八平七，炮9平7，车三平四，马7进8，车四退三，车8进2，黑可抗衡。

8. ……　　　炮9平7　　　　**9.** 车三平四　卒7进1

10. 马三进五　……

红来不及吃卒，跳出盘头马准备过河攻击。

10. ……　　　卒7进1

11. 马五进六　车8进8

12. 马八进七　马7进8

图204，红马过河咬马，黑炮瞄住底相，形成对攻局面。

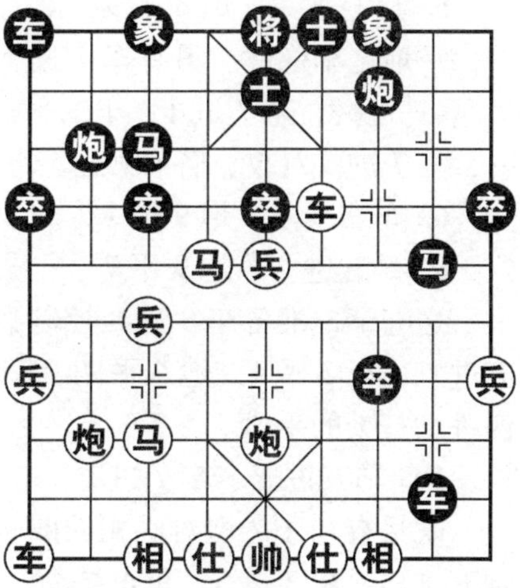

13. 车四平三　马8进6

跃马弃炮，准备再跳右肋叫杀得车，似佳实劣。应马8退7，车三平四，象3进5，弃马抢攻，是可以成立的。

14. 车三进二　马6进4

15. 仕四进五　……

黑马有卧槽与挂角双叫杀，红被迫支仕。

15. ……　　　马4进3　　　　**16.** 帅五平四　前马进1

17. 马六进七　象3进5

如卒5进1，车三平四，象3进5，后马进五，车8退4，马五进六，车8退2，马六进五，炮2平5，炮五进五，士5进4，炮八平五，马1退3，前炮进一，马3退5，炮五退六，士6进5，车四进一杀。

18. 兵五进一　车8退4　　　　**19.** 车三平四　车8平5

20. 前马进五　……

弃马破士，入局妙手。如士6进5，兵五进一，卒7平6，兵五进一，将5平4，车四进一杀。

20. ……　　　卒7平6　　　　**21.** 兵五进一　马1退2

如车5退2，车四退五，炮2退2，马五进七，士6进5，车四进六杀。

22. 马五进七　车1平3　　　　**23.** 兵五进一　士6进5

24. 车四平五　将5平4　　　　**25.** 车五退三

红大优，结果胜。

图204

红胜秘诀：第18回合中兵直进，再平肋车以成杀势，最后弃马破士入局。

陈汉华胜刘鲁

1. 炮二平五　马8进7　　　2. 马二进三　卒7进1
3. 车一平二　车9平8　　　4. 车二进六　马2进3
5. 兵七进一　炮8平9

平炮兑车稳健。另有车1进1，马八进七，车1平4，炮八平九，炮2进4，兵三进一，卒7进1，车二平三，炮8进4，车三退二，炮8平7，相三进一，马7进6对攻，各有顾忌。

6. 车二平三　炮9退1　　　7. 兵五进一　士4进5
8. 兵五进一　炮9平7　　　9. 车三平四　卒7进1

送七卒，准备车8进6控制兵林。如卒5进1，马三进五，象3进5，炮五进三，车1平4，炮八平四，车4进6，马八进七，后有车九平八捉炮及炮四进七打士的手段。

10. 马三进五　卒7进1

吃兵有利于7炮对底相的威胁。如稳健可卒7平6，车四退二，卒5进1，炮五进三，象3进5，黑可抗衡。

11. 马五进六　车8进8　　　12. 马六进七　车8平2

图205，红吃马嫌急，应马八进七仍持先手。黑平车压马可得回一子，但不如卒7平6，炮五进四，象3进5，相七进五，马7进5，马七退五，车8平2，马八进六，车1平4，车四退三，红多中兵稍好。

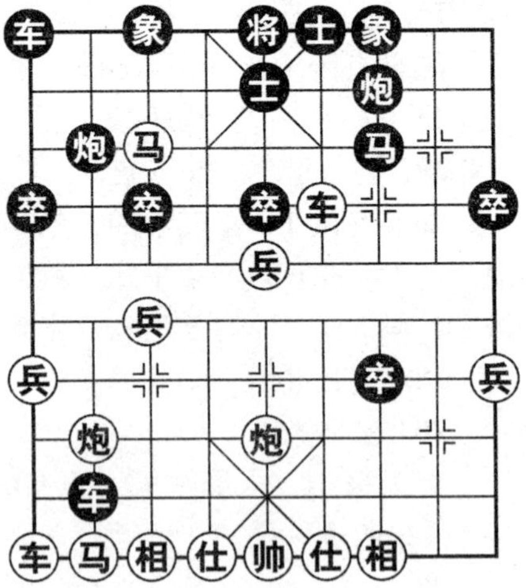

13. 兵五进一　卒7平6
14. 车四退三　车2退1

如车2进1，车九平八，炮2进7，炮八进七，象3进5，车四平六，士5进4，兵五进一，红势不可当。

15. 车九进二　车2进2

贪吃马导致速败。只能兑车，希望支撑一阵。

16. 车九平六　象3进5　　　17. 车四进五　炮7进8
18. 仕四进五　车2退5　　　19. 马七进五　……

图205

弃马破士是入局的关键。至此，黑防线全面崩溃。

19. ……　　　车2平5　　　20. 兵五进一　炮7退2

21. 车六进一　炮2进7

如车5退2，马五进七，车5进5，马七退六，将5平4，车四平六，将4平5，车六平七，将5平4，马六退五，将4平5，马五进四杀。

22. 车四退一　马7进6　　　23. 车四退二　车5退2

24. 马五退三　车5进5

黑认输，因车四进四吃士杀。

红胜秘诀：第15回合升边车邀兑，以后双肋车配合中炮，再冲中兵成杀。

李鹏胜王斌

1. 炮二平五　马8进7　　　2. 马二进三　车9平8

3. 车一平二　马2进3　　　4. 兵七进一　卒7进1

5. 车二进六　炮8平9　　　6. 车二平三　炮9退1

7. 兵五进一　……

除了从中路进攻外，曾有炮八平七，马3退5，炮五进四，马7进5，车三平五，卒7进1，兵三进一，炮2平7，双方对攻变化复杂。

7. ……　　　士4进5

8. 兵五进一　炮9平7

9. 车三平四　卒7进1

10. 马三进五　卒7进1

11. 马五进六　车8进8

12. 马八进七　象3进5

13. 马六进七　车1平3

图206，黑先弃马，再平车捉马抢先，是目前认为最佳应法。

14. 前马退五　车3平4

如马7进5，炮五进四，炮7进8，仕四进五，车8进1，车九进一，黑车炮暂难成势，红多子，在对攻中易走。

15. 仕四进五　车8进1　　　16. 车九进一　车4进6

黑弃子后，伸肋车进兵林控制红左马出入，并有卒7平6再炮打底相的后续手段。

17. 炮五进一　马7进8　　　18. 车四平三　炮2退1

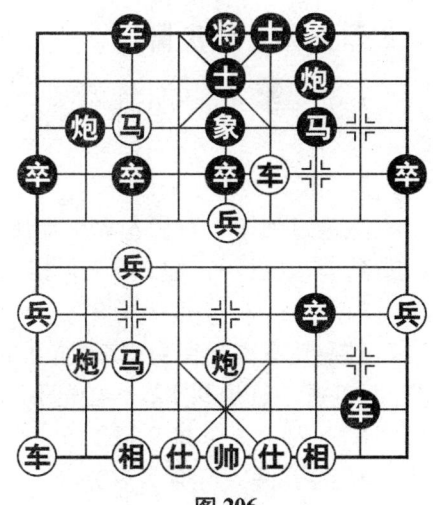

图206

如车8平7，仕五退四，黑无续攻手段。

19. 相七进五　车4平3　　　20. 车九平七　马8进6
21. 兵五平四　……

联相后，阵式渐见巩固。平兵绊马腿，使黑马进退两难，红多子优势逐步显示出来。

21. ……　　　炮2进2　　　22. 仕五退四　卒7平6
23. 炮五进一　马6进8　　　24. 仕六进五　炮7平9
25. 帅五平六　车8退1　　　26. 车七平六　车3进1
27. 车六进四　……

红炮镇中路，肋车封锁将门，暗伏马五进七绝杀。黑双车呆滞，后防全面空虚，子力无法撤回救驾。

27. ……　　　炮2退2　　　28. 马五进七　炮2平4
29. 车三平六

弃车妙手，黑认输。如车3平2，前车进2，炮9平4，车六进三，车2退7，马七进八，再沉底车胜。

红胜秘诀：第14回合退马踏卒，保存实力，以后升炮联相，带守带攻，发挥潜力，以多子获胜。

车兴国胜胡庆阳

1. 炮二平五　马8进7　　　2. 马二进三　车9平8
3. 车一平二　马2进3　　　4. 兵七进一　卒7进1
5. 车二进六　……

急进过河车，对黑左翼施加压力。如马八进七，炮2进4，兵五进一，炮8进4，车九进一，炮2平3，相七进九，车1平2，成对攻之势。

5. ……　　　炮8平9　　　6. 车二平三　……

红避兑车以保留更多变化。如改车二进三，马7退8，马八进七，炮2进4，兵五进一，炮9平5，红先手不大。

6. ……　　　炮9退1　　　7. 兵五进一　士4进5
8. 兵五进一　炮9平7　　　9. 车三平四　卒7进1
10. 马三进五　卒7进1　　　11. 马五进六　……

红抢出快马过河，攻势很猛。如马3退4，兵五进一，马7进8，兵五平六，炮2平5，仕四进五，黑不敢马8退6吃车，因马六进四，马4进3，马四进三，将5平4，炮八平六杀。

11. ……　　　象3进5

按流行着法，黑先伸左车再飞象，本局先飞象则变化不同。如马六进七，车1平3，马七退五，车8进4，兵五平六，马7进5，车四平五，炮7进8，仕四进五，车8进5，红难应付。

12. 马八进七　车1平4
13. 马七进八　……

图207，红不吃马反而弃炮，来势凶猛。如炮2进5，车四进二，炮7平8，车九平八，炮8进6，马八进七，红攻势猛烈。

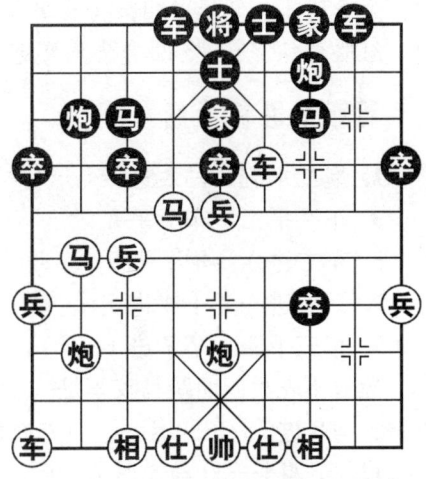

图207

13. ……　　　卒7平6

为了引红车离开肋线，此着可改马7进8，车四平三，马8退9，车三退三，炮2进5，车九平八，车8进9，炮五平三，炮7进6，车三退一，车4进3，车八进二，卒5进1，黑方满意。

14. 炮八进五　炮7进8　　15. 仕四进五　车8进9
16. 车九进一　炮7平4　　17. 仕五退四　炮4平6

黑弃炮抢攻，破双仕相，引起激烈对攻。但由于右车被封，后援支援不上，一时难以成杀。而红方也有炮瞄象的威胁，对攻激烈。

18. 车九平四　……

如车四退三，炮6退1，帅五进一，炮6平1得车。

18. ……　　　炮6平3　　19. 帅五进一　卒5进1

如卒6平5，炮五平六，车4平2，炮六平八，红仍有攻势。

20. 兵七进一　卒3进1　　21. 炮八平五　象7进5
22. 炮五进五　士5进6

在对攻激烈的情况下，黑支左士失误，导致败局。应士5进4，炮五平七，车4平2，红难应付。

23. 炮五平三　车4进1

防炮三进二叫将抽车。

24. 炮三平七　车4平2　　25. 前车平五　士6进5

如将5平4，炮七退七，车2进4，马六进七，将4进1，车五平六杀。

26. 车四平三　车8退9　　27. 炮七平五　将5平6
28. 车五平九

黑认输。如车2退1，炮五退一，卒6进1，马六进五，卒5进1，车三进六，卒5进1，车三平四，将6平5，马五进七，将5平4，车九平六杀。

红胜秘诀：第13回合跳马弃炮，在激烈对攻中，抓住黑方漏着险胜。

蒋志梁胜徐天红

1. 炮二平五　马8进7
2. 马二进三　马2进3
3. 车一平二　车9平8
4. 兵七进一　卒7进1
5. 车二进六　炮8平9
6. 车二平三　炮9退1
7. 兵五进一　士4进5
8. 兵五进一　炮9平7
9. 车三平四　卒7进1
10. 马三进五　马7进8

黑暂不吃兵，而跳马咬车是一步试探性应法。如车四退一，卒7平6，相三进一，马8进7，车四退一，马7进5，相七进五，卒5进1，局势较为缓和。

11. 车四平三　马8退7
12. 车三平四　车8进8
13. 马八进七　卒7进1
14. 马五进六　象3进5
15. 马七进八　……

图208，红准备弃炮取势。如炮2进5，车四进二，炮7平8，车九平八，炮2平4，马六进七，炮4退6，车四退四，马7进8，车四平三，卒5进1，马八进七，红有马踏中卒或换象等攻势，仍持先手。

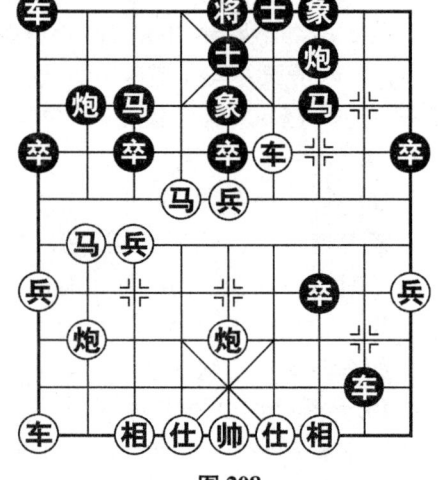

图208

15. ……　　　马7进8

跃马咬车正着。如卒7平6，炮五平三，马7进8，车四平三，炮7进6，车三退四，炮2进5，车三平八，车1平3，大体均势。

16. 车四平三　炮2进5
17. 车三进二　……

如车九平八，马8退9，车三退三，车8进1，炮五平三，炮7进6，车三退一，车1平3，马六进七，车3进2，兵五进一，车8退6，兵五进一，车3平5，仕六进五，车8平7，车八进二，车5平2，马八进九，大体和势。

17. ……　　　马8进6
18. 车三退五　车1平2
19. 马八进七　炮2进2

沉底炮勉强对攻，导致丢子局面。可马6退4，兵五平六，车8平4，车九平八，车4退4，吃过河兵，局势平稳。

20. 马六进七	车 2 进 7	21. 车三平四	马 6 进 8
22. 车九平八	……		

面临马 8 进 7，车四退二，车 2 平 5 去炮的攻着，红决定舍车砍炮，从中路猛攻，有胆有识。

22. ……	车 2 进 2	23. 兵五进一	车 2 退 7
24. 兵五进一	马 8 进 7	25. 车四退二	车 2 平 3
26. 兵五平六	……		

妙手，算准能抽吃黑车，制胜关键。

26. ……	士 5 进 4	27. 马七进五	士 4 退 5
28. 马五退六	车 3 平 5	29. 马六进五	象 7 进 5
30. 炮五退一			

红打死黑马，得子大优。黑认输。

红胜秘诀：第 15 回合跳外肋马，引起复杂局势。利用黑方贪胜心理，敢于弃车砍炮，直冲中兵入局。

第 18 局 五九炮过河车破屏风马平炮兑车

徐建秒胜尚威

1. 炮二平五	马 8 进 7	2. 马二进三	卒 7 进 1
3. 车一平二	车 9 平 8	4. 车二进六	马 2 进 3
5. 兵七进一	炮 8 平 9	6. 车二平三	炮 9 退 1
7. 马八进七	士 4 进 5	8. 炮八平九	炮 9 平 7
9. 车三平四	马 7 进 8		

黑跳外肋马，准备从 7 线展开反击。接卒 7 进 1，车四平三，马 8 退 7，车三平四，卒 7 进 1 攻马。

10. 车九平八 车 1 平 2

如卒 7 进 1，车四平三，马 8 退 9，车三退二，车 1 平 2，车八进六，红方先手。

11. 车四进二 ……

伸肋车捉炮是目前最流行的攻法。以往曾炮五进四，马 3 进 5，车四平五，炮 7 进 5，相三进五，卒 7 进 1，马七进六，马 8 进 6，车五退二，炮 2 进 6，红多兵黑子活，各有千秋。

11. …… 炮 7 进 5

飞炮击兵瞄相,是较强劲着法。如炮2退1,车四退四,马8进7,炮五平六,炮2进5,相七进五,红略先。

12. 相三进一　　炮2进4
13. 兵五进一　　……

图209,黑伸炮封车,红挺兵企图从中路突破,又可退兵林车捉炮,双方都在酝酿着下一阶段对攻计划。

13. ……　　　炮7平3
14. 马三进四　　……

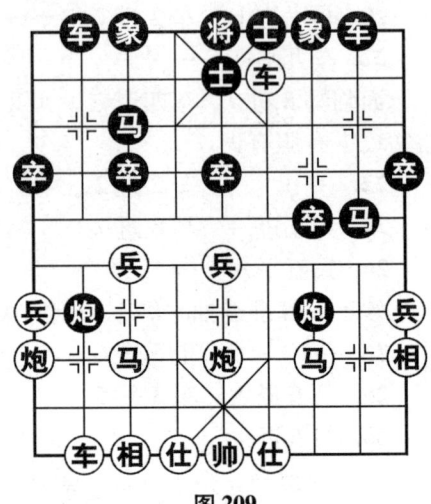

图 209

黑双炮封锁兵林线,红马不便盘头跃出。如兵五进一,卒5进1,马七进五,车8进2,马五进六,炮3平1,马三进五,炮1平5,炮五进三,车8平5,马六进五,炮5退4,仕四进五,车2进4,炮九平三,象7进9,炮五退三,马3进5,黑可抗衡。

14. ……　　　炮2退5　　15. 车四退三　　卒7进1

冲卒绊马腿,诱相一进三,炮3平6,车四平三,象3进5,炮五平二,马8进7,红失先。

16. 马四退三　　象3进5

及时飞象防七兵渡河。如卒7进1,兵七进一,卒7进1,兵七进一,马3退4,车四退二,炮3退2,炮五进四,象3进5,炮九平三,红弃子得势,黑难走。

17. 兵五进一　　……

冲兵打通中路,攻法稳健。如车四退二,炮3进3,车八平七,卒7进1,车四平八,卒7进1,车八进四,卒7平6,炮五平六,卒6进1,黑弃子攻杀,红有顾虑。

17. ……　　　卒5进1　　18. 马七进五　　……

可相一进三,炮2进5,车四平五,马8进9,马三进五,车8进3,相三退一,双方大体均势。

18. ……　　　卒5进1

送卒防马五进六咬双。

19. 炮五进二　　卒7平6　　20. 炮五进一　　马8进7
21. 相一进三　　……

如车四退一,车8进4,炮九平五,炮2进6,黑可抗衡。

268

21. ……　　炮 2 进 3　　　　22. 车四退一　车 8 进 4

23. 炮五平六　车 8 平 5　　　24. 车八进三　……

红升车捉炮抢先，防炮 2 进 2 打马。

24. ……　　炮 2 进 1　　　　25. 炮六退一　炮 2 平 4

26. 车八进六　马 3 退 2　　　27. 车四平六　马 2 进 3

28. 仕四进五　卒 3 进 1　　　29. 马五退四　车 5 进 1

如马 7 退 5，兵七进一，象 5 进 3，炮九平五，马 5 退 7，马四进五，黑难走。

30. 车六退一　车 5 平 7　　　31. 车六平三

红得子占优，结果胜。

红胜秘诀：第 17 回合起，冲兵打通中路，跳出盘头马配合中炮攻势。以后巧困马得子而胜。

赵国荣胜邹正伟

1. 炮二平五　马 8 进 7　　　2. 马二进三　卒 7 进 1

3. 车一平二　车 9 平 8　　　4. 车二进六　马 2 进 3

5. 兵七进一　……

挺七兵制马是当前流行着法。以往曾兵五进一，士 4 进 5，马八进七，卒 3 进 1，炮八进四，卒 1 进 1，兵五进一，车 1 进 3，炮八退五，红采取急攻战略。

5. ……　　炮 8 平 9　　　　6. 车二平三　炮 9 退 1

7. 马八进七　……

如马八进九，车 8 进 5，炮八平七，车 8 平 3，车九平八，车 1 进 2，炮七进一，炮 9 平 7，车三平四，炮 7 平 2，炮五平七，车 3 进 1，车八进七，车 1 平 2，马九进七，马 3 退 5，车四退四，车 2 进 4，马七进六，各有千秋。

7. ……　　士 4 进 5　　　　8. 炮八平九　……

也可马七进六，炮 9 平 7，车三平四，象 3 进 5，炮八平六，车 8 进 5，车九平八，车 1 平 2，兵三进一，车 8 平 7，马三进四，炮 2 进 3，相三进一，车 7 平 8，炮五平三，马 7 进 8，炮三进六，卒 7 进 1，车四平二，马 8 进 6，马六进四，车 8 退 2，马四进二，仍红先。

8. ……　　炮 9 平 7　　　　9. 车三平四　车 1 平 2

10. 车九平八　马 7 进 8

如炮 2 进 4，兵五进一，象 7 进 5，车四退三，炮 2 退 2，仍红先。

11. 车四进二　炮 7 进 5　　　12. 相三进一　炮 2 进 4

13. 兵五进一　炮7平3　　　14. 马三进四　炮2退5
15. 车四退三　卒7进1　　　16. 马四退三　象3进5
17. 兵五进一　……

图210，冲中兵，准备跳盘河马进攻。如车八进七，马8退7，车四进一，炮3进3，仕六进五，车8进6，红车不敢吃马，黑有沉底炮强烈攻势。

17. ……　　　　卒5进1
18. 相一进三　炮2进5
19. 车四平五　……

吃过河卒，消除隐患，车立中心攻守两利，布局比较满意。

19. ……　　　　马8进9
20. 马三进五　……

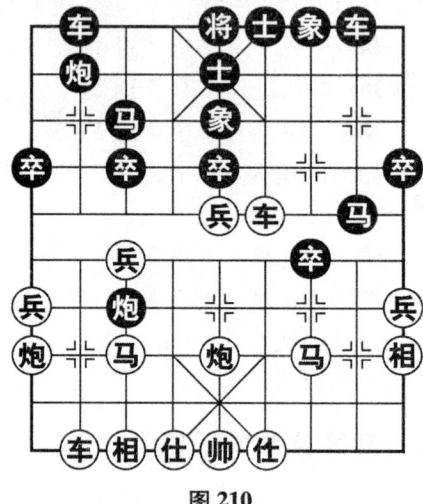

图210

红跳盘头马加强攻势。如马三进一，炮2平9，车八进九，马3退2，相三退一，车8进6，黑有炮打底相的续着，红失先。

20. ……　　　　车8进3　　　21. 相三退一　车8平4
22. 仕六进五　车4平5

主动兑车以跃出右马。如车4进3，车五平六，黑兑车与否都感为难。

23. 车五进一　马3进5　　　24. 马五进六　……

如炮五进四，炮2平5，相七进五，车2进9，马七退八，炮5平1，炮五平九，卒9进1，红略亏。

24. ……　　　　炮3平6　　　25. 马六进四　车2进2
26. 马七进五　马5进4　　　27. 车八进二　……

红过河马随时跳卧槽攻杀。现升车准备平六亮出，攻势渐渐明朗。

27. ……　　　　卒3进1　　　28. 炮九进四　车2进1
29. 马五进六　炮6平5

劣着。黑炮离岗失去垫卧槽马的作用。应马4进5兑炮，减轻中路所受威胁。

30. 车八平六　炮2退1　　　31. 兵七进一　炮2进4
32. 相七进九　车2进2　　　33. 兵七平八

黑认输。象5进3，马四进六，将5平4，炮九平六杀。

红胜秘诀：第18回合起，飞相去卒，车立中线，马跳盘头，摆出稳健进攻架势。以后亮出左车，双马盘旋，卧槽挂角，杀机四伏，进而取胜。

袁洪梁胜景学义

1. 炮二平五　马8进7
2. 马二进三　马2进3
3. 车一平二　车9平8
4. 兵七进一　卒7进1
5. 车二进六　炮8平9
6. 车二平三　炮9退1
7. 马八进七　士4进5
8. 炮八平九　车1平2
9. 车九平八　炮9平7
10. 车三平四　马7进8
11. 车四进二　……

另可车八进六，卒7进1，车四退一，卒7进1，马三退五，象3进5，马七进六，对攻激烈，各有顾忌。

11. ……　　　炮7进5
12. 相三进一　炮2进4
13. 兵五进一　炮7平3
14. 马三进四　马8进7

图211，跳马过河是近年出现的新变着。如马四进五，炮3平9，马五进七，炮2平5，仕六进五，车2进9，马七退八，车8进2，马八进七，马7进9，后马进五，马9进7，帅五平六，炮9进3，帅六进一，马7退5，车四退六，马5退3，车四平七，车8平4，仕五进六，马3进1，马七退九，炮9退2，马五退三，卒7进1，相七进九，卒7进1，黑必追回一子占优。

15. 兵五进一　炮3平9
16. 炮五进四　……

炮打卒兑马，避免了炮2平5的反击计划。

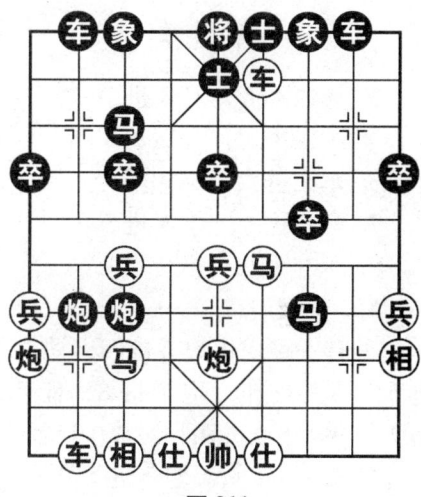

图211

16. ……　　　马3进5
17. 兵五进一　炮2进1
18. 相一退三　马7退5
19. 马七进五　……

如仕六进五，卒7进1，马四进三，车8进6，黑车占领兵林线易走。

19. ……　　　卒7进1
20. 马四退三　……

如马五进三，炮9平5，马四退三，炮5退3，黑反先。

20. ……　　　炮9平7
21. 相三进五　车8进8
22. 仕四进五　车8退1
23. 炮九进四　炮7平1
24. 马三退四　卒7进1
25. 车四退四　炮1退1

如马 5 进 3，马五进六，马 3 进 4，车八进一，黑马难逃。

26. 车四进一　炮 1 进 1　　　27. 车四平五　车 8 退 2
28. 车八平九　炮 1 平 3

如车 2 进 6，马五进三，马 5 进 3，马三进四，红有攻杀手段占优。

29. 炮九进三　士 5 退 4

落士防车五平八捉死车。不如卒 3 进 1，兵七进一，卒 7 平 6，以求一搏。

30. 兵五平六　士 6 进 5　　　31. 兵六进一　卒 7 平 6
32. 兵六进一　炮 2 退 1　　　33. 车九进八　车 8 退 4
34. 兵六进一　将 5 平 4　　　35. 车五平八

捉死车，结果红胜。

红胜秘诀：第 16 回合起，炮打中卒兑子，回边相补仕调整阵型。在巩固后防的前提下，边炮取卒偷袭，伺机亮出左车攻杀，冲兵入宫获胜。

刘殿中胜李望祥

1. 炮二平五　马 8 进 7　　　2. 马二进三　车 9 平 8
3. 车一平二　马 2 进 3　　　4. 兵七进一　卒 7 进 1
5. 车二进六　炮 8 平 9　　　6. 车二平三　炮 9 退 1
7. 马八进七　士 4 进 5　　　8. 炮八平九　车 1 平 2
9. 车九平八　炮 9 平 7　　　10. 车三平四　马 7 进 8
11. 车四进二　……

另有一路变化炮五进四，马 3 进 5，车四平五，卒 7 进 1，兵三进一，马 8 进 6，马三进四，炮 7 进 8，仕四进五，炮 7 平 9，车八进四，对攻中红易走。

11. ……　　　　炮 7 进 5
12. 相三进一　炮 2 进 4
13. 兵五进一　卒 7 进 1

送卒是近年出现的新变着，其作用是抑制红右马跃出。如相一进三，炮 7 平 3，马三进四，炮 2 退 5，车四退三，炮 3 平 6，车四平三，象 3 进 5 反先。

14. 车四退五　……

图 212，退车捉炮，并防黑左炮移右。如相一进三，炮 7 平 3，兵五进一，卒 5 进 1，马七进五，车 8 进 3，马五进

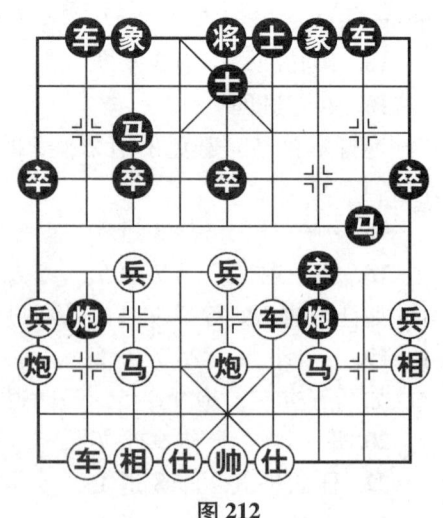

图 212

六，车8平4，马六退七，车4进3，车八进一，车4平3，车八平四，马8退7，炮九平八，炮2平9，马三进一，车2进7，马一进二，车2平5，相三退五，马7进8，前车退五，大体和势。

14. ……　　　炮2进2　　　15. 相一进三　象7进5
16. 仕四进五　车8平7　　　17. 相三退一　车7平4

黑车从象位开出并抬头，与前面送卒飞左象等着法相连贯，至此实现了布局计划。

18. 炮九平八　炮2平3

如车2进6，车四平五，车2平5，马七进五，炮2平3，炮八进六，双方各攻一翼，各有顾忌。

19. 炮八进五　卒3进1　　　20. 兵五进一　卒5进1

如车7平5，马七进五，车5平7，马五进四对攻。

21. 马七进六　卒3进1　　　22. 炮八平五　象3进5
23. 炮五进五　将5平4

如士5退4，车八进九，马3退2，马六进五，车7退3，炮五退二，士4进5，车四平八，马2进1，车八进四，马8进6，车八平九，炮3平4，车九进二，炮4退8，马五进七，士5进4，车九平六，将5进1，车六退二，红大优。

24. 马六进五　……

跳中马出人意料，妙手入局的关键。

24. ……　　　车2进9　　　25. 车四平六　士5进4
26. 车六进四　将4平5　　　27. 马五退三　炮7平3
28. 相七进五　前炮平1

速败。只能车2退8，前马进五，马3进2，炮五退二，士6进5，车六平二，将5平4，车二进二杀。

29. 车六进一

黑认输，因无法化解前马进四的杀着。

红胜秘诀：第14回合退车捉炮，占领兵林线。以后伸炮封车，弃炮破象，巧跳中马，奠定胜局。

郑乃东胜李强

1. 炮二平五　马8进7　　　2. 马二进三　车9平8
3. 车一平二　马2进3　　　4. 兵七进一　卒7进1
5. 车二进六　炮8平9　　　6. 车二平三　炮9退1

7. 马八进七　士4进5　　　　8. 炮八平九　……

也可车九进一，炮9平7，车三平四，象3进5，车九平六，马7进8对攻。

8. ……　　　车1平2　　　　9. 车九平八　炮9平7
10. 车三平四　马7进8　　　11. 车四进二　炮7进5
12. 相三进一　炮2进4　　　13. 兵五进一　……

如马七进六，马8退7，兵五进一，炮2退1，车四退五，车8进6，车四平六，象3进5，仕四进五，炮2平4，车八进九，马3退2，车六进一，炮7退1，红失先。

13. ……　　　卒7进1　　　14. 车四退五　……

可相一进三，炮2平9，车八进九，炮9进3，帅五进一，马3退2，炮五进四，象3进5，车四退五，马8退7，炮五平九，车8进8，车四退二，车8平6，帅五平四，红略好。

14. ……　　　炮2进2
15. 相一进三　象7进5
16. 仕四进五　车8平7
17. 相三退一　车7进4
18. 兵五进一　……

图213，冲兵企图突破中路，由此展开攻势。

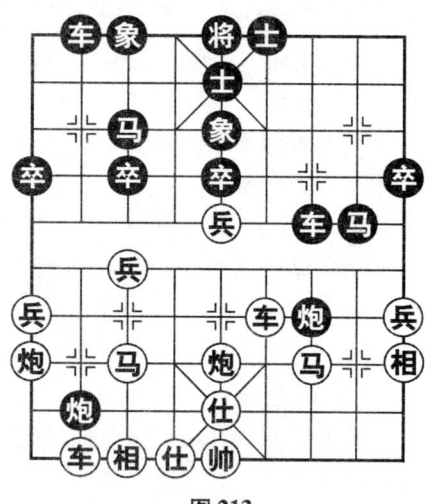

图213

18. ……　　　车7平5
19. 马七进五　炮7平5
20. 马三进五　炮2退2
21. 马五进四　……

如炮五进三，炮2平6，车八进九，马3退2，炮五平八，马2进1，兵九进一，大体均势。

21. ……　　　炮2退2　　　22. 马四退五　炮2进2
23. 马五进四　炮2进1　　　24. 兵一进一　车5平4
25. 兵九进一　马8退9　　　26. 炮九进一　炮2退3
27. 马四进五　……

弃马破象有胆识。如象3进5，炮五进五，士5退4，车八进二，车4平7，车八平四，车7退4，炮九平五，红空头炮有强大攻势。

27. ……　　　车4退2　　　28. 炮九平五　炮2平5

如象 3 进 5，前炮进四，将 5 平 4，前炮平七，车 4 平 3，车八进三，车 3 平 4，车四进一，红弃子得势。

29. 车八进九　炮 5 进 3

虚着。不如马 3 退 2，后炮进三，卒 5 进 1，马五退四，车 4 平 6，尚可周旋。

30. 帅五平四　……

巧出帅，可挽救中马，由此占优。

30. ……　　　马 3 退 2　　31. 马五进三　将 5 平 4

不敢马 9 退 7 吃马，因车四进六杀。

32. 马三退一　炮 5 平 3

逃炮无意义。可车 4 平 9，相七进五，车 9 平 6，兑车后求和。

33. 车四退一　炮 3 进 1　　34. 马一退三　车 4 平 8
35. 炮五平三　马 2 进 1　　36. 马三进四　车 8 进 7
37. 炮三退三　马 1 退 3　　38. 兵七进一

巧渡兵，由此占优。如卒 3 进 1，车四平七，炮 3 平 1，车七进三，马 3 进 5，车七进四破象占优。结果红胜。

红胜秘诀：第 18 回合起，冲中兵跳盘头马展开攻击，以后弃马踏象取势，又巧渡七兵占优而胜。

第 19 局　五九炮双车过河破屏风马平炮兑车

赵国荣胜胡荣华

1. 炮二平五　马 2 进 3　　2. 马二进三　马 8 进 7
3. 车一平二　车 9 平 8　　4. 兵七进一　卒 7 进 1
5. 车二进六　炮 8 平 9

除平炮兑车外，尚有左象横车的应法，即象 7 进 5，车二平三，车 8 平 7，马八进七，车 1 进 1，车九进一，仍红先。

6. 车二平三　炮 9 退 1　　7. 马八进七　士 4 进 5
8. 炮八平九　车 1 平 2　　9. 车九平八　炮 9 平 7
10. 车三平四　马 7 进 8　　11. 马三退五　……

黑准备冲 7 卒反击，红退窝心马先避一手，是经过研究的含蓄着法。

11. ……　　卒 7 进 1　　12. 车四退一　卒 7 进 1

如马 8 退 7，车四进三，炮 2 退 1，车四退六，象 3 进 5，车八进七，车 2

平3，兵三进一，仍红优。

13. 车八进六　　象3进5

图214，红双车过河，双方各攻一翼。黑补象稳健。如马8退7，车四退一，象7进5，车八平七，炮2进4，兵七进一，炮2平3，车四平七捉双，红优。

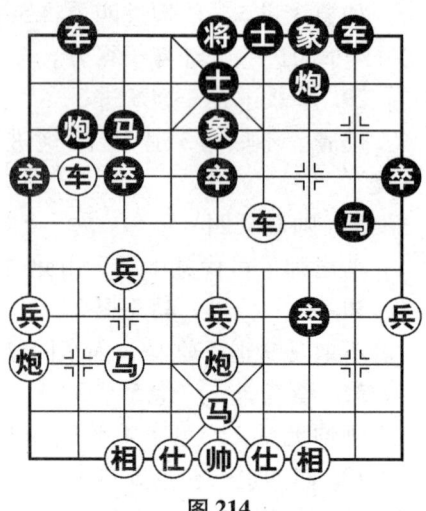

图214

14. 炮九进四　　……

如车八平七，炮2进4，车七进一，炮2平3，车七平九，炮3进3，马五退七，炮7进8，仕四进五，马8退7，车四退一，炮7平9，黑沉底炮有强烈攻势，红难应付。

14. ……　　　　马8进9

如马8退7，车四进三，炮2退1，炮九进三，车2平1，车八进二，炮7平8，车八退一，车1平3，兵五进一，红较优，由此可见边炮打卒的作用。

15. 马七进六　　……

如炮九进一，马9进8，炮九平七，车8进7，马七进六，马8退6，车四退三，车8平6，黑易走。

15. ……　　　　车8进8　　　16. 炮五平六　　……

卸炮控制肋线，又便于联相固防。如炮五平九，车2平4，前炮退二，车4进5，前炮平六，车8平6，相三进一，车6退4，车八进一，炮7进1，黑左翼子力雄厚有攻势。

16. ……　　　　炮2退1

黑选担子炮稳健。如卒7进1，相三进五，卒7进1，马五进三，卒7平6，马三进一，炮7进8，仕四进五，车8进1，车四退四，炮7平4，仕五退四，炮4退4，马一进三，炮4退2，炮九进三，车2平1，车八进一，红较优。

17. 车八进一　　车2平1　　　18. 炮九退二　　马3退4
19. 相七进五　　炮2退1

退炮软着。可车8平6叫闷，然后兑车互缠，尚可支撑。

20. 炮六进七　　士5退4　　　21. 马五进七　　士4进5
22. 马六进七　　……

红有前马进九打车的棋，黑难应付。

下篇 实战秘诀

22. ……　　炮 2 平 4

如炮 7 进 1，马七退九，炮 7 平 2，炮九进五，士 5 退 4，马九进八，红得子优。

23. 车四进三　车 8 退 7　　24. 前马进五　炮 4 进 1
25. 马五进七　车 1 平 3　　26. 仕四进五　车 3 进 1
27. 车八进二　炮 4 退 1

如士 5 退 4，车八平六，将 5 平 4，车四进一杀。

28. 炮九进五　车 3 进 1　　29. 马七进六　马 9 退 8
30. 马六进五　车 3 平 5　　31. 车八退二　炮 4 进 2
32. 马五退七　车 8 进 2　　33. 马七进六　车 5 平 4
34. 车八进二

黑认输。因车 4 退 2，车四平三，车 8 平 1，炮九平六，士 5 退 4，车三退三，红多子胜定。

红胜秘诀：第 14 回合起，边炮取卒，随时沉底袭击。然后卸炮仕角，跃马盘河，联相固防。以后左翼集中子力大举进攻，破象入局。

曾东平胜董定一

1. 炮二平五　马 8 进 7　　2. 马二进三　车 9 平 8
3. 车一平二　马 2 进 3　　4. 兵七进一　卒 7 进 1
5. 车二进六　炮 8 平 9　　6. 车二平三　炮 9 退 1
7. 马八进七　士 4 进 5　　8. 炮八平九　炮 9 平 7
9. 车三平四　车 1 平 2　　10. 车九平八　马 7 进 8
11. 车八进六　……

不顾黑冲 7 卒反击，决心伸左车过河，将导致激烈对攻局势。另外还有炮打边卒的变例，即炮九进四，炮 7 进 5，马三退五，炮 2 进 4，炮九平五，象 3 进 5，炮五退一，卒 7 进 1，车四平七，炮 2 平 3，车八进九，马 3 退 2，车七平九对攻，各有顾忌。

11. ……　　卒 7 进 1

冲卒对攻，贯彻原定计划，是积极的走法。如象 7 进 5，马七进六，炮 7 进 5，相三进一，卒 7 进 1，车四退一，马 8 退 7，车四退二，车 8 进 4，相一进三，车 8 平 4，马六退七，马 7 进 8，兵五进一，仍红先。

12. 车四退一　……

也可车四进二，炮 7 进 5，马三退五，马 8 进 6，炮九进四，车 8 进 7，马七进六，象 3 进 5，炮五平九，红有沉底炮及马五进七打车等手段，仍持先手。

· 277 ·

12. ……　　　象3进5
13. 马三退五　马8退7

图215，卒不吃兵而退马咬车，使红车不能退到河界。如卒7进1，马七进六，马8退7，车四退一，车8进4，车八平七，红方先手。

14. 车四进一　卒7进1
15. 车八平七　车2平3

如炮2进4，车七进一，炮2平3，车七平九，车2进8，车四进二对攻，双方各有顾忌。

16. 兵七进一　车8进5

如车8进4，马七进八，车8平3，车七退一，象5进3，炮五平七牵制黑车马，红易走。

17. 兵七平八　炮2退1　　18. 兵八进一　马7进8
19. 车四平三　炮7进1　　20. 车三退三　……

也可车七退三，马3进4，车七进六，象5退3，炮五进四，象7进5，炮五退一，仍属红先。

20. ……　　　炮2平3　　21. 车七平六　炮3进6
22. 马五进七　车8平3　　23. 车三平二　马8进6
24. 车二进一　马3进4　　25. 兵五进一　后车进4

应马6退7，车二进二，马4进6，马七退五，前车平5，黑反先。

26. 马七进五　前车进1　　27. 兵五进一　马6进5
28. 兵五平六　马5进3　　29. 马五退六　后车平2

应前车平4，兵六平七，车4退3，帅五进一，车4平2，车二平七，马3退4，帅五退一，车2进5，马六进五，象5进3，车七退一，马4进3，马五退六，成互缠局面。

30. 车二平六　车3平7　　31. 相三进五　炮7平8
32. 后车平二　车7平4　　33. 炮九退一　炮8平9
34. 车二平七　马3退2　　35. 炮九进五　车4进2
36. 炮九进三

至此，红沉底炮配合双车攻势，结果胜。

红胜秘诀：第11回合起，左车过河强攻，吃卒压马渡兵。在互缠中抓住战机，弃马飞炮击卒，再沉底成杀势。

薛光如胜周飞

1. 炮二平五　马8进7　　　**2. 马二进三　卒7进1**
3. 车一平二　车9平8　　　**4. 车二进六　马2进3**
5. 兵七进一　士4进5

先补士与平炮兑车变化略有不同,因可再走飞象成弃马局。如炮八平七,象3进5,车二平三,炮8进6,车三进一,炮8平7,车三退一,炮7退2,车三平四,炮7进3,仕四进五,炮7平9,帅五平四,炮2进6,炮七退一,车1平4,车九进一,车4进9,帅四进一,车8进8,帅四进一,炮9退2,马三进四,车4平6,仕五退四,车8平6杀。

6. 马八进七　炮8平9

如象3进5,车二平三,炮2进4,兵三进一,卒7进1,车三进一,卒7进1,马三退五,炮8进7,兵五进一,车8进6,兵九进一,再升边车捉炮,红易走。

7. 车二平三　炮9退1　　　**8. 炮八平九　炮9平7**
9. 车三平四　车1平2　　　**10. 车九平八　马7进8**
11. 车四进二　炮2退1

退右炮打车,可抢得一先,但右马易受攻击,有利有弊。

12. 车四退三　象3进5
13. 车八进七　马8进7
14. 车四退二　炮7进1
15. 马七进六　……

图216,如不跳左马而兵五进一,车8进8,马三进五,马7进6,炮五平三,马6退5,炮三进五,马5进3,车四平七,红优。

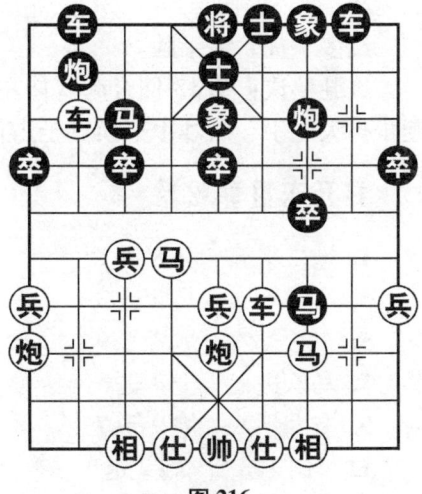

图216

15. ……　　　车2平4
16. 马六进七　……

进马踏卒正着。如车四进一,卒7进1,车四平三,象5进7打双车,黑优。

16. ……　　　炮2平3　　　**17. 兵七进一　车8进8**

左车伸入红下二路,是强劲对攻的着法。如车8进5,兵五进一,车8平5,仕四进五,卒7进1,炮五进一,炮3进2,兵七进一,马3退2,车八退四，车 5 平 6，车四进一，卒 7 平 6，炮五进四，象 7 进 5，车八平三，红破象较优。

18. 炮九平七　车 8 平 4

如车 8 平 3，马七进五，象 7 进 5，炮七进五，炮 3 进 3，相七进九，车 3 平 4，仕六进五，炮 7 平 3，车八平七，红破象较优。

19. 仕四进五　前车退 5

退车绊马腿，防红马踏象兑子。如前车平 3，马七进五，象 7 进 5，炮七进五，车 3 退 4，炮五进四，炮 7 平 3，车八平七，车 3 退 2，帅五平四，车 4 进 9，仕五退六，将 5 平 4，车四平三，红得子优。

20. 炮五平六　后车平 3　　　**21. 相七进五　炮 3 进 2**

22. 兵七进一　车 4 平 3　　　**23. 炮七进二　后车平 2**

如马 3 退 2，车八进一，后车平 4，炮七平八，车 3 退 3，炮八退三，伏炮八平六打死车，黑难应付。

24. 炮七进三　……

炮打马妙手，是夺子占优的关键。

24. ……　　　车 2 进 2　　　**25. 炮七平三　车 2 进 3**

26. 炮三退四

红多子优，结果胜。

红胜秘诀：第 13 回合起，伸左车捉马，以后又平七炮暗伏马踏象的威胁，逐步扩大先手，以妙手车换三子占优得胜。

郑乃东胜韩松龄

1. 炮二平五　马 8 进 7　　　**2. 马二进三　车 9 平 8**

3. 车一平二　马 2 进 3　　　**4. 兵七进一　卒 7 进 1**

5. 车二进六　炮 8 平 9　　　**6. 车二平三　炮 9 退 1**

7. 马八进七　士 4 进 5　　　**8. 炮八平九　车 1 平 2**

9. 车九平八　炮 9 平 7　　　**10. 车三平四　马 7 进 8**

11. 车四进二　炮 2 退 1　　　**12. 车四退三　象 3 进 5**

13. 车八进七　马 8 进 7　　　**14. 车四退二　炮 7 进 1**

15. 炮五平六　……

图 217，卸炮仕角是近年出现的新变着。比起以往跳左马的变化，显得更加稳健，便于飞相调整阵型，刚柔并济。

15. ……　　　炮 2 平 1　　　**16. 车八进二　马 3 退 2**

17. 炮九进四　马 2 进 3　　　**18. 炮九退二　车 8 进 3**

升卒林车采取守势。如车 8 进 8, 仕四进五, 马 7 退 8, 相三进五, 红阵式巩固, 黑难以入侵。

19. 仕四进五　卒 3 进 1
20. 兵七进一　象 5 进 3
21. 马七进六　象 3 退 5
22. 兵五进一　……

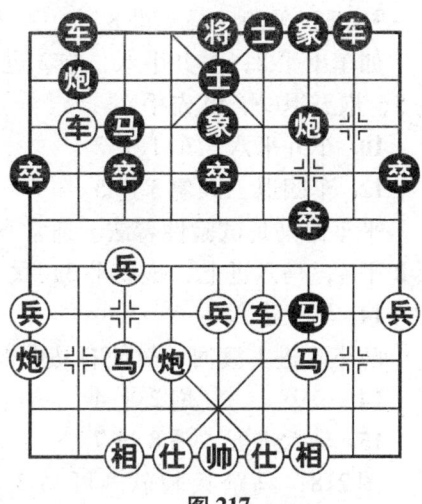

图 217

挺中兵打通肋车移左通路, 对后来局势发展起重要作用。如相三进五, 卒 5 进 1, 黑车路通畅, 红难以扩大先手。

22. ……　　　　马 7 退 8
23. 相七进五　卒 7 进 1
24. 车四平八　马 8 退 6

如卒 7 进 1, 马三进五, 马 8 进 6, 马五进三, 象 5 进 7, 马六进七, 黑难走。

25. 炮六平七　车 8 进 1　　26. 马三进五　车 8 进 2

可车 8 平 4 顶马, 右翼不至于太空虚。

27. 炮七进四　马 6 进 8　　28. 马六进八　卒 7 平 6
29. 马八进六　炮 7 退 1　　30. 炮九平七　炮 1 进 2
31. 后炮进三　炮 1 平 4　　32. 后炮平五　卒 6 平 5
33. 炮七平六　将 5 平 4　　34. 车八进六　将 4 进 1
35. 马五进七　……

红马脱身, 投入战斗, 形成侧面虎之势。

35. ……　　　　马 8 进 6　　36. 马七进五　车 8 平 3
37. 相五进七

黑认输。马 6 退 5, 马五进七, 将 4 进 1, 车八退二杀。

红胜秘诀: 第 15 回合卸炮仕角, 开辟了新进攻方向。以后跃出左马, 补仕相巩固阵型, 再移车左翼, 集中优势兵力攻虚, 最后以侧面虎成杀。

李家华胜卜凤波

1. 炮二平五　马 8 进 7　　2. 马二进三　车 9 平 8
3. 车一平二　马 2 进 3　　4. 兵七进一　卒 7 进 1
5. 车二进六　炮 8 平 9　　6. 车二平三　炮 9 退 1
7. 马八进七　士 4 进 5　　8. 炮八平九　炮 9 平 7

9. 车三平四　马7进8

如车1平2，车九平八，炮2进4，车四进二，炮7平8，兵五进一，炮8进5，炮五退一，红先手。

| 10. 车九平八　车1平2 | 11. 车四进二　炮2退1 |
| 12. 车四退三　象3进5 | 13. 车八进七　车2平3 |

平车保马是试验性着法。通常马8进7，车四退二，炮7进1，马七进六，车2平4，马六进七，炮2平3，兵七进一对攻。

14. 马七进六　……

防卒7进1渡河，故使右马生根。

14. ……　　　炮2平4

15. 马六进五　马8进7

图218，马踏兵较软。可马3进5，炮五进四，马8退7，车四进一，马7进5，车四平五，车8进6，黑有对攻手段。

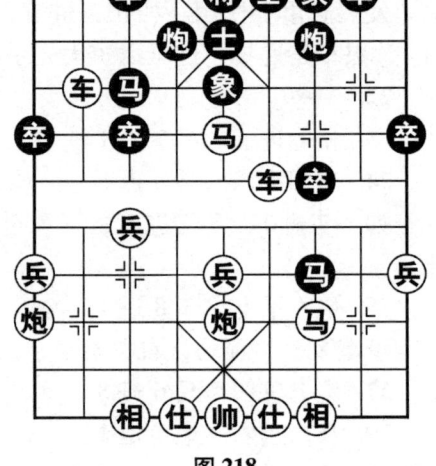

图218

16. 车四退二　马3进5

17. 炮五进四　车8进3

18. 炮五平九　卒3进1

19. 前炮进三　炮4退1

20. 前炮平六　车3平4

21. 车四进五　……

伸车捉炮乃对攻之着，由此破象占优，使平淡局势出现转折。

| 21. ……　　　炮7进2 | 22. 车八平五　炮7平3 |

23. 车五退二　……

防炮3退2打车，又可平七车拦炮。

| 23. ……　　　车4进7 | 24. 相三进五　车4进1 |

25. 相五退三　……

红被迫落相。如车四退五，马7进9，车五平四，卒3进1，黑左右夹攻，红难应付。

| 25. ……　　　卒3进1 | 26. 车五平七　炮3平5 |

27. 仕四进五　车8进5

暗伏将5平4叫杀。如帅五平四，炮5进5，仕六进五，车8平5，炮九退二，车5平7，红难应付。

28. 帅五平四　……

出帅先避一手。不宜炮5进5打仕，车七进四，车4退8，车七平六，将

5平4，仕六进五得子。

28. ……　　　将5平4　　　29. 炮九平六　……

红平仕角炮，诱炮5进5打仕，车七平六，将4平5，炮六平五叫杀得车。

29. ……　　　车8平7　　　30. 车七进四　将4进1
31. 车七退五　将4退1　　　32. 车七进五　将4退1
33. 车七退三　车7进1　　　34. 帅四进一　炮5退1
35. 车七平六　炮5平4　　　36. 车四退六　马7进9
37. 马三进四　马9进8　　　38. 车六进一　将4进1
39. 马四进六　车4退1　　　40. 马六进四

黑认输。将4平5，马四进三，将5平4，车四平六杀。

红胜秘诀：第18回合起炮打边卒再沉底，又进肋车塞象眼，破象出帅伏杀机，最后跃马弃车成杀局。

第20局　五九炮过河车破屏风马右横车

刘忠手胜唐方云

1. 炮二平五　马8进7　　　2. 马二进三　车9平8
3. 车一平二　马2进3　　　4. 兵七进一　卒7进1
5. 车二进六　炮8平9

平炮兑车是屏风马一大防御体系。其特点是绵里藏针，以柔克刚。

6. 车二平三　……

避兑车以保留更多变化。如车二进三，马7退8，马八进七，炮2进4，兵五进一，炮9平5，红先手不大。

6. ……　　　炮9退1　　　7. 马八进七　……

除了跳七路外，尚有跳边马攻法，即马八进九，车8进5，兵五进一，马3退5，炮八进四，炮2平5，马九进七，炮9平7，车三平四，马5进3，黑可抗衡。

7. ……　　　车1进1

出右横车，准备移左配合反击，但造成右翼相对薄弱，故此布局对攻十分激烈。

8. 炮八平九　车1平6　　　9. 马七进六　……

图219，不顾黑平炮打死车的威胁，跃马盘河对攻，胸有成竹。如车九平八，炮9平7，车八进七，炮7进2，车八平七，车8进8，黑有炮打兵瞄相等

反击手段，红有顾忌。

9. ……　　炮9平7

平炮打车急躁。可士6进5，车三退一，炮2平1，炮五平七，车6进1，车九平八，炮1进4，相三进五，炮9平7，车三平六，炮1平7，炮七进四，象3进5，黑左翼子力集中，暗藏攻势。

10. 马六进五　马7进5

如马3进5，车三进一，炮2平5，炮五进四，红得子优。

11. 车九平八　……

开车捉炮抢先。如兵五进一，车6平2，兵五进一，炮7平5，兵五进一，炮2进1，炮五退一，炮2平5，炮九平五，后炮进6，相七进五，炮5进5，仕六进五，车2进5，车三平七，车8进7，车七进一，车8平7，双方成和。

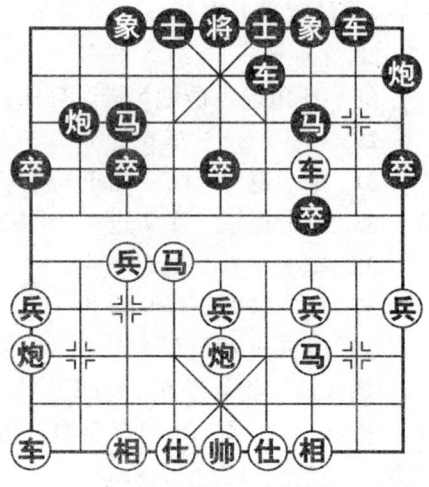

图219

11. ……	车6平2	12. 炮五进四	马3进5
13. 炮九平五	象3进5	14. 炮五进四	炮7平5
15. 车八进六	车8进6	16. 炮五进二	士6进5

17. 马三退五　……

经过一番子力交换，红牵制了黑无根车炮。此着先退窝心马，便于从左翼跳出保护中兵，以扩大先手。

| 17. …… | 车8平7 | 18. 马五进七 | 车7进3 |
| 19. 马七进八 | 士5退6 | 20. 仕六进五 | …… |

防车2平6叫杀，摆脱右炮被牵。

| 20. …… | 车7退2 | 21. 马八进七 | 车2平3 |

22. 车八进一

红得子优，结果胜。

红胜秘诀：第10回合马踏中卒，先弃后取，又亮出左车牵制黑车炮，巧运右马调到左翼得子占优而胜。

侯平安胜李悦军

| 1. 炮二平五 | 马8进7 | 2. 马二进三 | 车9平8 |
| 3. 车一平二 | 卒7进1 | 4. 车二进六 | …… |

急进过河车，防黑伸左炮封。也可车二进四，马2进3，兵三进一，卒7

进1，车二平三，炮8退1，车三平二，仍属红先。

4. ……　　　马2进3　　　　5. 兵七进一　车1进1
6. 马八进七　炮8平9

可车1平4，车二平三，炮8退1，炮八平九，车4进1，车九平八，炮8平7，车三平四，车4平6，车四进一，炮2平6，黑阵型协调，足可抗衡。

7. 车二平三　炮9退1　　　　8. 炮八平九　车1平6
9. 马七进六　士6进5　　　　10. 车九平八　……

不顾右车被打死，准备一车换马炮，是攻击型棋手喜欢的下法。

10. ……　　　炮9平7
11. 车八进七　炮7进2
12. 车八平七　炮7进3

图220，黑双象未能连环，右翼空虚。红边炮随时打卒，再沉底攻杀。

13. 相三进一　车6进4
14. 马六进七　……

也可车七平三，车6平4，车三退二，炮7平1，炮五进四，象7进5，车三进一，亦红优。

14. ……　　　象7进5

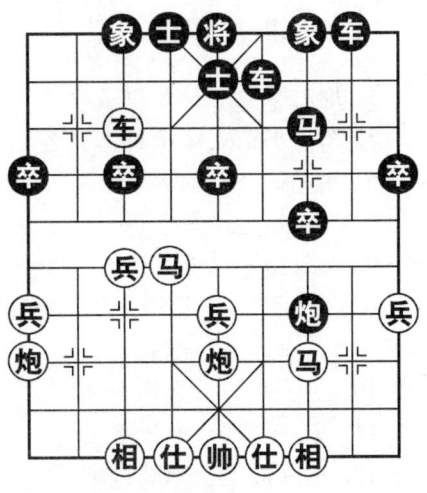

图220

黑补象消极防御，未料到红弃马踏象攻杀。应车6平3，车七进二，车3进4，炮九进四，车8进5，炮九退二，士5进4，黑有对攻手段。

15. 马七进五　象3进5　　　16. 炮九进四　……

也可炮五平八，车8进8，仕六进五，象5退3，车七进二，车6退3，车七退四，车6平2，炮八进三，炮7平1，炮九平八，炮1平2，车七平三，马7退6，马三进四，红虽少子，但控制局面易走。

16. ……　　　将5平6　　　17. 炮五平八　车6平4
18. 炮八进七　象5退3　　　19. 炮九平七　……

黑缺象怕炮。红车双炮归边乘虚而攻，黑已感到难走。

19. ……　　　车8进7　　　20. 炮七进三　将6进1
21. 炮八退一　车4退4

退车垫将，车会被打死。应士5进4，车七进一，将6进1，黑尚可支撑。

22. 炮七退一　车4平3　　　23. 车七进一　车8平7
24. 车七退三　士5进6　　　25. 车七平三　马7进6

车巧吃卒,牵制车炮又捉死黑马。如马7退8,车三进三,将6退1,炮八进一,士4进5,炮八平二,车7平8,车三退五,车8退7,车三进三,车8进6,车三平五,车8平9,相一进三,红胜定。

26. 车三平四　车7平9　　　27. 车四进一　炮7进3
28. 仕四进五

红进入多兵残局,结果胜。

红胜秘诀:第15回合弃马破象,再运炮从左翼攻虚。对攻中抓住机会打死黑车,又巧得一马,结果以多兵残局取胜。

施得阳胜高郑生

1. 炮二平五　马8进7　　　2. 马二进三　车9平8
3. 车一平二　卒7进1　　　4. 车二进六　马2进3
5. 兵七进一　炮8平9　　　6. 车二平三　炮9退1
7. 马八进七　车1进1　　　8. 炮八平九　车1平6
9. 车三退一　士6进5　　　10. 兵三进一　……

挺三兵活马是近年来的新变着。如车8进8,车九进一邀兑。

10. ……　　　炮9平7
11. 车三平八　炮2平1
12. 车八进二　车6进1
13. 马七进六　……

红晚出左车,而把右车移左威胁黑马,体现了急攻战略。此着左马盘河后,又暗伏平七路炮攻马的棋。

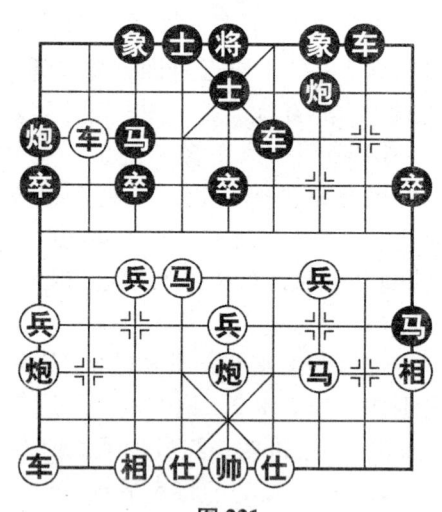

图221

13. ……　　　马7进8
14. 相三进一　马8进9

图221,黑左翼抓紧反击,马踏边兵准备先弃后取,由此引起激烈对攻。

15. 马三进一　炮1进4　　　16. 炮九进四　炮1平9
17. 车九进五　……

兑子后,红边车迅速亮出,子力活跃,而黑方缺乏有效攻击手段。

17. ……　　　车8进6　　　18. 车九平四　车6平8

如车8退4,车四进二,车8平6,兵七进一,卒3进1,炮九平七,象3进1,车八平九,红破象优。

19. 车四进三　炮7平9

逃炮无奈。如炮9平5，炮五进四，马3进5，炮九平五，后车平5，车四平三，象7进9，红得子优。

20. 炮九平五　马3进5　　　21. 车八平二　车8退4
22. 炮五进四　士5进6

如象3进5，马六进七，前炮退2，马七进八，前炮平4，马八退六杀。

23. 兵三进一　车8平7　　　24. 炮五退二

暗伏马六进五叫将抽车，黑难应付，结果红胜。

红胜秘诀：第12回合起，红一直把黑右马作为攻击重点。以后兑子之际，快速开出边车，平肋邀兑，占领要道，然后从中路猛攻，一举成功。

陶汉明胜蔡忠诚

1. 炮二平五　马8进7　　　2. 马二进三　车9平8
3. 车一平二　马2进3　　　4. 兵七进一　卒7进1
5. 车二进六　炮8平9　　　6. 车二平三　炮9退1
7. 马八进七　车1进1　　　8. 炮八平九　……

平边炮准备亮左车，攻击黑薄弱的右翼。如兵五进一，炮9平7，车三平四，马7进8，兵五进一，卒7进1，兵五进一，炮7平5，车四退五，卒7进1，马三进五，马3进5，炮五进四，炮2平5，炮八进四，卒3进1，兵七进一，后炮进2，仕六进五，车1平4，黑反先。

8. ……　　　　　车1平6
9. 马七进六　士6进5
10. 车三退一　炮2平1
11. 炮五平七　……

图222，卸炮威胁黑右马，又利于飞左相巩固右翼，攻守两利，符合棋理。

11. ……　　　　　车6进1

升车保马正着。如炮9平7，炮七进四，士5退6，炮七进三，士4进5，车三平七，车6进1，炮七平九，红有沉底炮攻势，黑难应付。

12. 兵三进一　……

挺兵活马，又防炮9平7，车三平八，车6进3捉马。

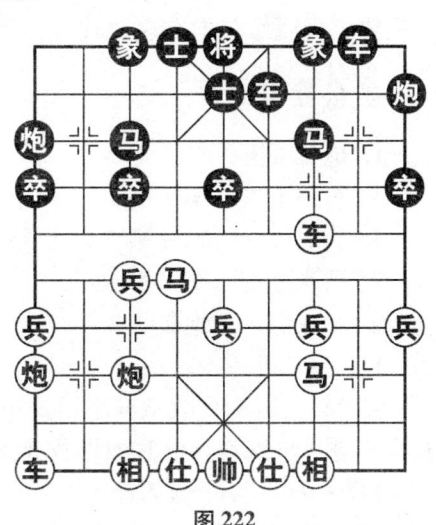

图222

12. ……	炮9平7	13. 车三平八	炮1进4
14. 炮九进四	炮1平9	15. 马三进一	车8进6
16. 相七进五	……		

也可炮九进三，车8平5，相七进五，车5平9，炮七进四，象7进5，车九进七对攻，各有顾忌。

16. ……	马3进1	17. 车九进六	象7进5
18. 车九平七	车8平9	19. 车七平五	车6进3
20. 车五平六	……		

经过一番兑子，红多兵略优。

20. ……	车6进3	21. 车六平二	车9进3
22. 车八平五	士5退6		

落士丢象。如车9平7，炮七进七，象5退3，车二进三，炮7退1，车二平三，马7退6，仕六进五，红多兵大优。

23. 炮七进七	士4进5	24. 车二进二	炮7退1
25. 炮七平九	马7进8	26. 车二平三	马8退6
27. 车三退二	车9平7	28. 仕六进五	车7平9

防炮九退八驱逐肋黑车，再落相吃底车。

29. 车五平八	士5进4	30. 马六进七	

红车马炮三子归边攻杀，结果胜。

红胜秘诀：第11回合卸炮攻马，战术灵活，兑子后又趁势扫卒，取得多兵优势。最后车马炮在左翼攻虚，黑无法挽回败局。

金松胜贾廷辉

1. 炮二平五	马8进7	2. 马二进三	车9平8
3. 车一平二	卒7进1	4. 车二进六	马2进3
5. 兵七进一	炮8平9	6. 车二平三	炮9退1
7. 马八进七	车1进1	8. 炮八平九	车1平6
9. 车三退一	炮2平1	10. 车九平八	炮9平7
11. 兵三进一	……		

图223，挺三兵故意弃车，是一步出人意料的怪着，其效果优劣如何，尚有待于进一步探索。但它能导致弃子得势的局面，为攻击型棋手乐用。

11. ……	炮7进3	12. 兵三进一	车6平3
13. 车八进七	象7进5	14. 兵三进一	……

按预定计划，伸左车挺右兵，威胁黑双马，先手扩大。

14. ……　　　马7退9
15. 马七进八　车8进4
16. 炮九平七　车8平7

虚着。可卒3进1，马八进九，卒3进1，炮七进五，车8平1，炮七平九，车1退1，炮九平五，象3进5，车八平五，黑多子，红得势，各有顾忌。

17. 炮七进四　车3平6

黑逃车丢马。可马3退5，马三进四，车7平6，马四退六，炮1进4，兵五进一，炮1平9，炮五进四，还是黑多子，红得势局面。

18. 车八平七　士6进5

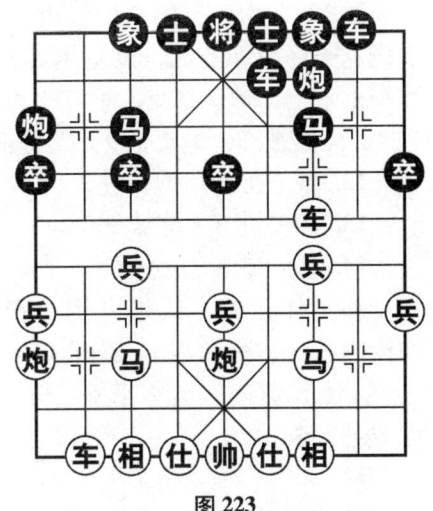

图223

黑被迫补士。如车7进3，炮五进四，象5进7，炮七进三，将5进1，车七进一，将5进1，马八进七，将5平4，车七退一，将4退1，车七平九，将4平5，车九平五杀。

19. 炮五平六　车7平4

防炮六进六打车叫闷。

20. 仕四进五　车6进5　　21. 兵七进一　车4进1
22. 马八进六　炮1进4　　23. 马六进五　象3进5
24. 车七平五　将5平6　　25. 炮七进三　将6进1
26. 车五平一　马9退7　　27. 兵三进一　士5退6
28. 兵三进一　将6平5　　29. 车一退一　车4退2

至此，红兵逼死黑马，可追回一子并占优势，结果胜。

红胜秘诀：第11回合起，弃车渡兵，配合左车威胁黑双马，一直跟踪追击，控制局面，得势而胜。

张琳胜赵冬

1. 炮二平五　马8进7　　2. 马二进三　车9平8
3. 车一平二　卒7进1　　4. 车二进六　马2进3
5. 兵七进一　炮8平9　　6. 车二平三　炮9退1
7. 马八进七　车1进1　　8. 炮八平九　车1平6
9. 车九平八　炮9平7　　10. 车八进七　炮7进2
11. 车八平七　车8进8

图 224，由于红第 9 回合出左车必然造成兑子局面，至此，黑左翼展开对攻。如车七平三，炮 7 进 3，车三平六，炮 7 进 3，仕四进五，炮 7 平 9，黑有杀势。

12. 炮五平六　炮 7 进 3
13. 相三进五　车 8 平 7
14. 仕六进五　……

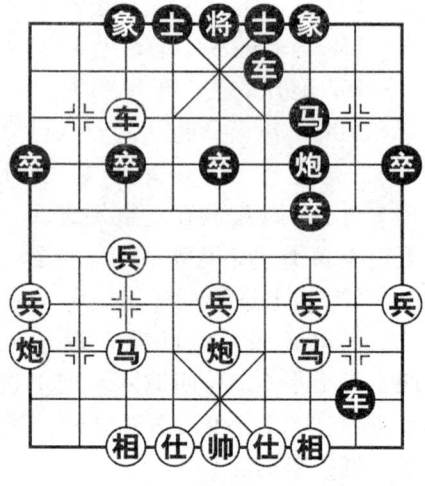

图 224

补左仕正着，伏炮九退一打死车。如仕四进五，车 6 进 7，炮九退一，车 7 进 1，仕五退四，车 7 平 6，马三退四，炮 7 进 3 杀。

14. ……　　　炮 7 平 8
15. 相五退三　……

落相巧着，可化解黑方攻势。如马七进六，车 6 进 7，帅五平六，炮 8 进 3，帅六进一，马 7 进 6，黑方有对攻机会。

15. ……　　　车 7 进 1

贪吃相劣着。应车 7 退 1，相七进五，车 7 进 1，炮九退一，车 7 退 2，炮六进一，车 7 进 1，炮六平二，马 7 进 8，车七平二，马 8 进 7，马七进六，车 6 平 2，各有千秋。

16. 马三退一　炮 8 进 2　　17. 炮九退一　车 7 平 9
18. 炮九平二　车 9 退 1　　19. 炮二进一　马 7 退 5

回马咬车保象。如马 7 进 6，车七进二，车 6 平 4，车七退三，红较优。

20. 车七退一　马 5 进 6　　21. 炮二平五　士 6 进 5
22. 炮五进四　象 3 进 5　　23. 炮六进六　车 6 进 1
24. 炮五平九　士 5 进 4　　25. 炮九进三　将 5 进 1
26. 炮六平八　将 5 平 6　　27. 车七进二　士 4 进 5
28. 车七进一

黑认输。士 5 退 4，炮九退一，将 6 退 1，车七平六杀。

红胜秘诀：第 12 回合起卸炮联相补仕，调整阵型巩固后防。第 15 回合落相诱着，退马兑炮，后补中炮取势得胜。

第 21 局　五九炮直横车破屏风马右横车

韩松龄胜田长兴

1. 炮二平五　马 8 进 7
2. 马二进三　车 9 平 8
3. 车一平二　马 2 进 3
4. 兵七进一　卒 7 进 1
5. 车二进六　炮 8 平 9
6. 车二平三　炮 9 退 1
7. 马八进七　车 1 进 1
8. 炮八平九　车 1 平 6
9. 车三退一　炮 2 平 1

炮平边先避一手，避免车三平八捉炮再进二连续捉马。

10. 车九进一　……

图 225，起横车是近几年弈出的新变着，可防车 8 进 8 塞相眼，再平炮打车并瞄相。

10. ……　　　车 8 进 6
11. 兵三进一　车 8 平 7
12. 炮五平六　……

卸炮仕角，便于联相调整阵型，是深谋远虑的好棋。

12. ……　　　车 6 平 4

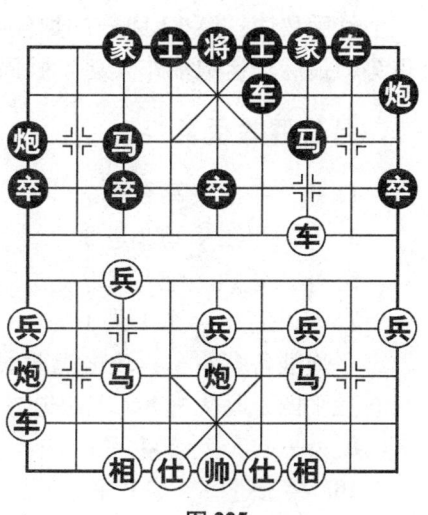

图 225

黑平右肋车瞄炮正着。如车 7 进 1，相七进五，车 7 退 1，炮六进一，车 7 进 1，马七进六打车。只能车 7 平 6，炮九平四，车 6 进 6，马六进七红优。

13. 相三进五　车 4 进 5
14. 车九平四　车 4 平 3
15. 马七退九　士 4 进 5
16. 兵九进一　车 7 平 8
17. 兵九进一　……

红右车牵制黑马，同时冲边兵欺卒，左右合击。如炮 9 平 7，车三平八，象 7 进 5，车八进二，仍红先。

17. ……　　　马 7 进 8
18. 车三进四　马 8 进 7
19. 车四进二　炮 1 进 2
20. 车三退二　炮 1 进 4

如马 3 退 4，炮九进四，有炮打中卒或沉底攻势。

21. 车三平七　象 3 进 5
22. 车七平五　炮 9 进 5
23. 马三进一　车 8 平 9
24. 炮六进三　……

黑缺象怕炮。红伸骑河炮准备平三叫闷得马，是扩先的关键。

24. ……　　车3平4　　25. 炮六平三　将5平4
26. 仕四进五　车9进3　　27. 车四退三　车9平6
28. 帅五平四　车4平5　　29. 炮九平六　士5进6

如将4进1，车五退一，车5平6，帅四平五，士5进6，炮三平六，车6平4，车五退三捉双得子。

30. 炮三平六　车5平4　　31. 车五平六　将4平5
32. 前炮平五　卒5进1　　33. 车六退四

红得子大优，结果胜。

红胜秘诀：第12回合卸炮仕角，调整阵型，后防巩固，伺机破象，扩先得势，最后巧运炮抽车，奠定胜局。

吕钦胜徐天红

1. 炮二平五　马8进7　　2. 马二进三　车9平8
3. 车一平二　马2进3　　4. 兵七进一　卒7进1
5. 车二进六　炮8平9　　6. 车二平三　炮9退1
7. 马八进七　车1进1　　8. 炮八平九　……

平炮准备亮左车，攻击黑薄弱的右翼。但为了破坏黑平左肋车的计划，也可车三平四，马7进8，车四退二，马8进7，炮八平九，另有不同变化。

8. ……　　　车1平6　　9. 车三退一　炮2平1
10. 兵三进一　炮9平7　　11. 车三平八　马7进8

黑跳外肋马，闪出7路炮攻马，抓紧展开对攻。

12. 马七进六　士6进5

黑补士巩固中防。如马8进6，车八平三，象7进9，车三进三，马6进5，车三平四，马5进3，帅五进一，马3进1，炮九平七，红子方较活。

13. 车九进一　……

图226，红出横车及时，准备平二牵制黑马。如相三进一，炮7进6，炮九平三，马8进9，炮三退二，车6进4，马六进五，马3进5，炮五进四，炮1平5，仕六进五，车8进2，车八退二，将5平

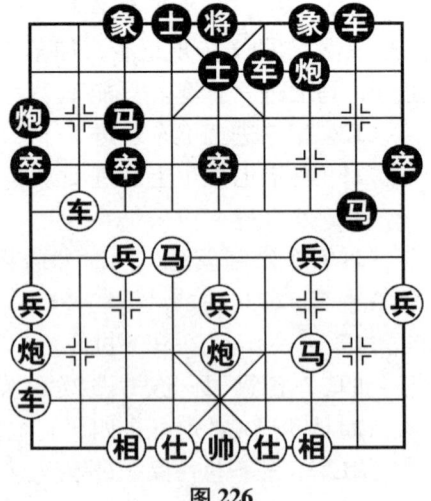

图226

6，黑有反先之势。

13. ……	马8进9	14. 车八平三	象3进5
15. 车三进一	马9进7	16. 炮九平三	炮1退1
17. 炮五平八	……		

卸中炮，准备进六打串，但黑提起肋车便使红计划落空。

| 17. …… | 车8进6 | | |

可车6进4，马六退七，车8进7，仕六进五，车6平3，黑反先。

18. 炮八进六	车6进4	19. 炮八平三	车6平4
20. 前炮平九	马3退1	21. 车九平四	车8退5
22. 炮三平五	马1进3	23. 车四平八	……

针对黑马弱点，红车又返回左翼准备攻击，战术机动灵活。

23. ……	士5退6	24. 兵三进一	车8平4
25. 仕四进五	前车平7	26. 车八进六	车7进4
27. 仕五退四	车4平3	28. 车八退一	车3退1
29. 车八平七	士4进5	30. 兵七进一	

红车压马，双兵渡河，控制局面占优，结果胜。

红胜秘诀：第12回合出横车准备支援右翼，再平三路车拦炮控制局面，兑子后抓住黑马弱点，连渡双兵取胜。

梁军胜李一力

1. 炮二平五	马8进7	2. 马二进三	车9平8
3. 车一平二	卒7进1		
4. 车二进六	马2进3		
5. 兵七进一	炮8平9		
6. 车二平三	炮9退1		
7. 马八进七	车1进1		
8. 炮八平九	车1平6		
9. 车三退一	炮2平1		
10. 车九进一	炮9平7		
11. 车三平八	马7进6		

如马7进8，马七进六，亦红先。

12. 车九平四 ……

图227，肋车拴住黑马，体现了红车的作用。乍看似乎丢子，其实是先弃后取。

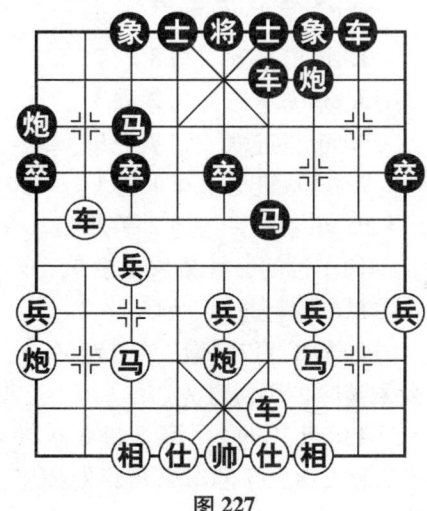

图 227

12. ……	炮7进6	13. 马七进六	炮7平1
14. 相七进九	车8进4	15. 车八平四	车8平6
16. 车四进四	车6进3	17. 马六进四	象3进5
18. 炮五平七	……		

经过大量兑子，局势有所缓和。针对黑右马弱点，及时卸炮瞄马，是取势的佳着。

18. ……	炮1进4	19. 炮七进四	卒9进1
20. 兵三进一	炮1平9	21. 马四进六	卒9进1
22. 兵七进一	士4进5		

如卒9平8，马六进七，将5进1，炮七平八，将5平6，兵七进一，马3退1，炮八进二，将6进1，兵七平六，士6进5，兵六平五，将6退1，马七退八，抽马得子。

23. 马六进七	将5平4	24. 炮七平六	卒9平8
25. 兵七进一	马3退1	26. 炮六退二	将4进1
27. 兵七平六	士5进4	28. 兵六进一	将4平5
29. 炮六平八			

黑认输。因将5平6，兵六平五，马1进3，炮八进四，士6进5，兵五平六，马3进2，马七退八，抽马得子胜定。

红胜秘诀：第12回合起，平肋车牵马巧着。先弃后取大量兑子，剩马炮残棋，卸炮攻马，以多兵取胜。

卜凤波胜李丛德

1. 炮二平五	马8进7	2. 马二进三	车9平8
3. 车一平二	马2进3	4. 兵七进一	卒7进1
5. 车二进六	炮8平9	6. 车二平三	炮9退1
7. 马八进七	车1进1	8. 炮八平九	车1平6
9. 车三退一	炮2平1	10. 车九进一	车8进6

伸车过河，准备炮9平7，车三平八，车8平7压马，黑有些反击手段。

11. 马七进六	炮9平7	12. 车三平六	马7进8

如车8平7，炮五平七，车6进1，相七进五，红阵式巩固。黑右马弱点尚未消除，仍属红先。

13. 兵三进一	马8进6	14. 车九平四	……

图228，平肋车牵马，发挥了红车的作用。如车8平7，车六平四，车6进3，马六进四，炮7平6，相三进一，互缠中红易走。

14. ……　　　炮7进6

15. 炮九平三　车6进1

如车8平7，车六平四，车6进3，马六进四，车7进1，车四进三，黑车低头，红子活跃较优。

16. 车六平四　马6进7

如车6进2，炮三进七，士6进5，马六进四，马6进5，相七进五，红破象多兵优。

17. 前车进二　炮1平6

18. 车四进六　象7进5

19. 车四退五　马7退9

20. 马六进四　车8退5

21. 相三进一　车8平6

22. 炮五平七　……

红兵种齐全，又卸炮瞄马，明显占优。

22. ……　　　马9退8

23. 仕四进五　车6进2

24. 兵三进一　马8退7

25. 兵三进一　……

弃兵好棋，可解脱红马被牵状态，并有机会进入卧槽攻杀，是本局占优的关键。

25. ……　　　车6平7

26. 马四进六　车7进1

27. 车四进六　……

进车叫杀逼黑支士，老练之着。如马六进七，将5进1，炮七平八，车7平2，反而打草惊蛇，欲速不达。

27. ……　　　士4进5

28. 马六进七　将5平4

29. 车四退四　将4进1

如车7平4，炮七平六，士5进4，车四进三，马7退9，车四进二，将4进1，车四退一抽马得子。

30. 车四平六　士5进4

31. 炮七平六

红车马炮连攻，控制局面占优，结果胜。

红胜秘诀：第14回合起平肋车牵马，形成兑子局面，以后利用兵种优势，马跳卧槽，车炮助攻成势，中局取胜。

郑兴年胜徐天红

1. 炮二平五　马8进7

2. 马二进三　车9平8

3. 车一平二　马2进3　　　4. 兵七进一　卒7进1
5. 车二进六　炮8平9　　　6. 车二平三　炮9退1
7. 马八进七　车1进1　　　8. 炮八平九　车1平6
9. 车三退一　炮2平1　　　10. 车九进一　车6进1

进士角车保马，较为稳健，并便于发挥左炮的横线作用。

11. 兵三进一　卒3进1　　　12. 车三平七　炮9平3
13. 兵三进一　……

图229，车被打死，冲兵过河得到一定补偿，此种变化是探索性着法。如车七平三，象7进9，车三进一，炮3平7，红车必死吃亏。

13. ……　　　　炮3进3
14. 兵七进一　车8进6
15. 兵三进一　车8平7
16. 兵三进一　车6进3

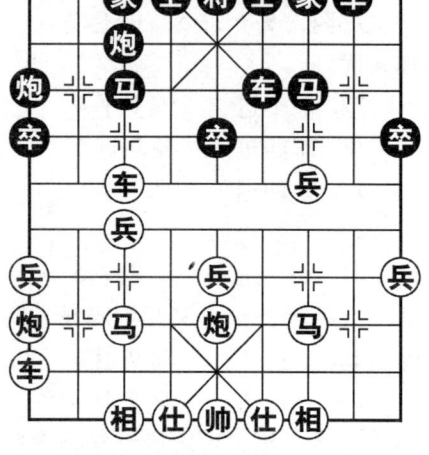

图229

进肋车正着，控制红左马出路，又便于炮打兵移左翼。

17. 炮五退一　车6平3
18. 炮五平三　车7平6
19. 马七退五　车6进2　　　20. 炮九平七　车3退1

如车6平7，炮七退一，车7退1，马五进三，炮1平7，相三进五，车3退1，双方平稳。

21. 炮七退一　车6退1　　　22. 马三进二　马3进2
23. 炮三进八　将5进1

升将有点冒险，可能是急于求胜造成麻痹心理。

24. 马五进三　象3进5　　　25. 炮三平一　炮1平7
26. 相三进五　炮7平4　　　27. 车九平八　象5退7
28. 车八进三　炮7平8　　　29. 马三进四　炮8进3
30. 仕四进五　车6平8　　　31. 马四进五　……

红跃马抢先，暗藏杀机，至此黑难应付。如车3平5，马五进三，将5退1，马二退四咬双车。

31. ……　　　　车3进4　　　32. 马五进三　将5退1

如将5平4，车八进一，亦红优。

33. 车八平五　士4进5　　　34. 车五进四　将5平4

35. 车五平四　炮 8 平 4　　　　**36.** 车四进一　将 4 进 1
37. 车四退一　将 4 进 1　　　　**38.** 马三进四

黑认输，因难化解车四退一的杀着。

红胜秘诀：第 13 回合起，弃车渡双兵得势。作为一种试验性着法，以后见机行事，抓住黑贪胜心理，跃马攻杀得逞。

图书在版编目（CIP）数据

象棋陷阱与实战秘诀/黄少龙编著 . —北京：经济管理出版社，2014.4
ISBN 978-7-5096-2998-7

Ⅰ.①象…　Ⅱ.①黄…　Ⅲ.①中国象棋-布局（棋类运动）　Ⅳ.①G891.2

中国版本图书馆 CIP 数据核字（2014）第 040982 号

组稿编辑：郝光明　张　达
责任编辑：郝光明　郑学文
责任印制：黄章平
责任校对：超　凡　王纪慧

出版发行：经济管理出版社
（北京市海淀区北蜂窝 8 号中雅大厦 A 座 11 层　100038）
网　　址：www.E-mp.com.cn
电　　话：（010）51915602
印　　刷：保定金石印刷有限公司
经　　销：新华书店
开　　本：720mm×1000mm/16
印　　张：19.5
字　　数：330 千字
版　　次：2014 年 5 月第 1 版　2014 年 5 月第 1 次印刷
印　　数：1-6000 册
书　　号：ISBN 978-7-5096-2998-7
定　　价：53.00 元

·版权所有　翻印必究·

凡购本社图书，如有印装错误，由本社读者服务部负责调换。
联系地址：北京阜外月坛北小街 2 号
电话：（010）68022974　邮编：100836